O DIREITO À VIDA

e a Pesquisa com Células-Tronco

Coleção Biodireito | Bioética
Coordenada por Maria Garcia

RENATA DA ROCHA

O DIREITO À VIDA

e a Pesquisa com Células-Tronco

Limites éticos e jurídicos

ELSEVIER

CAMPUS JURÍDICO

Editoração Eletrônica
SBNIGRI Artes e Textos Ltda.

Copidesque
Maria da Glória Silva de Carvalho

Revisão Gráfica
Vânia Coutinho Santiago

Coordenação da Coleção
Maria Garcia

Projeto Gráfico
Elsevier Editora Ltda.
A Qualidade da Informação
Rua Sete de Setembro, 111 — 16º andar
20050-006 — Rio de Janeiro — RJ — Brasil
Telefone: (21) 3970-9300 Fax (21) 2507-1991
E-mail: info@elsevier.com.br
Escritório São Paulo
Rua Quintana, 753 – 8º andar
04569-011 – Brooklin – São Paulo – SP
Telefone: (11) 5105-8555

ISBN: 978-85-352-2812-0

Central de Atendimento
Tel.: 0800-265340
Rua Sete de Setembro, 111, 16º andar – Centro – Rio de Janeiro
E-mail: info@elsevier.com.br
Site: www.campus.com.br

CIP-Brasil. Catalogação-na-fonte.
Sindicato Nacional dos Editores de Livros, RJ

R576d

Rocha, Renata
O direito à vida e a pesquisa em células-tronco / Renata Rocha. – Rio de Janeiro: Elsevier, 2008.

Anexo
Inclui bibliografia
ISBN 978-85-352-2812-0

1. Direito e ética. 2. Direito e biologia. 3. Bioética. 4. Células-tronco – Pesquisa – Legislação. 5. Células tronco-embrionárias – Pesquisa – Legislação. I. Título.

07-3896. CDU: 340.12

AGRADECIMENTOS

A Deus.

Ao meu pai, Narciso João da Rocha, *in memoriam*, sempre.

À minha mãe, Benedita Ângela Rocha, pelo exemplo de coragem, de fé, de determinação, de honestidade, de responsabilidade e de generosidade, com todo respeito e amor que houver nesta vida.

À minha professora, orientadora e amiga Maria Garcia, com especial apreço, pelo tratamento carinhoso, pela confiança depositada, pelo incentivo, pelo apoio, pela dedicação e pelo compartilhar.

PREFÁCIO

O assunto desta obra revela-se extremamente oportuno, as discussões a respeito se entrecruzam; contudo, poucos são os estudos efetivamente aprofundados sobre o que se denomina, hoje, o Biodireito Constitucional – o conjunto das normas jurídicas cujo objetivo incide sobre a proteção da vida, em qualquer dos seus aspectos: humano, vegetal e animal.

O presente estudo centraliza-se no direito fundamental à vida e nas pesquisas científicas envolvendo embriões humanos excedentários, tema de inteira atualidade.

Nesse objetivo, a autora Renata da Rocha desenvolve extensa reflexão, abrangendo tópicos interligados ao tema, de modo sistematizado e claro.

Assim, "a vida como direito", o direito de *algo a ser exercido*, sem o que, efetivamente, não teria significação: aí está a Constituição de 1988, instituindo o mandado de injunção (art. 5º, LXXI) quando "inviável o exercício dos direitos e liberdades constitucionais" por falta de norma regulamentadora – falta obstativa do seu exercício.

Trata-se de um ponto fulcral, pouco direcionado, segundo cremos, ao exercício do direito à vida *ali onde ela se contém* – dado que *vida* existe no embrião cientificamente conservado.

O plano da obra encara essa problemática de modo fundamentado, proporcionando uma trajetória coerente de reflexão, desde o próprio bem denominado *vida*, à Lei de Biossegurança ora em vigor (Lei nº 11.105, de 2005).

Situa-se esta obra no amplo rol dos estudos destinados aos vários enfoques dos *direitos humanos*, tema para o qual vem-se voltando os cientistas de diferentes áreas, sob luz diversa, é certo, mas com a mesma preocupação: vive-se uma crise de valores e a vida, forçoso é reconhecer, não pesa muito – sob as mais variadas formas de violência.

Com efeito, a universalidade dos direitos humanos tornou-se, após as ocorrências da Segunda Grande Guerra, tema necessário e preponderante à reflexão jurídica e filosófica mundial: o homem é um *ser universal* e os seus direitos, inalienáveis e imprescritíveis, detêm a qualidade do universal, encontrável em qualquer parte do planeta.

Hoje, esses estudos voltam-se para o próprio *corpo humano* na sua dignidade – onde aqueles direitos universais deverão ser reconhecidos e aplicados.

Nessa conformidade, a pesquisa desenvolvida pela autora demonstra-se oportuna e aprofundada contribuição à reflexão sobre temas que implicam a consideração de um universo que é o próprio corpo humano, para o qual se inclinam, agora, interesses de amplo espectro, e aos quais se voltam, portanto, o Direito e a Ética, como anteparos necessários que, desde sempre, regularam os excessos da ação humana, onde quer que se encontrem, mesmo na própria Ciência.

*Maria Garcia**

* Livre-Docente em Direito do Estado pela PUC/SP. Professora de Direito Constitucional e Direito Educacional da PUC/SP. Procuradora do Estado aposentada. Ex-Assessora-Jurídica da Reitoria da USP. Membro da CoBi do HCFMUSP, do IASP e do IBDC.

SUMÁRIO

INTRODUÇÃO

A pesquisa científica em células-tronco embrionárias humanas vem despontando, no limiar deste novo século, como a grande promessa da biomedicina. Nesse contexto, os cientistas supõem que as técnicas que com ela se relacionam, fertilização *in vitro*, por exemplo, bem como os procedimentos que dela decorrem, terapia gênica, diagnose genética, clonagem, entre outros, em conjunto, serão capazes de revolucionar a medicina convencional e de mudar a face da saúde humana.

A despeito dessa auspiciosa expectativa, cumpre-nos destacar que, se por um lado essas técnicas representam a esperança de cura de inúmeras enfermidades, entre elas as doenças neurodegenerativas, como Mal de Parkinson e Alzheimer, por outro lado, os riscos que o procedimento acarreta, tanto no que diz respeito à vida humana individualmente considerada quanto no que concerne ao ser humano como espécie a ser preservada não consubstanciam meras expectativas, ao contrário, são reais e verificáveis – dentre os quais destacamos a destruição da vida, a instrumentalização do ente humano, a alteração do patrimônio genético, entre outras conseqüências que se revelam jurídica e eticamente questionáveis.[1] Nesse sentido:

> O governo britânico afirmou ontem que não proibirá a criação de embriões humanos híbridos de humanos com animais para fins científicos. A decisão foi tomada após uma comissão parlamentar ter pedido a liberação da prática, em nome dos cientistas. Em dezembro,

1. A par destes questionamentos jurídicos e éticos, incontáveis pesquisas envolvendo células-tronco embrionárias vêm sendo permitidas atualmente. Dentre as muitas existentes destacamos uma recentemente divulgada por jornal de grande circulação e que faz referência à produção de *quimeras*: "Reino Unido libera uso de embrião híbrido", *Folha de S. Paulo* p. A-18, 18 mai 2007.

> o governo havia proposto uma proibição na criação de embriões híbridos com receio de que ela criasse uma 'inquietude pública considerável' (...) Poderão ser criados 'quimeras' (pela injeção de células animais em um embrião humano), transgênicos (com DNA animal injetado no embrião) e híbridos nos quais as células humanas são fundidas a óvulos animais sem núcleo...[2]

Acreditamos que seria de grande valia, neste momento, trazer a lume o conceito de *quimera*. Assim, por quimera compreende-se "... na mitologia grega, um monstro que cuspia fogo e que tinha cabeça de leão, corpo de cabra e cauda de serpente".[3]

Diante dessa realidade antagônica, ambígua e contraditória, o Direito, como ciência que se destina a reger as relações dos seres humanos em sociedade, é chamado a balizar os aspectos divergentes dessa atividade, de modo a compatibilizar vida e ciência, isto é, de maneira a garantir que o conhecimento científico possa avançar, sem que esse avanço represente ameaça ao homem.

Nesse sentido, o presente estudo, com base no Biodireito, ramo específico do Direito que tem por fim a tutela da vida em sua plenitude, do homem em sua integralidade física, psíquica e moral, compromete-se a demonstrar que os mesmos valores inerentes ao ser humano, que lhe asseguram o respeito a direitos essenciais como o direito à vida, à dignidade, à igualdade, à liberdade, à segurança, entre outros, devem, igualmente, ser atribuídos ao embrião, uma vez que o homem, da concepção à morte, é sempre um *continuum* do mesmo ser. Para tanto, propomo-nos a apontar os limites a serem observados no que se refere à pesquisa científica em células-tronco embrionárias humanas.

Assim, no primeiro capítulo destacamos que a busca pelo conhecimento, tendência natural que acompanha o homem desde o início de sua existência, conduziu-o do mito à ciência e que, a partir do conhecimento racional, a vida que antes era concebida pelo homem como graça divina passa a ser considerada um fenômeno mecânico, equiparando-se o organismo humano a uma máquina, que pode ser desmontado e remontado com vistas a bem atender os interesses da sociedade. Assinalamos que, de acordo com o

---

2. *Folha de S. Paulo, op. cit.*

3. Blackburn, Simon. *Dicionário Oxford de Filosofia*, Rio de Janeiro: Jorge Zahar, 1997, p. 330.

enfoque adotado, a vida às vezes resta reduzida a um código – enfoque químico – outras tantas a um amontoado de células – enfoque biológico.

Segue-se a esse capítulo uma análise mais aprofundada do que de fato vêm a ser as células-tronco embrionárias. Desse modo, discorre-se acerca da progressão das pesquisas em células-tronco, da origem dessas células, de sua capacidade de especialização, das técnicas e dos procedimentos a elas atrelados, da expectativa de terapias que o uso das referidas células suscitam, dos riscos que implicam aos seres humanos e dos dilemas jurídicos e éticos que motivam.

O terceiro capítulo ocupa-se, em apertada síntese, em destacar a forte presença do setor privado no âmbito da pesquisa científica em células-tronco embrionárias, demonstrando a sobreposição dos interesses econômicos frente aos interesses terapêuticos, a ameaça eugênica que decorre dessa atividade e, por fim, ocupa-se das teorias que são formuladas no sentido de determinar o início da vida humana e da necessidade de se conferir ao embrião humano valor pré-normativo.

Em seguida, o quarto capítulo propõe uma reflexão acerca da ambivalência do poder científico, capaz de criar, transformar e exterminar não só o homem, mas também a humanidade, confrontando a este poder o valor da vida humana, demonstrando sua afirmação como direito humano fundamental ao longo da História, reservando destaque à análise de documentos internacionais que se relacionam com o tema em questão.

No quinto capítulo, encerramos o presente estudo sublinhando que a Constituição Federal de 1988 prevê a proteção do direito à vida não só com relação às presentes gerações, como também com relação às futuras, que essa tutela compreende não só a vida orgânica, considerada *princípio vital*, natureza animada, antítese da morte – em grego, *zoé* – mas, sobretudo, que nossa Carta Constitucional guarda, sob sua égide, a vida como *processo vital* a evoluir no tempo – em grego, *biós*.

Destacamos, por fim, que a tarefa de zelar por essa existência e por essa subsistência, de apontar os limites, as divisas, as fronteiras a serem observadas na prática da pesquisa científica em células-tronco embrionárias e de, afinal, compatibilizar os valores essenciais assegurados a cada ser humano e a necessidade humana legítima de buscar novos conhecimentos é, indubitavelmente, a missão à qual se destina o Biodireito.

Capítulo 1

DA VIDA COMO PREFIXO DE CIÊNCIA E TECNOLOGIA

Sou homem: nada do que é humano me é estranho.
Terêncio

Um dos fatores mais significativos na organização política, econômica e social de uma sociedade é a sua cosmovisão, isto é, sua visão de mundo. Nesse sentido, da Antiguidade aos dias atuais, grande foi a mudança que se operou no olhar do homem em relação a si e ao universo que o cerca.

Um dos marcos inaugurais a deflagrar essa mudança foi a formulação da teoria heliocêntrica dos planetas realizada por Nicolau Copérnico no século XV. A partir desse feito, as respostas aos questionamentos humanos mais íntimos e legítimos não foram mais encontradas nos mitos, na religião nem tampouco na filosofia; foram, pois, oferecidas pela ciência.

O conhecimento científico revela-se, assim, a partir da Modernidade, um traço característico do comportamento humano. Essa característica consiste, efetivamente, no estabelecimento da razão instrumental, isto é, na hegemonia do pensamento racional como forma de conhecimento e domínio do em redor, na idéia de desenvolvimento e progresso tecnológico como meio eficaz, capaz de responder aos anseios do homem moderno, de solucionar os conflitos, os dilemas, as intempéries, enfim, as vicissitudes que afligem a sociedade contemporânea.

Não obstante, apesar do êxito alcançado pelo homem em seu propósito de determinar a tecnicização de seu meio e a artificialização da vida em todos os níveis existentes, a saber, animal, vegetal e mineral, cumpre destacar, entrementes, a indagação realizada por Gilberto Dupas:[1]

1. Dupas, Gilberto. *O mito do progresso ou progresso como ideologia*. São Paulo: Unesp, 2006, p.12-14.

> ... somos, por conta deste tipo de desenvolvimento, mais sensatos e mais felizes? Ou podemos atribuir parte de nossa infelicidade precisamente à maneira como utilizamos os conhecimentos que possuímos? Nada impede que reconheçamos e desejemos maior *progresso* e, ao mesmo tempo, constatemos que obtê-lo não melhora necessariamente a *qualidade de vida* para a maioria das pessoas. As sociedades são mais *felizes* que há dez anos porque temos telefone celular ou *internet* e, agora, tela de plasma? Ainda que reste a delicada tarefa de conceituar *felicidade*, certamente o senso comum diz que não, embora seja inegável que certos confortos aumentaram. Como seres humanos, éramos os mesmos sem esses aparatos, quando ninguém ainda os tinha. Fissão ou fusão atômica e interferência genética são bons exemplos típicos da "faca de dois gumes"; e, muitas vezes, o gume dos riscos parece mais cortante que o outro. Montaigne já nutria os mesmos sentimentos sobre a pólvora, e estava coberto de razão.

De modo similar Hilton Japiassu[2] assevera:

> O homem ocidental, a partir da revolução científica moderna do século XVII, sempre fez apelo aos princípios da ciência e da racionalidade considerados os únicos modos equilibrados de tratar dos problemas humanos. Mas trata-se de um apelo que freqüentemente tende a afirmar esses princípios de modo bastante rígido, apodítico e quase dogmático. Parece bastante equivocada a convicção segundo a qual tudo pode ser compreendido e resolvido graças à combinação de uma visão científica e de uma abordagem tecnológica, como se a tecnociência pudesse constituir uma panacéia para todos os males.

2. Japiassu, Hilton. *Ciência e Destino Humano*. Rio de Janeiro: Imago, 2005, p. 95.
3. Essa tendência irresistível do ser humano de ampliar seus horizontes por meio depor meio do conhecimento já havia sido observada por Aristóteles para quem: "Todos os seres humanos desejam o conhecimento. Isso é indicado pelo apreço que experimentamos pelos sentidos, pois independentemente do uso destes, nós os estimamos por si mesmos, e mais do que todos os outros, o sentido da visão. Não somente objetivando a ação, mas mesmo quando não se visa nenhuma ação, preferimos a visão – no geral – a todos os demais sentidos, isto porque, de todos os sentidos, é a visão que melhor contribui para o nosso conhecimento das coisas e o que revela uma multiplicidade de distinções." Aristóteles. *Metafísica*. São Paulo: Edipro, 2006, p. 43.

Para que se apreenda a real dimensão dessa tendência[3] humana e natural de conhecer, de se *apropriar*[4] do mundo à sua volta, para que se compreenda a adoção dessa nova postura, dessa inusitada consciência que permitiu à humanidade, a partir do século XVII, tornar-se dona e senhora da *phisis*, dessa disposição que possibilitou ao homem, a contar da segunda metade do século XIX, produzir a vida humana *in vitro*, decifrar o código genético, desenvolver técnicas de recombinação genética, reproduzir artificialmente seres vivos idênticos e diferenciar as células humanas em nível embrionário[5] entre outros procedimentos, há que se considerar não só o ser humano em si, mas, sobretudo, sua natureza.

1.1. DA NATUREZA HUMANA

Das diversas espécies vivas existentes, somente a espécie humana interroga-se acerca de sua origem e da origem do mundo, somente o homem se autoquestiona e demonstra necessidade de conhecer a si e de desvendar sua natureza, isso porque, segundo Ernst Cassirer,[6] "O autoconhecimento (...) é o primeiro pré-requisito da auto-realização. Devemos tentar romper as cadeias que nos ligam ao mundo exterior para podermos desfrutar nossa inteira liberdade". Essa marca indelével do espírito humano, essa sede de autoconhecimento, já havia sido observada na Grécia Antiga, por meio do preceito "*conhece-te a ti mesmo*" feito pelo Oráculo de Delfos ao filósofo Sócrates.

Destarte, se a busca por um conhecimento de si mesmo encontra-se entre as mais antigas metas de indagação humana, para responder a esse questionamento o ser humano não poderia deixar de considerar seu entorno,

4. "O problema do conhecimento, da ciência – demonstra-se, portanto, uma questão filosófica (a necessidade humana do saber), uma questão política (o fenômeno do poder, de dominação da realidade) e, por certo, uma questão jurídica: a liberdade do homem e suas limitações." Garcia, Maria. *Limites da ciência: a dignidade da pessoa humana: a ética da responsabilidade*. São Paulo: Revista dos Tribunais, 2004, p. 33-34.

5. Todavia, diante do avanço vertiginoso da ciência médica, é preciso não olvidar o questionamento proposto por Marilena Chauí: "De Aristóteles a Descartes, uma pergunta tem sido constante, vindo a constituir-se como centro e vetor principal no campo da ética e da política: o que está e o que não está em nosso poder?" Chauí, Marilena. Contingência e necessidade. In: Novaes, Adauto. (Org.). *Op. cit.*, p. 20-23.

6. Cassirer, Ernst. *Ensaio Sobre o Homem: introdução a uma filosofia da cultura humana*. São Paulo: Martins Fontes, 2001, p. 9-10.

posto que "para todas as necessidades imediatas e interesses práticos, o homem depende de seu ambiente físico".[7]

Nesse permanente empreendimento de dar sentido à sua existência e de organizar o universo que o envolve, o homem faz uso de faculdades essenciais de seu ser, tais como racionalidade e afetividade,[8] e com base nesta última desenvolve mitos[9] acerca de sua cosmogênese e de sua antropogênese.

Legítimo representante do conhecimento mitológico, Hesíodo, em sua obra *Teogônia – teo*: deus; *gônia*: origem, anunciava que do *Caos* teria surgido *Gaia*, entendida como a Terra, caracterizada pelo princípio passivo, feminino, maternal, dela nasceriam todos os seres e uma de suas virtudes básicas seria a humildade, termo que etimologicamente prende-se a *humus*, de que o *homo* – homem – originou-se e foi modelado. Por essa teoria, o homem é considerado fruto da Terra.

Assim, durante séculos o mito esteve presente na consciência coletiva, servindo de referência justificadora e de modelo, tecendo no imaginário humano garantias capazes de suprir o vazio das angústias, fornecendo respostas às questões sobre o mal, o sofrimento, a morte, o destino da alma, o sentido e a origem da Vida, a existência e a natureza de Deus, permitindo ao homem melhor ordenar o caos de sua existência.

Contudo, é possível verificar que as respostas trazidas a lume por meio dos mitos aos questionamentos humanos mais elementares reprovavam essa busca pelo conhecimento. Observa-se que, se por um lado as narrativas mitológicas garantiam ao homem determinada segurança na medida em que o situavam no Universo, por outro, restava notório um juízo de reprovação e

---

7. Cassirer, Ernst. *Op. cit.*, p. 12.

8. Para Hilton Japiassu inteligência e emoção interagem a todo tempo no espírito humano. "Pobre daquele que não consegue mais sonhar! O desenvolvimento de nossa inteligência anda junto com o de nossa afetividade (...) sem ela, não poderíamos desenvolver e aprimorar (...) nossa sede de conhecer, nossa pulsão de saber e crer, nossa aptidão a procurar entender o mundo, compreendê-lo, torná-lo inteligível e amável. Pobre da inteligência que tenta afirmar-se e impor-se em detrimento da afetividade. Ambas estão condenadas a se cruzar, num diálogo permanente e numa interfecundação constante." Japiassu, Hilton. *Op. cit.*, p. 287.

9. O mito "... designa uma forma atenuada de intelectualidade, usada como instrumento de controle social; ou seja, *mito* seria uma forma aproximativa e imperfeita que a verdade assume, usualmente unida a uma validade moral ou religiosa." Dupas, Gilberto. *Op. cit.*, p. 23.

um certo temor acerca dessa tentativa de desvendar os mistérios do Cosmos. Essa reprovação fica sublinhada tanto no Mito de Prometeu quanto no Mito de Pandora[10] e levam Aranha e Martins[11] a observar que "ao entrar em contato com o mundo, o homem não é apenas uma 'cabeça que pensa' diante de um 'mundo como tal'. Entre os dois existe a fantasia, a imaginação. Antes de interpretar o mundo, o homem o deseja e o teme. Nesse sentido volta-se para ele ou dele se oculta."

Da concepção mitológica ao sentimento religioso, Battista Mondin[12] assinala que o mito é "... o primeiro degrau no processo de compreensão dos sentimentos religiosos mais profundos do homem; é o protótipo da teologia."

No mesmo sentido, Ernst Cassirer[13] esclarece:

> No desenvolvimento da cultura humana, não podemos fixar um ponto onde termina o mito e a religião começa. Em todo curso de sua história, a religião permanece indissoluvelmente ligada a elementos míticos e impregnada deles. Por outro lado o mito, mesmo em suas formas mais grosseiras e rudimentares, traz em si alguns motivos que de certo modo antecipam os ideais religiosos superiores que chegam depois. O que leva de um estágio para outro não é nenhuma crise repentina de pensamento nem qualquer revolução de sentimento.

Das muitas concepções religiosas acerca da origem do Universo, chama a atenção a teoria judaico-cristã por ser o resultado das influências sofridas

---

10. "Prometeu, um semideus que roubou o fogo de Zeus para salvar os homens (ainda sem mulheres) da extinção. O obstinado Prometeu, amigo da humanidade, enganou Zeus ao conservar para si as melhores partes de uma rês sacrificada. Por isso Zeus urdiu problemas e aflições para os homens. Ocultou o fogo. Mas Prometeu, nobre filho de Iápetos, roubou-o e devolveu-o aos homens (...) Ferido até o âmago de seu ser, Zeus acorrentou Prometeu a um rochedo, com um abutre que lhe comia o fígado (...) Como retaliação pela rebeldia de Prometeu, Zeus enviou Pandora, a primeira mulher. (...) para tentar o ingênuo irmão de Prometeu, Epimeteu. Caindo vítima de seus encantos, Epimeteu trouxe para nosso meio a fêmea cujo nome significa 'doadora de tudo' ou 'dádiva de todos'. O que Pandora nos deu ao remover a tampa do frasco, ou caixa, que os deuses mandaram junto com ela, foram os sofrimentos, as preocupações e todo o mal." Shattuck, Roger. *Conhecimento ProIbido*. São Paulo: Companhia das Letras, 1998, p. 28-29.

11. Aranha, Maria Lúcia Arruda; Martins, Maria Helena Pires. *Filosofando: introdução à Filosofia*. 2ª ed. São Paulo: Moderna, 2002, p. 55.

12. Mondin, Battista. *Curso de Filosofia*. 12ª ed. São Paulo: Paulus. 2003, p. 11.

13. Cassirer, Ernst. *Op. cit.*, p. 145 -146.

pelas civilizações indo-européia e semita. Por essa teoria, o Universo é concebido como objeto de criação a partir do Caos. Uma análise um pouco mais detida a respeito do termo utilizado – *criação* – explicita a idéia primordial da cosmogênese segundo a Bíblia, de acordo com a qual a origem da existência do mundo e dos seres que nele habitam, em última instância a origem da Vida, é atribuída a Deus, que paradoxalmente teria criado *tudo* o que existe *ex nihilo*, a partir do *nada*.[14] Sua ação criadora teria sido a causa inicial da existência material do mundo.

Em ambas as concepções, tanto mitológica quanto religiosa, verifica-se a presença de elementos fantásticos, mágicos, místicos e poéticos. Esses elementos são de extrema importância para a evolução do conhecimento humano, e exercem, acima de tudo, a função de mola propulsora que impulsiona, instiga e incentiva o ser humano a compreender sua condição.

Battista Mondin[15] assinala:

> Ao nosso juízo, a fantasia é uma faculdade extremamente importante característica do homem, porém mais por sua contribuição teleológico-prática do que pela gnosiológico-especulativa. Sem dúvida é importante também esta última porque a fantasia serve como uma ponte entre os sentidos e a razão; mas é importante, sobretudo, a primeira contribuição, porque com seus sonhos, seus projetos e suas visões utópicas, a fantasia alimenta aquele impulso de autotranscendência que move continuamente o homem e o empurra mais para diante.

A *imaginação*, termo que surge da união de dois outros, a saber, *imagem* e *ação*, constitui a essência do ser humano, único ser capaz de sonhar, de desejar e de agir em direção à realização dos seus sonhos. Assim, a imaginação leva o homem dos sentidos à razão, conduzindo-o a uma outra etapa de seu desenvolvimento, marcada, por assim dizer, pelo início de um pensamento que se pretende mais racional, rigoroso, crítico, isto é, marcada pelo limiar do pensamento filosófico.

---

14. "No princípio Deus criou os céus e a terra (...) E disse Deus: produza a terra alma vivente conforme a sua espécie; gado e répteis (...) e assim foi (...) E disse Deus: Façamos o homem à nossa imagem, conforme a nossa semelhança (...) E criou Deus o homem à (sic) sua imagem; à imagem de Deus o criou (...)". Bíblia Sagrada. São Paulo: Paulus, 2003, p. 3-4.

15. Mondin, Battista. *O homem, quem é ele? Elementos de Antropologia Filosófica*. 8ª ed. São Paulo: Paulus, 1980, p. 69.

O conhecimento filosófico ergue-se, então, a partir da capacidade essencialmente humana de reflexão.

> Se queremos resolver essa questão (cuja solução é tão necessária para a Ética da Vida quanto para o conhecimento puro...) da 'superioridade' do Homem sobre os Animais, eu não vejo senão um meio: pôr decididamente de lado, no feixe dos comportamentos humanos, todas as manifestações secundárias e equívocas da atividade interna e encarar bem de frente o fenômeno central da Reflexão. (...) a Reflexão, como a própria palavra indica, é o poder adquirido por uma consciência de se dobrar sobre si mesma, e de tomar posse de si mesma como de um objeto dotado de sua própria consistência e de seu próprio valor: não apenas conhecer – mas conhecer-se; não mais apenas saber, mas saber que sabe... o ser reflexivo, precisamente em virtude de sua inflexão sobre si mesmo, torna-se de repente susceptível de se desenvolver numa esfera nova. Na verdade é um outro mundo que nasce. Abstração, lógica, opções e invenções ponderadas, matemáticas, arte, percepção calculada do espaço e da duração, ansiedades e sonhos de amor (...) Todas essas atividades de vida interior nada mais são que a efervescência do centro recém-formado explodindo sobre si mesmo. Isto posto, eu pergunto. Se como decorre do que foi dito, é o fato de se encontrar 'refletido' que constitui o ser verdadeiramente 'inteligente', podemos nós seriamente duvidar de que a inteligência seja o apanágio evolutivo do Homem e só do Homem?[16]

Com a filosofia, o homem percebe que, para conhecer melhor o mundo e colocá-lo melhor a seu serviço, deveria encontrar em si as possibilidades e a coragem para enfrentá-lo. Assim, de acordo com Robert Lenoble,[17] "a história que se desenrola de Sócrates a Descartes é, pois, a do homem que pouco a pouco domina o mundo, dominando-se a si mesmo".

Da mesma maneira que procede com a mitologia e com a religião, o homem, por meio do pensamento filosófico, intenta fornecer uma explicação exaustiva a respeito do Universo e da Vida. No entanto, a concepção filosófica diferencia-se das demais, na medida em que as respostas por ela oferecidas não têm sua gênese em preceitos divinos, são formuladas tendo por base a

16. Chardin, Pierre Teilhard de. *O fenômeno humano*. São Paulo: Cultrix, 1995, p. 186.
17. Lenoble. Robert. *História da idéia da natureza*. Lisboa: Edições 70, 1990, p. 22.

observação da realidade, da *phisis* – da natureza – e fundamentadas no *logos* – no conhecimento.

Segundo Battista Mondin:[18]

> Embora tendo fundamentalmente o mesmo objetivo que o mito, a saber, o de fornecer uma explicação exaustiva das coisas, a filosofia procura atingir esse seu objetivo de modo completamente diferente. De fato, o mito procede mediante a representação fantástica, a imaginação poética, a intuição de analogias, sugeridas pela experiência sensível; permanece, pois, aquém do *logos*, ou seja, da explicação racional. A filosofia, ao contrário, trabalha só com a razão, com o rigor lógico, com espírito crítico, com motivações racionais, com argumentações rigorosas, baseadas em princípios cujo valor foi prévia e firmemente estabelecido de forma explícita.

Desse modo, temos que os primeiros questionamentos filosóficos a respeito da origem da vida foram propostos pelos naturalistas e físicos pré-socráticos, entre eles, Talles de Mileto, Anaximandro, Anaxímenes e Heráclito.

Talles de Mileto questiona racional e sistematicamente sobre a causa última e o princípio supremo de todas as coisas. Observa que em toda a natureza existem alguns elementos comuns, a saber: terra, ar, fogo e água. Neste último elemento – água –, encontra sua *archê* e a consagra como sendo a origem do Universo.

Anaximandro explica que não se pode determinar o princípio primordial de todas as coisas a partir de elementos determinados como a terra, o ar, o fogo e a água. Estabelece, assim, a origem do Universo no *apeíron*, termo do qual se utiliza para representar um princípio primordial indeterminado, sem fim e em movimento infinito. Desse movimento surgiriam as primeiras qualidades sensíveis: quente e frio, seco e úmido.

Para Anaxímenes, o princípio primordial de todas as coisas é encontrado no ar, que se diferencia em várias substâncias segundo o grau de rarefação e de condensação ao qual foi submetido.

Do pensamento filosófico pré-socrático ao pensamento socrático propriamente dito, importante destacar a contribuição de Heráclito, não tanto por ter nomeado o fogo como princípio primordial do Universo, tampouco por determinar que tudo esteja em permanente mudança e que o equilíbrio

---

18. Mondin, Battista. *Curso de filosofia*. São Paulo: Paulus, 12ª ed., 2003, vol. 1, p.11.

encontra-se na necessária complementaridade entre os opostos, mas, principalmente, por determinar que, para penetrar os segredos da natureza, antes teria o homem que conhecer seus próprios segredos.

Nesse sentido, Ernst Cassirer[19] observa:

> Heráclito porta-se na fronteira entre o pensamento cosmológico e o antropológico. Embora fale ainda como filósofo natural e faça parte dos "antigos fisiologistas", está convencido de que é impossível penetrar o segredo da natureza sem ter estudado o segredo do homem. Deveremos cumprir a exigência de auto-reflexão se quisermos manter nosso domínio sobre a realidade e entender o seu sentido. Assim, Heráclito pôde caracterizar o conjunto de sua filosofia pelas duas palavras "busquei a mim mesmo". Mas essa nova tendência do pensamento, embora fosse inerente à filosofia grega primitiva, só alcançou sua plena maturidade na época de Sócrates. Portanto, é no problema do homem que se encontra o marco que separa o pensamento socrático do pré-socrático.

Com Sócrates, Platão e Aristóteles, um novo olhar é lançado sobre o Cosmos. A partir desse novo enfoque, o homem, em substituição ao lugar que anteriormente era reservado à *Phisis*, é alçado ao centro do mundo. O Universo que se reconhece doravante é o universo humano com toda sua sutileza e complexidade.

A partir dessa nova perspectiva, Sócrates *concentra* sua investigação na natureza humana; Platão distingue o problema metafísico do problema cosmológico a partir de dois planos de realidade, um de ordem física, ou material, e outro de ordem metafísica, ou ideal, e apresenta no *Timeu* a origem e a estruturação do mundo material que teria sido produzido pelo Demiurgo;[20] Aristóteles adota perspectiva oposta à de Platão e afirma que o Universo não tem um criador, sendo eterno e espacialmente infinito.

Após esse período de significativas conquistas da razão humana, quando o pensamento filosófico ainda se confundia com o pensamento científico, sobreveio uma fase intermediária, também conhecida como Idade Média em que, por razões históricas e políticas, o homem foi relegado a segundo plano, devendo Deus ser o centro, a razão, a causa primeira e última de todas as

---

19. Cassirer, Ernst. *Op. cit.*, p. 14.

20. Do grego *Demiougos* – artesão, artífice. Platão chama de Demiurgo o Deus que em sua doutrina filosófica teria criado o mundo material.

coisas. Esse período intermediário pode ser sintetizado na afirmação de Santo Agostinho para quem "aquilo que a verdade descobrir não pode contrariar os livros sagrados, quer no Antigo quer no Novo Testamento".

> A sabedoria do passado foi esquecida, condenada pela Igreja como paganismo (...) o esplendor das civilizações grega e romana era uma memória distante (...) Por que isso aconteceu? Qual a relação entre ascensão da Igreja e a quase completa ruptura com a Antiguidade? Para respondermos a essa pergunta, temos de considerar a situação política na Europa durante o século IV d.C.O Império Romano estava em pleno colapso, tanto interna como externamente. Dividido entre o Império Oeste, onde a língua falada era o latim, e o Império do Leste (conhecido como Império Bizantino), onde a língua falada era o grego, na região onde, hoje, o rio Danúbio encontra a Sérvia e a Romênia, o Império Romano sofria contínuos ataques tanto de tribos germânicas, no Norte – como os vândalos e os godos –, como dos persas, no Leste. Internamente a corrupção e a decadência moral provocavam o contínuo enfraquecimento do famoso 'orgulho romano'. Mudanças radicais eram desesperadamente necessárias, algo que pudesse restaurar o senso de direção de uma sociedade profundamente dividida e confusa. Em 324, Constantino, o Grande Imperador do Leste, converteu-se ao cristianismo. Ele mudou o nome de sua Capital de Bizâncio para Constantinopla (hoje Istambul, Turquia), que rapidamente se transformou no mais importante centro cristão. À medida que o Império Bizantino crescia em força, Constantino tentava retomar o Oeste do domínio das tribos germânicas, disseminando o cristianismo como a nova fé dos romanos e oferecendo apoio às várias comunidades cristãs espalhadas pela Europa. Mesmo que o Império tenha falhado no seu empreendimento e Roma tenha sido conquistada pelas tribos germânicas no séc. V, a Igreja cristã sobreviveu, guiada por líderes como Santo Agostinho e o papa Gregório I (590-604).[21]

Segue-se a esse interregno a modernidade, e com ela novamente um profundo interesse do homem pelo homem, pela natureza, pela vida, pela

21. Gleiser, Marcelo. *A Dança do Universo: dos mitos de criação ao Big-Bang*. 2ª ed. São Paulo: Companhia das Letras, 2003, p.93-94.

arte e, sobretudo, pela ciência.[22] Eduardo Carlos Bianca Bittar[23] ensina que a modernidade se deu a um só tempo no plano dos fatos e no plano das idéias e determina:

> A modernidade implica um longo processo histórico, a iniciar-se em meados do século XIII e a desdobrar-se em sua consolidação até o século XVIII, de desenraizamento e laicização, de autonomia e liberdade, de racionalização e de mecanização, bem como de instrumentalização e industrialização. Dessa forma, pode-se dizer que a modernidade envolve aspectos do ideário intelectual (científico e filosófico) associados a outros aspectos econômicos (Revolução Industrial e ascensão da burguesia) e políticos (soberania, governo central, legislação) conjunturalmente relevantes.

No plano intelectual, é possível dizer que a modernidade marchou rumo à dessacralização do mundo, *vida* e *ciência* foram termos que se confundiram e que se fundiram. O conhecimento científico tornou-se, a partir de então, o único conhecimento capaz de oferecer respostas satisfatórias às inquietudes e aos anseios humanos. Da teoria heliocêntrica do movimento dos planetas em substituição à teoria ptolomaica, passando pelas leis de Kepler até as leis de Galileu sobre a queda dos corpos e a síntese da ordem cósmica de Newton, consubstanciou-se a ruptura entre filosofia e ciência, cabendo à primeira exercer os juízos de valor, enquanto a esta última foi reservada a tarefa de constatação da realidade.

A distinção entre os dois saberes e a consolidação do conhecimento científico como instrumento do pensamento humano moderno é uma con-

---

22. "Enquanto a Europa estava perdida em completa desordem política, um novo império floresceu durante o século VIII: O Império Muçulmano, cujas fronteiras se estendiam do Norte da África e Espanha, no oeste, até a China no leste, passando pelo Egito, Pérsia e Ásia Central. Mais uma vez os trabalhos de Aristóteles e Ptolomeu foram lidos, e o desenvolvimento das artes e da arquitetura foi encorajado pelos califas. Os árabes levaram aos seus domínios um amor pelo conhecimento que havia muito estava esquecido. Juntamente com sábios judeus, eles forjaram na Península Ibérica uma nova classe cultural que, durante os cinco séculos seguintes, iria redefinir por completo o mapa cultural da Europa. Seu entusiasmo pelo legado cultural dos gregos lentamente difundiu-se pelo continente (era densa a neblina medieval!), criando o clima intelectual que mais tarde floresceu na Renascença." Gleiser, Marcelo. *Op. cit.*, p. 96.

23. Bittar, Eduardo Carlos Bianca. *O direito na pós-modernidade*. Rio de Janeiro: Forense, 2005, p. 42.

quista atribuída a Descartes[24] que, em sua obra *Discurso do Método*, buscou formular uma teoria do homem baseada em observações empíricas e em princípios lógicos gerais. A vida natural como um todo, anteriormente considerada um mistério, ou mesmo uma graça divina, tornou-se, com o pensamento cartesiano, um fenômeno mecânico, equiparando-se o organismo a uma máquina que deve ser desmontada, remontada e reajustada com vistas a bem atender aos interesses humanos.[25]

O estabelecimento do pensamento científico, portanto, está inexoravelmente ligado à cultura moderna e nela, conforme Eduardo Carlos Bianca Bittar[26] assinala:

> ... se desdobrou no sentido de demonstrar, pouco a pouco, de Bacon a Darwin, de Descartes a Spencer, que a natureza poderia ser testada, analisada, aproveitada com vistas a servir à satisfação dos desejos humanos, desde os desejos de conhecimento (pulsão pelo saber e pelo explicar) até os desejos utilitários (aperfeiçoar técnicas de plantio, curar doenças, controlar modificações ambientais).
>
> Esse novo modelo de racionalidade concedeu espaço e preparou o terreno no qual iriam brotar as ciências de acordo com o entendimento que se tem atualmente delas. A origem da vida a partir de então tornou-se uma questão que a Física, a Química, a Biologia e a

---

24. "Com o pensamento cartesiano, segundo alguns, é que se teria iniciado a consciência da subjetividade cognitiva. Este seria o *start* da modernidade como forma de dominação e colonização do mundo (*res extensa*) pela razão (*res cogitans*). Isso, no entanto, não é consenso entre os autores, e os referenciais teóricos mudam. A modernidade, para Habermas, por exemplo, teria nascido com Hegel, e seu racionalismo onipresente seria a máxima manifestação da vontade colonizadora moderna do mundo. A modernidade para Foucault, teria nascido com Kant, na medida em que ninguém melhor que ele teria se pronunciado sobre a dimensão do indivíduo e sobre a consciência ética do dever..." Cf. Bittar, Eduardo Carlos Bianca. *Op. cit.* p. 45.

25. "No Discurso do Método, que constitui uma espécie de manifesto da civilização tecnológica, Descartes afirmou que '... les notions générales touchant la physique m'ont fait voir qu'il est possible de parvenir à des connaissances que soient for utiles à la vie, et qu'au lieu de cette philosophie speculative, qu'on enseigne dans les écoles, on en peut trouver une pratique, par laquelle connaissant la force et les actions du feu, de l' eau, de l'air, des asters, des cieux et de tout les autres corps que nous environnement, aussi distinctement que nous connaissons les divers métiers de nos artisans, nous pourrions employer en meme façon à tous les usages auxquels ils sont propres, et ainsi nous render comme maîtres et possueurs de la nature.'" Comparato, Fabio Konder. *A afirmação histórica dos direitos humanos.* 4ª ed. São Paulo: Saraiva, 2005, p. 541.

26. Bittar, Eduardo Carlos Bianca. *Op. cit.*, 259.

Medicina, entre outras ciências, por meio de seus diversos ramos de especialização, empreenderam esforços em desvendar.

Para Aranha e Martins:[27]

> (...) a revolução metodológica iniciada por Galileu promove a autonomia da ciência e seu desligamento da filosofia. Pouco a pouco, desse período até o século XX, aparecem as chamadas *ciências particulares* – física, astronomia, química, biologia, psicologia, sociologia etc. – delimitando um campo de estudo específico de pesquisa. Na verdade, o que estava ocorrendo era o nascimento da ciência, como a entendemos modernamente. Com a fragmentação do saber, cada ciência se ocupa de um objeto específico: à física cabe investigar o movimento dos corpos; à biologia, a natureza dos seres vivos; à química, as transformações substanciais, e assim por diante.

Assim, do estabelecimento da vida como fenômeno passível de conhecimento e de compreensão – *biós*; *logos* " biologia " à manipulação desta em laboratório – *biós; tékhné* – biotecnologia – , foi-se um curto espaço de tempo, um passo que o homem não hesitou em dar, cujo caminho percorrido caracteriza sobremaneira a passagem do saber especulativo à ciência aplicada, engendrando, por assim dizer, a tecnologia, levando a humanidade a experimentar incontestáveis avanços, como a descoberta da penicilina, e a vivenciar inegáveis retrocessos, como a barbárie perpetrada em Auschwitz, esses extremos denunciam o permanente desequilíbrio da condição humana.

Para Edgar Morin, esse desequilíbrio e as ameaças dele decorrentes, com relação à insólita destruição do homem pelo próprio homem é resultado do apogeu do pensamento racional, legado da modernidade. O autor convida a refletir sobre a teoria dos três cérebros do ser humano: o dos antigos mamíferos (sede da inteligência e afetividade), o retilíneo (sede da agressão) e o neocórtex (sede das operações lógicas) e determina:

> Não existe soberania do racional sobre a afetividade, mas hierarquias em permanente permuta, onde nossos instintos mais bestiais vão controlar nossa inteligência para realizar suas finalidades. Assim, a racionalização de Auschwitz (a indústria da morte humana) é um empreendimento de destruição utilizando os poderes racionais, tecnológicos do espírito humano. Nossa razão não controla nossa

27. Aranha, Maria Lúcia Arruda; Martins, Maria Helena Pires. *Op. cit.*, p. 73.

afetividade e nossas pulsões mais profundas. De fato, este desequilíbrio permanente é ao mesmo tempo a fonte do que há de mais horrível (destruição, assassinato) e do que há de mais belo (invenção, criação, poesia, imaginação). Se a racionalidade controlasse tudo, não haveria mais inventividade na espécie humana. Sem dúvida, devemos esperar regular esta máquina cerebral que tende a tornar-se demente. Certas condições culturais e sociais liberam os monstros que o ser humano traz em si. Estamos diante de um problema muito ambíguo: não podemos esperar um reino soberano da pura lógica, pois não somos computadores; mesmo que os computadores adquirissem sempre qualidades novas, não possuiriam nem experiências vividas, nem os sentimentos. É tudo isso que não podemos dissociar de nossa inteligência.[28]

1.2. VIDA, CIÊNCIA E TECNOLOGIA

A biociência ou biologia compreende o estudo dos seres vivos e das leis gerais da vida[29] e, como área de conhecimento, é uma conquista recente do gênio humano segundo observa Michel Foucault:[30]

> Pretende-se fazer histórias da biologia no século XVIII; mas não se tem em conta que a biologia não existia (...). E que se a biologia era desconhecida, o era por uma razão bem simples: é que a própria vida não existia. Existiam apenas seres vivos que apareciam por meio de um crivo do saber constituído pela história natural.

Prossegue o autor interrogando-se que campo seria esse do conhecimento humano "... em que a natureza aparece próxima de si mesma o bastante para que os indivíduos que ela envolve pudessem ser classificados, e suficientemente afastada de si, para que o devessem ser pela análise e pela reflexão?"[31] Em resposta ao questionamento do ilustre pensador francês, poder-se-ia informar que esse novo campo se tornaria o vértice de onde decorreriam futuros saberes, ainda mais competentes e impositivos no ato de classificar e manipular seres vivos, a saber: a biotecnologia.

28. Morin, Edgar; Cyrulnik, Boris. *Diálogo sobre a natureza humana*. Lisboa: Instituto Piaget, 2004, p. 55-56.

29. Cf. Garcia, Maria. *Op. cit.*, p. 44.

30. Foucault. Michel. *As palavras e as coisas*. 8ª ed. São Paulo: Martins Fontes, 2002, p. 174-175.

31. *Ibid.*, p. 175.

Íñigo de Miguel Beriain,[32] a respeito do conceito de biotecnologia, assevera que "... *la biotecnología, como tal, puede definirse, en un sentido amplio, como 'la utilización de organismos biológicos, sistemas y procesos, en actividades industriales, de fabricación y servicios.'*"

Maria Helena Diniz[33] conceitua biotecnologia como:

> ... a ciência da engenharia genética que visa ao uso de sistemas e organismos biológicos para aplicações medicinais, científicas, industriais, agrícolas e ambientais. Por meio dela os organismos vivos passaram a ser modificados geneticamente, possibilitando a criação de organismos transgênicos ou geneticamente modificados.

Enquanto técnica capaz de manipular organismos vivos, a biotecnologia revela-se uma atividade que remonta a um período anterior ao nascimento de Cristo, amplamente utilizada na produção de álcool e vinagre, muito embora à época, a humanidade ignorasse que se utilizava microorganismos na fabricação desses produtos.[34] Somente mais tarde, com os estudos de Pasteur[35]

---

32. Beriain, Íñigo de Miguel. *El embrión y la biotecnología: un análisis ético-jurídico*. Granada: Comares, 2004, p. 1.

33. Diniz, Maria Helena. *O estado atual do biodireito*. 3ª ed. São Paulo: Saraiva, 2006, p. 450.

34. Gafo, Javier. *Problemas éticos de la manipulación genética*. Madrid: Paulinas, 1992, p. 99.

35. Pasteur, Louis (1822-1895), químico e biólogo francês que fundou a ciência da microbiologia, demonstrou a teoria dos germes como causadores de doenças (agentes patogênicos), inventou o processo que leva seu nome e desenvolveu vacinas contra várias patologias. Concluiu que as moléculas orgânicas podem existir em uma ou duas formas chamadas isômeros, aos quais denominou, respectivamente, formas levógiras e formas dextrógiras. Trabalhos sobre a fermentação: Pasteur demonstrou que a produção de álcool na fermentação se deve, na verdade, às leveduras e que a indesejável produção de substâncias (como o ácido láctico ou o ácido acético) que azedam o vinho se deve à presença de bactérias.

Estendeu esses estudos a outros problemas, como a conservação do leite, e propôs uma solução semelhante: aquecer o leite à temperatura e pressão elevadas, antes de engarrafá-lo. Esse processo recebe hoje o nome de pasteurização.Teoria dos germes como causa de doenças: mostrou que a origem e evolução das doenças era análoga às do processo de fermentação. Ele considerava que a doença surge devido ao ataque de germes procedentes do exterior do organismo, do mesmo modo que os microorganismos não desejados invadem o leite e causam sua fermentação. A vacina contra a raiva: Pasteur dedicou grande parte de sua vida a investigar as causas de diversas doenças, como a septicemia, o cólera, a difteria, a tuberculose e a varíola, e sua prevenção por meio da vacinação. É especialmente conhecido por suas investigações sobre a prevenção da raiva. Encarta Enciclopédia. São Paulo: Microsoft Corporation, 1993-2001.

e Koch,[36] cientistas precursores da microbiologia, é que a biotecnologia encontrou um fértil terreno para o seu desenvolvimento; isso ocorreu mais especificamente no século XIX, com o advento da ciência genética.

A genética, em apertada síntese, pode ser considerada a ciência que se dedica ao estudo da transmissão de hereditariedade dos organismos vivos, ou de acordo com o que estabelece Stela Neves Barbas,[37] como "a ciência que estuda a hereditariedade e os mecanismos e leis da transmissão dos caracteres, bem como a formação e evolução das espécies animais e vegetais".

Pioneiro nesse ramo da ciência biológica, o monge austríaco Gregor Mendel[38] publicou seus estudos acerca da transmissão da hereditariedade em 1866. A partir de experiências realizadas com ervilhas, demonstrou que as características hereditárias transmitidas durante o processo de reprodução são determinadas pelos *genes*.

No início do século XX, as leis de Mendel que já haviam sido publicadas e ignoradas pela comunidade científica em 1866, foram redescobertas de forma independente por três cientistas: Hugo Vries, Carl Erich Correns e Erich Tschermark.[39]

No entanto, o termo *gene* só ficou conhecido no mundo científico em 1911 com o botânico dinamarquês Joahnnsen, que se refere a ele como unidade hereditária de informação que ocupa lugar fixo no cromossomo, este

---

36. Koch, Robert (1843-1910), cientista alemão, Prêmio Nobel de Medicina em 1905. Pioneiro na bacteriologia médica moderna, isolou várias bactérias patogênicas, inclusive a da tuberculose, e descobriu os vetores animais de transmissão de uma série de doenças.Demonstrou, ao confirmar que o *Bacillus anthracis* provoca determinada condição infecciosa, que as doenças não são causadas por substâncias misteriosas e sim por microorganismos específicos. Também identificou o bacilo causador do cólera e descobriu que essa enfermidade é transmitida aos seres humanos principalmente por meio da água. Mais tarde, viajou para a África, onde estudou as causas das doenças transmitidas por insetos. Encarta Enciclopédia. São Paulo: Microsoft Corporation, 1993-2001.

37. Barbas, Stela Marcos de Almeida Neves. *Direito ao patrimônio genético*. Coimbra: Almedina, 1998, p.16.

38. Mendel (1822-1884) trabalhou com a planta da ervilha, descreveu os padrões da herança em função de sete pares de traços contrastantes que apareciam em sete variedades diferentes dessa planta. Por meio dessas observações, elaborou as leis da hereditariedade que foram publicadas em sua obra denominada: *Experimentos com vegetais híbridos*. Encarta Enciclopédia. São Paulo: Microsoft Corporation, 1993-2001.

39. Encarta Enciclopédia. São Paulo: Microsoft Corporation, 1993-2001.

último um componente do núcleo da célula. Atribui-se também ao botânico uma das conquistas mais importantes para o desenvolvimento dos estudos sobre a hereditariedade em geral, e os princípios mendelianos em particular, a separação entre genótipo e fenótipo.

O genótipo refere-se aos genes que o organismo possui e é capaz de transmitir à geração seguinte no tocante à composição genética de um organismo, com relação às características físicas. Já o fenótipo refere-se às características decorrentes do aspecto externo, ou seja, do ambiente cultural, social e familiar no qual o organismo irá se desenvolver.

Esses dois fatores, genótipo e fenótipo, dão origem à essência individual do ser humano, engendram a concepção da pessoa humana que Boécio apropriadamente conceituou: "*persona proprie dicitur natureae rationalis individua substantia*", isto é, "diz-se propriamente pessoa, a especificação individual da substância racional".[40]

Essa individualidade, tão bem expressa na definição boeciana, na qual se assenta todo o universo axiológico, isto é, todos os valores e direitos fundamentais inerentes ao homem e que podem ser representados em uma única palavra, qual seja *dignidade*, restou reduzida no século XX a um código genético, composto por uma seqüência de quatro letras a ser decifrado pela ciência genética humana e recombinado pela engenharia genética.[41]

1.3. O DNA: A VIDA REDUZIDA A UM CÓDIGO

A partir da releitura dos trabalhos de Gregor Mendel, o americano Walter Sutton percebeu que as características hereditárias que o monge havia observado nos vegetais – ervilhas – eram comparáveis à ação dos cromossomos nas células dos animais – humanos – em divisão e, por conseguinte, sugeriu que as unidades mendelianas de herança, os *genes*, se localizavam nos cromossomos, que, por sua vez, variam em forma e tamanho e, em geral, apresentam-se nos seres humanos em pares.

Por cromossomos entende-se a estrutura formada por ácidos nucléicos e proteínas presentes em todas as células vegetais e animais. Contêm o ADN (ácido desoxirribonucléico) que se divide em pequenas unidades chamadas *genes*. Nos seres humanos, a maioria das células do corpo apresenta 23 pares

40. Boécio, apud Comparato, Fábio Konder. *Op. cit.*, p. 19.

41. Lei nº 11.105/2005, art. 3º, inciso IV, "engenharia genética: atividade de produção e manipulação de moléculas de ADN/ARN recombinante".

de cromossomos. Cada cromossomo contém inúmeros genes e cada um deles se localiza em uma posição específica, em um *lócus*. Outra célula que integra esse processo de reprodução é o gameta, trata-se de uma célula sexual que se une a outra durante a fecundação. Nos organismos superiores, que se reproduzem de forma sexuada, estão presentes dois tipos de gametas, o feminino chamado de óvulo e o masculino chamado de espermatozóide. Originam-se por meio da meiose, uma divisão na qual só se transmite a cada célula nova um cromossomo de cada um dos pares da célula original. Quando na fecundação se unem dois gametas, a célula resultante é chamada zigoto e contém toda a dotação dupla de cromossomos, a metade desses cromossomos procede de um progenitor e a outra metade, de outro.[42]

Em seguida, os cientistas canadenses Avery e McLeod, juntamente com o americano Maclyn MacCarty, demonstraram que as células que compõem a maioria dos organismos vivos contêm, em sua parte central, um corpúsculo arredondado denominado núcleo, em cujo interior se encontra o material genético, constituído pelo ácido desoxirribonucléico, conhecido pela sigla em inglês DNA.

O DNA[43] é a molécula que define a herança dos caracteres específicos transmitidos na reprodução. Possui a capacidade de se autoduplicar, o que explica como a mensagem genética que ele contém transmite-se hereditariamente. Cabe ainda ao DNA comandar "o feitio, a estrutura e a função de todo organismo mediante a produção de proteínas.

No momento em que a célula se divide, dando início ao processo de reprodução, o acido desoxirribonucléico – DNA – contido no seu interior individualiza-se numa série de estruturas microscópicas em forma de bastonetes que recebem o nome de cromossomos. Cada unidade de informação hereditária presente no cromossomo, também chamada de *gene*, será responsável pela produção de determinado caráter biológico.[44]

Na década de 1950, os geneticistas Watson e Crick descreveram a estrutura da molécula de DNA. Determinaram que ela é integrada por duas cadeias de nucleotídeos que se enredam uma na outra de maneira semelhante a

---

42. Encarta Enciclopédia. São Paulo: Microsoft Corporation, 1993-2001.

43. Cf. Romeo Casabona, Carlos Maria. *Do gene ao direito*. São Paulo: Instituto Brasileiro de Ciências Criminais, 1999, p. 23.

44. Cf. Brody, David Eliot; Brody, Arnold. *As sete maiores descobertas científicas da história*. São Paulo: Companhia da Letras, 1999, p. 365.

uma escada helicoidal.[45] A ordenação dessas informações, em seqüências de ligação de A com T e C com G, resultou no que se convencionou chamar de código genético ou código da vida, e levou os cientistas, conforme refere Maria Garcia,[46] ao "segredo bioquímico da vida."

A conjugação dos esforços de pesquisadores de diversos países visando decifrar o código genético e compreender o funcionamento dos genes humanos, a partir do mapeamento do genoma humano, consistiu em um projeto idealizado pela primeira vez no início dos anos 1980, pelo governo dos Estados Unidos da América.

Autoridades americanas, atentando para a multiplicação, na década de 1970, de empresas privadas ligadas ao setor da engenharia genética, multiplicação essa que se deu em virtude da então recente descoberta da tecnologia do DNA-recombinante, e compreendendo a importância de se apropriar desse novo campo do conhecimento técnico-científico, fez introduzir no âmbito dessas pesquisas um órgão federal de caráter militar, o DOE (Departament of Energy – Departamento de Energia dos Estados Unidos).

> ... no final dos anos de 1960, quando Smith e Wilkox isolaram a cepa bacteriana *Haemophylus influentiae*, uma enzima (definida endonuclease de restrição) (...) capaz de cortar em pedaços o DNA em sítios específicos e com absoluta precisão. Pensou-se logo que esse mecanismo de defesa das bactérias pudesse ser utilizado como uma espécie de tesoura biológica para cortar e refazer o DNA. Nasceu assim a tecnologia do DNA-recombinante e, já em 1972, a revista Science podia contar cerca de quinhentos projetos de pesquisa.[47]

A ingerência de um órgão federal militar que se ocupava, até aquele momento, com a produção de armas nucleares, bem como com questões relacionadas à segurança nuclear, no âmbito das pesquisas de biologia

---

45. "As extremidades dessa escada são formadas de açúcares e fosfatos; os degraus, de bases nitrogenadas ligadas em pares. Essas bases são: a adenina (A), a aguanina (G), a citosina (C) e a timina (T). Essa nova perspectiva do conhecimento biológico em pouco tempo levou os cientistas a compreenderem as regras básicas do código genético e dos processos por ele compreendidos, como o da síntese protéica." Leite, Marcelo. *O DNA*. São Paulo: Publifolha, 2003, p. 22-29.

46. Garcia, Maria. *Op. cit.*, p. 45.

47. Neri, Demetrio. *Filosofia moral: manual introdutório*. São Paulo: Loyola, 2004, p. 233-234.

molecular, tinha como principal motivação o aspecto estratégico do domínio das tecnologias de engenharia genética por parte do Estado.[48] A proposta do DOE consistia em um financiamento por parte do governo americano para determinar a seqüência de todos os três bilhões de pares de G, A, T e C que compõem o genoma humano.

Apesar de os recursos ofertados pelo DOE serem fundamentais para a viabilização das pesquisas, a presença de um organismo militar nessa modalidade de ciência, praticada até aquela época exclusivamente por cientistas civis, causou nestes últimos certa desconfiança, levando-os a buscar o apoio do INH (National Institutes of Health – Instituto Nacional de Saúde), entidade pública ligada ao governo federal.[49] Assim, em maio de 1986, no Encontro de Biologia Molecular do *Homo sapiens*, realizado em Cold Spring Harbor, em Nova York, restou estabelecida uma aliança entre os pesquisadores do DOE e os geneticistas moleculares civis, por intermédio do INH.[50]

O Prêmio Nobel de fisiologia e medicina James Watson, destacado como co-descobridor da estrutura em hélice dupla do DNA ao lado do biofísico Francis Crick, assumiu inicialmente a direção dos trabalhos.

Doravante, diversos países da Europa, bem como o Japão e a Austrália, demonstraram interesse em participar da pesquisa, unindo-se à iniciativa americana, fazendo surgir assim o PGH (Projeto Genoma Humano) que se tornou conhecido internacionalmente pela sigla Hugo (Human Genome Organization).[51] Barchifontaine[52] estabelece que, devido à ousadia e à complexidade do Projeto Genoma Humano, pode ele ser considerado o terceiro grande projeto da ciência do século XX e comenta:

---

48. Rifikin, Jeremy. *O século da biotecnologia: a valorização dos genes e a reconstrução do mundo.* São Paulo: Makron Books, 1999, p. 11.

49. Cf. Oliveira, Fátima. *Engenharia genética: o sétimo dia da criação.* 2ª ed. São Paulo: Moderna, 2004, p. 52 e ss.

50. *Ibid.*, p. 60.

51. Atualmente, "basicamente 18 países estão participando das pesquisas sobre o PGH, os maiores centros de pesquisas se desenvolvem na Alemanha, Austrália, Brasil, Canadá, China, Coréia, Dinamarca, EUA, França, Holanda, Israel, Itália, Japão, México, Reino Unido, Rússia, Suécia e União Européia, sob liderança dos EUA e Reino Unido". Rifkin, Jeremy. *Op.cit.*, p. 11.

52. Barchifontaine, Christian de Paul de. "Genoma humano e bioética." In: Barchifontaine, Christian de Paul de; Pessini, Léo (orgs.). *Bioética: alguns desafios.* 2ª ed. São Paulo: Loyola, 2002, p. 244.

> ... o primeiro foi o Projeto Manhattam, que descobriu e utilizou a energia nuclear, bem como produziu a bomba atômica que destruiu Hiroshima e Nagasaki (1945), pondo fim à II Guerra Mundial. É descoberto o "coração" da matéria, o átomo, e dele se extrai energia. O segundo grande projeto foi o Projeto Apollo, que jogou o ser humano no coração do cosmos. A data-símbolo é o primeiro passo do homem na Lua (1969). O ser humano começa a navegar interplanetariamente. Descobrimo-nos como um grãozinho de areia na imensidão do universo. Especula-se a respeito da vida em outros planetas! O terceiro e mais recente é o Projeto Genoma Humano, que começou no início de 1990, e no dia 26 de junho de 2000 foi comemorado o mapeamento ou seqüenciamento do código genético humano. Isso leva o ser humano ao mais profundo de si mesmo em termos de conhecimento de sua herança biológica, numa verdadeira caça aos genes.

A meta do PGH era identificar, até o ano de 2005, cada um dos aproximadamente cem mil genes e três bilhões de pares de nucleotídeos que compõem a molécula do DNA. O trabalho de identificação consistia no mapeamento do código genético, isto é, no registro da posição de cada um dos genes nos 23 pares de cromossomos humanos, e em seu seqüenciamento, ou determinação da ordem precisa de ocorrência dos nucleotídeos que compõem cada *gene*. As expectativas, com relação à realização desse feito, em especial na área da biomedicina, eram as melhores e mais promissoras. Segundo Celeste Gomes e Sandra Sordi,[53] conhecer o genoma humano representava:

> ... a possibilidade de se personalizar a medicina, ou seja, realizar tratamentos que se baseiam em conhecimento mais detalhado da fisiologia de cada pessoa, uma vez que o código genético da pessoa determina, em muitos casos, sua reação a um medicamento, inclusive efeitos colaterais.

A partir do acesso ao material genético, a expectativa era identificar e isolar os genes responsáveis por milhares de doenças genéticas que acometem os seres humanos, tanto nas diversas etapas de seu desenvolvimento quanto na fase pré-embrionária, não somente as moléstias de caráter heredi-

53. Gomes, Celeste Leite dos Santos Pereira; Sordi, Sandra. Aspectos atuais do Projeto Genoma Humano. In: Santos, Maria Celeste Cordeiro Leite dos. *Biodireito: ciência da vida, novos desafios*. São Paulo: Revista dos Tribunais, 2001, p. 169.

tário, como também aquelas advindas da interação entre os genes e o meio ambiente. Todavia, embora a diminuição do sofrimento humano represente o fim a que se destina a atividade médico-científica, outros interesses motivaram os investimentos efetuados no projeto.

1.4. A VIDA COMO PRODUTO: A QUESTÃO DAS PATENTES

Com vistas ao incomensurável mercado biomédico e às incontáveis possibilidades de retorno financeiro decorrentes do investimento nas pesquisas realizadas no Projeto Genoma Humano, J. Craig Venter, médico e cientista norte-americano, fundou em 1994 o Instituto de Pesquisas TIGR (The Institute for Genomic Research), subsidiado por empresas privadas, com a finalidade de começar a decodificação do genoma em grande escala. E, quatro anos após, em maio de 1998, o cientista fundava a empresa Celera Genomics, seu próprio projeto privado de seqüenciamento do genoma, em parceria com outra empresa americana, a Perkin-Elmer Corporation.

Na corrida para decodificar o genoma humano, a principal frente da Celera Genomics era a disputa com o Projeto Genoma Humano pelo pioneirismo na realização e conclusão das pesquisas, financiadas até então com fundos públicos. O consórcio internacional – Hugo – e a empresa privada Celera Genomics firmaram um acordo assumindo em conjunto a autoria do mapa genético dos seres humanos.

A conclusão do projeto, prevista para 2005, foi antecipada, sobretudo, em razão desse aporte científico e financeiro do setor privado, levado ao Projeto pela Celera Genomics.

A concorrência-parceria público-privada estabelecida entre a Celera Genomics e as agências de pesquisas governamentais, associada à alargada cooperação da comunidade científica internacional e aos avanços da bioinformática e das tecnologias de informação, permitiu acelerar substancialmente o processo de seqüenciamento do genoma humano, e no ano de 2000 o INH, em conjunto com a Celera Genomics, divulgou simultaneamente nos Estados Unidos e na Grã-Bretanha, por meio de seus respectivos chefes de governo, Bill Clinton e Tony Blair, o seqüenciamento de mais de 90% do genoma humano.

Assim, em 14 de abril de 2003, o consórcio internacional que constituiu o Hugo anunciou oficialmente o término do seqüenciamento das três bilhões de bases de DNA da espécie humana.

A partir da divulgação oficial da parceria estabelecida entre as agências governamentais e a empresa privada Celera Genomics, inaugurou-se um novo espaço. Inúmeras empresas privadas ligadas ao setor de biotecnologia e biomedicina acrescentaram às pesquisas desenvolvidas no PGH propostas abrangendo outras áreas de pesquisa relacionadas ao conhecimento do código genético, entre elas destaca-se a pesquisa envolvendo células-tronco embrionárias humanas.

Nesse sentido, Marília Bernardes Marques[54] observa:

> No reino empresarial (...) a principal referência da atualidade é a Advanced Cell Techonology – ACT (...) empresa sediada no estado norte-americano de Massachusetts, fundada (...) com o propósito de desenvolver técnicas de clonagem em rebanhos e animais transgênicos, usados para produzir medicamentos no leite. Sua trajetória tecnológica mescla animais e humanos nas pesquisas com células-tronco e clonagem, gerando elementos híbridos. Mais recentemente, essa empresa direcionou o foco de seu interesse para as técnicas em medicina regeneradora, voltando-se para as pesquisas com células-tronco embrionárias humanas.

Com efeito, o pesado investimento realizado por empresas privadas no Projeto Genoma Humano se justificava, quando se levava em conta o retorno financeiro que adviria desse mercado recém-descoberto pela ciência: mercado genômico. De acordo com Jeremy Rifkin: "O mercado comercial potencial para os testes genéticos é estimado em dezenas de bilhões de dólares, já nos primeiros anos do século 21 (sic)."[55] No mesmo sentido, Barchifontaine[56] aduz que "... tudo indica que o fio condutor da economia do século XXI será a engenharia genética, tendo como locomotiva o Projeto Genoma Humano".

Assim, era preciso garantir, por meio de algum mecanismo eficiente, o efetivo retorno à iniciativa privada do investimento realizado em pesquisas científicas relacionadas ao conhecimento do genoma humano. A solução encontrada foi o estabelecimento do instituto da patente.

---

54. Marques, Marília Bernardes. *O que é célula-tronco*. São Paulo: Brasiliense, 2006, p. 46.

55. Rifikin, Jeremy. *O século da biotecnologia: a valorização dos genes e a reconstrução do mundo*. São Paulo: Makron Books, 1999, p. 28.

56. Barchifontaine, Christian de Paul de. *Op. cit.* p. 244.

Doravante, a vida humana que outrora já havia sido reduzida a um código genético constituído por quatro letras, poderia agora ser objeto de apropriação por parte de empresas do ramo da biotecnologia e indústrias do setor farmacêutico, entre outras.

Fabio Konder Comparato[57] a esse respeito destaca:

> Chegamos, nesta passagem de milênio, ao apogeu do capitalismo, no preciso sentido etimológico do termo, isto é, à fase histórica em que ele se coloca na posição de maior distanciamento da Terra e da Vida (...) nesse tipo de civilização, toda a vida social, e não apenas as relações econômicas, fundam-se na supremacia absoluta da razão de mercado (...) na verdade, para a mentalidade capitalista, somente aquilo que tem preço no mercado, possui valor na vida social (...) com a geral admissibilidade do patenteamento de genes, inclusive do homem, para exploração da indústria farmacêutica e utilização de tratamentos médicos, chegamos ao ponto culminante da ânsia capitalista: instituiu-se a propriedade sobre as matrizes da vida.

1.4.1. Patente e organismos vivos

A patente surge com a Revolução Industrial inglesa e a nova ordem econômica vigente que passava a se alicerçar, em substituição à servidão coletiva e à posterior manufatura, num sistema fabril, mecanizado. O instituto da patente era, assim, determinado sobre produtos inanimados, máquinas e equipamentos.

O instituto jurídico que assegura o direito de patente está previsto na Lei de Propriedade Industrial e tem por fim a proteção dos bens imateriais, entre eles assegurados aqueles que decorram do talento de uma invenção. Na lição de Fábio Ulhoa Coelho,[58] a patente diz respeito à invenção, e invenção, segundo o autor, é "o ato original do gênio humano", atendidos os requisitos da novidade, da atividade inventiva, da aplicação industrial e do não-impedimento.

Dessa forma, o Estado concede a patente por meio de uma autarquia federal, concedendo, assim, o direito à exploração exclusiva do objeto da patente, dispondo a respeito de sua alienação, por ato *inter vivos* ou *mortis*

57. Comparato, Fábio Konder. *Op. cit.*, p. 536 e ss.

58. Coelho, Fábio Ulhoa. *Manual de Direito Comercial.* 9ª ed. São Paulo: Saraiva, 1997, p. 73-76.

causa; sobre sua licença compulsória; acerca dos prazos de duração e finalmente determina as causas de sua extinção.[59]

Fabio Konder Comparato[60] noticia que "A primeira patente de ser vivo foi concedida na França a Louis Pasteur, em 1865, tendo por objeto o levedo de cerveja, livre de contaminação bacteriana". Segundo o autor, a decisão que permitiu ao homem, por intermédio do seu conhecimento, se apropriar de um organismo vivo, determinou a tônica da relação que iria se desenvolver e se consagrar nas sociedades futuras.

François Ost,[61] ao analisar a questão, sublinha:

> A vida torna-se objecto de ciência: uma ciência não mais descritiva (anatómica), como vimos, mas realmente criadora (genética). A via está aberta: deixam-se entrever inúmeras aplicações práticas, desenha-se um mercado potencialmente imenso, o modelo industrial de transformação-exploração da natureza alcança então o último refúgio que ainda lhe escapava..., e o direito das patentes, sujeito às pressões que se adivinham, cede, um após outro, aos bastiões do vivo. Pode-se hoje escrever a história – bastante breve, contudo – desta irresistível ascensão da patente: das plantas aos homens, dos microorganismos aos animais superiores, nenhuma espécie de seres vivos escapará à lógica da conquista e da apropriação...

A patente sobre uma forma de vida consagra, portanto, a associação definitiva entre vida, ciência e técnica. A fusão dos três conceitos constitui aspectos – teórico e prático – da mesma realidade. A técnica, a partir do século XVIII, se converte na aplicação dos conhecimentos fornecidos pela ciência, desaparecendo desse modo a *tékhné*, fazendo surgir a *tecnologia*. Com ela tem início uma ordem econômico-financeira alicerçada na promissora potencialidade de comercialização do conhecimento.

---

59. No Brasil a competência para concessão de patentes é do Inpi (Instituto Nacional de Propriedade Industrial). É pertinente esclarecer que a obtenção de uma patente não garante ao seu titular o direito de propriedade, como equivocadamente se acredita. O que o instituto jurídico assegura é o direito de perceber *royalties* pelo uso da informação ou o ressarcimento no caso de sua violação.Cf. Gomes, Celeste Leite dos Santos Pereira e SORDI, Sandra. *Op. cit.*, p. 188.

60. Comparato, Fábio Konder. *Op. cit.*, p. 428.

61. Ost, François. *A natureza à margem da lei: a ecologia à prova do direito* Lisboa: Instituo Piaget, 1995, p. 83.

Na esteira dessa nova perspectiva, em que a tecnologia se converte em moeda de troca das relações comerciais e, no breve espaço de tempo que encerra o período do final do século XIX ao início do século XX, o conhecimento do código genético determinou que a vida, não sendo dádiva divina e sim um engenho do gênio humano, é passível de ser patenteada. A partir dessa mentalidade, tinha início o que Rifkin[62] convencionou chamar de "o século da biotecnologia".

Embora os primeiros efeitos acerca da grande polêmica em torno do patenteamento de organismos vivos já pudessem ser antevistos desde o anúncio de obtenção de patente por Pasteur, em 1873, a amplitude e os possíveis desdobramentos dos problemas decorrentes dessa questão só se fizeram perceber quando Ananda Chakrabarty, microbiologista indiano, funcionário da GE (General Eletric), empresa privada norte-americana, solicitou, na década de 1970, ao PTO (U.S. Patents and Trademark Office), o Instituto Nacional da Propriedade Industrial dos Estados Unidos, a concessão de patente para o microorganismo (*Pseudomas*) geneticamente projetado e construído com a capacidade de dragar o derramamento de petróleo nos oceanos.[63]

O PTO, com base na lei de patentes norte-americana, recusou a concessão da patente, alegando que seres vivos não são passíveis de serem patenteados. Alegou, ainda, que em raras ocasiões haviam sido concedidas patentes para forma de vida de plantas que se reproduzem assexuadamente, entretanto, ressaltou que tais concessões eram objeto de exceção especial que só se poderia verificar por meio de um ato legislativo do Congresso americano.

Após a interposição do recurso de apelação por parte de Chakrabarty e da GE perante o Tribunal de Tributos Alfandegários e Patentes (Court Of Customs and Patents Appeals) e de inúmeras outras disputas judiciais em torno desse caso, a decisão da Suprema Corte dos Estados Unidos, em 1980, concedia a patente do *Pseudomas* ao cientista indiano e à empresa norte-americana.

A decisão causou surpresa a todos ao ignorar os argumentos da peça processual escrita pelo advogado Ted Howard, da Fundação para Tendências Econômicas, que havia se associado à PTO como terceiro interessado.[64] Na peça, Ted Howard tocava diretamente no âmago da questão do valor intrínseco e do significado da vida, sustentando que em decorrência da decisão da

62. Rifikin, Jeremy. *Op. cit.*, p. 47.

63. *Ibid.*., p. 44.

64. Rifikin, Jeremy. *Op. cit.*, p. 44.

Suprema Corte, favorável à concessão de patente de microorganismo vivo, a vida fabricada – em qualquer nível – teria sido categorizada como menos do que vida, como nada além de um simples produto químico.[65]

Desde então tem se admitido a patenteabilidade de microorganismos vivos sem restrições, abrindo-se precedentes para futuras demandas, envolvendo não somente o universo dos microorganismos vivos, mas, sobretudo, de outras espécies de vida, aí incluída a espécie humana.

1.4.2. Patente e gene humano

Acerca da decisão da Suprema Corte americana, que concedeu a patente de um ser vivo ao microbiologista indiano Chakrabarty, chama atenção o questionamento efetuado por Leon Richard Kass[66] nos seguintes termos:

> Que princípio ético delimita essa primeira extensão do âmbito da propriedade privada e do controle da natureza (...)? O princípio aplicado a Chakrabarty afirma que não há nada na natureza de um ser, nem mesmo na daquele que solicita a patente, que o torne imune a ser patenteado.

No mesmo sentido Rifkin:[67]

> Pela primeira vez em uma questão judicial, determinou-se que, para fins comerciais, não havia mais necessidade de se distinguir entre seres vivos e objetos inanimados. A partir daí, um organismo geneticamente construído seria como uma invenção, da mesma forma que computadores e máquinas são considerados invenções. Se o microorganismo de Chakrabarty pôde ser patenteado, por que não qualquer outra forma de vida que tenha sido, de qualquer modo, construída geneticamente? Qual o significado dessa decisão para as futuras gerações, se crescerem em um mundo onde a vida será considerada uma mera invenção, onde as fronteiras entre o sagrado e o profano, entre o valor intrínseco e o utilitário terão simplesmente desaparecido, reduzindo a vida à condição de objeto, destituído de qualquer característica exclusiva ou essencial que o diferencie daquilo que é estritamente mecânico?

---

65. *Ibid.*, p. 44.

66. Kass, Leon Richard. *Patenting Life*. Commentary, dezembro/1981, p. 56, *apud* Rifkin, Jeremy. *Op. cit.*, p. 46.

67. Rifkin, Jeremy. *Op. cit.*, p. 46.

Da concessão da patente sobre a bactéria geneticamente modificada, que tinha por objeto metabolizar o derramamento de petróleo nos oceanos, à concessão de patente de genes humanos passaram-se somente dez anos.

Desse modo, em abril de 1988 o Harvard College obteve junto ao Opus (U.S Patents Office – Escritório de Patentes dos Estados Unidos) a primeira patente de animal eucariótico – superior –, um mamífero transgênico não-humano denominado *oncorato*,[68] um camundongo geneticamente manipulado, contendo genes humanos, predisposto a desenvolver câncer. A patente foi concedida à empresa Du Pont e o produto comercializado no mercado biomédico, como modelo de pesquisa para o estudo da doença.[69]

A questão do *oncorato* constituído de genes humanos abriu precedente para que dois anos mais tarde Craig Venter, co-fundador da empresa norte-americana de biotecnologia Celera Genomics, solicitasse junto ao Opus patente sobre uma linha celular humana extraída de uma tribo indígena da Nova Guiné.[70] O pedido constava de 2.750 seqüências parciais de DNA humano e, em meados do ano 2000, o escritório de patentes dos Estados Unidos atendeu a solicitação.

Abre-se um parêntese nesse ponto para destacar o fato de que a grande maioria de patentes sobre o genoma humano é concedida em países subdesenvolvidos a empresas privadas sediadas em países desenvolvidos, como ocorre com a Celera Genomics. A par dessa realidade, não se pode afirmar que os resultados científicos e financeiros alcançados com a instituição dessas patentes se convertam em benefício da melhoria da saúde ou da qualidade de vida dessas populações. De acordo com Salvador Darío Bergel[71] "...obtém-se material genético desses países sem que se faça a transferência de tecnologia".

Fábio Konder Comparato[72] assinala que, de acordo com o Relatório Mundial de Desenvolvimento Humano elaborado em 1999 pelas Nações Uni-

---

68. Cf. Gomes, Celeste Leite dos Santos Pereira; Sordi, Sandra. *Op. cit.*, p. 189.

69. *Ibid.*, p. 49.

70. (patente US 5,397,696), útil no tratamento e diagnóstico de pessoas infectadas por uma variante do vírus HLTV – I24 associado à leucemia. A comunidade internacional preocupa-se com o interesse manifestado neste caso, pelas forças armadas americanas. A preocupação é pertinente, sobretudo, por razões históricas recentes, Cf. Gomes, Celeste Leite dos Santos Pereira e Sordi, Sandra. *Op. cit.*, p. 190.

71. Bergel, Salvador Darío. *Genoma humano e patentes.* In: Garrafa, Volnei; Pessini, Léo. (Orgs.). *Bioética: poder e injustiça.* São Paulo: Loyola, 2003, p.146.

72. Comparato, Fábio Konder. *Op. cit.*, p. 539-45.

das, ao final do século XX os países industrializados detinham 97% do total das patentes registradas no mundo inteiro. Mais de 80% das patentes concedidas em países subdesenvolvidos têm como titulares empresas sediadas em países desenvolvidos (...) entre 1981 e 1991, menos de 5% dos novos medicamentos lançados no mercado pelos 25 maiores grupos farmacêuticos foram produzidos sem o concurso de recursos públicos. No mesmo período, no setor da biotecnologia, a parte das patentes detida pelos Poderes Públicos, cuja licença de utilização foi concedida a empresas particulares, passou de 6% a mais de 40%.

Nesse sentido, notícia divulgada em fevereiro de 2000 informa que o Governo da Islândia, em decisão inédita, vendeu, pela quantia de US$ 16 milhões, o direito de exploração do DNA de toda a população do país, cerca de 270 mil pessoas, à deCode empresa norte-americana de biotecnologia, cujo dono é um islandês radicado nos Estados Unidos.[73]

A decisão do governo islandês confirma as suspeitas de que o material genético humano tornou-se, após seu seqüenciamento pelo Hugo, um produto altamente rentável. Assim, François Ost[74] anuncia: "... o humano é reduzido ao celular, o celular ao mecânico, o mecânico ao produto e o produto à mercadoria convertida em moeda".

Salvador Darío Bergel[75] convida a refletir sobre o fato de que "... só há um genoma humano, sua propriedade estabelece um monopólio que vai contra a biologia". No mesmo tom, Fabio Konder Comparato[76] adverte:

> É fundamental, nessa matéria, reconhecer que nenhuma espécie de ser vivo pode ser monopolizada por ninguém, e que o genoma humano de qualquer espécie biológica é um patrimônio universal, cujos componentes não podem, legitimamente, ser objeto de apropriação.

Atualmente, mesmo os domínios mais essenciais que constituem o ser humano, a saber, genes e células-tronco embrionárias, estão sendo demarcados e reduzidos à propriedade comercial privada, podendo ser comprados e vendidos no mercado global. Merece destaque matéria veiculada em jornal de grande circulação, a saber:

---

73. "Islândia vende DNA da população à empresa", *O Globo*, Rio de Janeiro, 5 fev. 2000, p. 39.
74. Ost, François. *Op. cit.*, p. 98.
75. Bergel, Salvador Darío. *Op. cit.* p. 142.
76. Comparato, Fabio Konder. *Op. cit.*, p. 428.

> É proibido vender chicletes de hortelã em Cingapura. Mas... e células-tronco embrionárias humanas? Aí a história é outra. No mês passado, uma empresa local, a ES Cell International, foi a primeira companhia a produzir comercialmente linhagens que servem para testes clínicos. Os pesquisadores podem comprá-las por cerca de R$ 12 mil o frasco.[77]

Assim, a ciência contemporânea faz, do mesmo modo que a ciência moderna fez, uso do método cartesiano, dividindo, desmontando, reduzindo o ser humano à sua parte infinitesimal, realidade que leva François Ost a declarar:[78]

> ... ainda ninguém tentou obter uma patente para um *Homo sapiens* mutante, mas, em contrapartida, são pedidas e obtidas patentes sobre "material humano": genes manipulados, células, linhas celulares tanto mais fáceis de manipular quanto o seu aspecto menos evoca o ser humano vivo.

Diante desse fato, urge proceder a uma reflexão que ultrapasse a questão da propriedade industrial e alcance limites jurídicos e éticos. Com esse desiderato, Jean François Mattei[79] recorda que o ser humano tem dignidade, por isso não pode ser comercializado. O autor destaca que órgãos, tecidos e células não podem ser vendidos nem comprados, encontram-se além do mercado. O *gene*, o mais diminuto constituinte de um indivíduo, não pode ser tratado de outra maneira. Não pode entrar direta nem indiretamente na lógica do comércio. O genoma humano pertence à humanidade, sendo co-propriedade dos seres humanos ao ser transmitido de geração a geração e partilhado por famílias e populações. Como pertence a todos, nenhuma pessoa isolada pode ter o direito à sua propriedade exclusiva por meio de patente.

A despeito desses argumentos, patentes de genes humanos vêm sendo, reiteradamente, concedidas nos Estados Unidos e na Europa. Essa prática sistemática abriu precedente para outra atividade igualmente controversa e inquietante, a saber: a pesquisa científica em células-tronco embrionárias humanas.

---

77. Leite, Marcelo. "Fuga de células". Caderno Mais! *Folha de S. Paulo*, 20 ago. 2006, p. 9.

78. Ost, François. *Op. cit.*, p. 87.

79. Mattei, Jean François. *Le genome humain*. Strasbourg: Éd. du Conseil de l'Europe, 2001, p. 143.

Capítulo 2

DA PESQUISA CIENTÍFICA EM CÉLULAS-TRONCO[1] EMBRIONÁRIAS HUMANAS

A segunda metade do século XX marca o início de uma nova era para as ciências da vida. A decodificação da molécula de DNA ensejou descobertas, achados, avanços e um contínuo desenvolvimento no mundo científico.

A biologia, associada à química e à medicina, deu início ao que hoje se denomina biologia molecular. A genética investiu, com sucesso, esforços visando a conceber a vida humana em uma proveta e, quando se pensava que se tinha alcançado o ápice no que diz respeito às conquistas biomédicas, foram oficialmente anunciados pela comunidade científica procedimentos de clonagem[2] e experimentos envolvendo células-tronco embrionárias huma-

---

1. "Embora na linguagem coloquial seja costume utilizar o termo "célula-mãe", prefiro usar o termo célula-tronco como tradução mais correta do original inglês *steam cell.* De fato, no *Vocabulário Científico da Real Academia de Ciências Exatas Físicas e Naturais* (3ª ed., 1996) se inclui o termo "célula-tronco" como sinônimo de célula pluripotencial ou "célula pluripotente", mas não inclui "célula-mãe"..." Lacadena, Juan Ramón. Experimentação com embriões: o dilema ético dos embriões excedentes, os embriões somáticos e os embriões partenogenéticos. In: Martínez, Julio Luis (org.). *Células-tronco humanas: aspectos científicos, éticos e jurídicos*. São Paulo: Loyola, 2005, p. 65.

2. "A ovelha Dolly, primeiro mamífero clonado a partir do núcleo de uma célula somática adulta, por meio de técnicas de reconstrução embrionária por transferência nuclear, nasceu no dia 5 de julho de 1996, e seus criadores, liderados pelo cientista escocês Ian Wilmut, a apresentaram ao resto do mundo em um artigo na revista *Nature* publicado em fevereiro de 1997 (I. Wilmut, A.E. Schnieke, J. Mcwhir, A.J. Kind, K.H. Campbell, "Viable offspring derived from fetal and adult mammalian cells", *Natrure* 385 [1997], 810-813). A ovelha morreu no dia 14 de fevereiro de 2003, aos seis anos e meio de idade, sacrificada por seus criadores ao se constatar a deterioração irreversível de sua saúde, sem aparente relação com o processo de clonagem e sim produto de uma infecção viral que degenerou um tumor pulmonar que a impedia de respirar de forma normal." José, Lluís Montoliu. Células-tronco humanas: aspectos científicos. In: Martínez, Julio Luis (org.). *Op. cit.*, p. 21-22.

nas[3], dois feitos que demonstraram de forma inequívoca infinitos horizontes a serem ainda descortinados pela ciência, bem como a necessidade de se repensar e de redimensionar conceitos e valores, de se refletir, uma vez mais, acerca da posição do ser humano, do conhecimento científico, da ética e do direito no mundo contemporâneo.

Assim, Luís Montoliu José[4] observa:

> ... o nascimento da ovelha Dolly, divulgado oficialmente em 1997, trazia consigo uma verdadeira revolução no campo da biologia celular e na biologia do desenvolvimento. Pela primeira vez era possível conseguir que a informação genética presente em uma célula adulta, somática, diferenciada, servisse para orientar o desenvolvimento de um novo embrião, reconstruído a partir da fusão entre o núcleo daquela célula adulta e um óvulo enucleado (...). Em 1998, eram conhecidos os primeiros experimentos realizados, de forma independente, pelos grupos liderados pelos cientistas norte-americanos Thomson e Gearhart, que obtiveram, também pela primeira vez, células embrionárias pluripotentes humanas.

A partir desses feitos, a medicina tem acenado com inúmeras promessas, com base na utilização de células-tronco embrionárias humanas, de terapias relacionadas a uma série de doenças até então tidas como incuráveis. Nesse panorama auspicioso, inscrevem-se como candidatas diversas enfermidades: patologias renais e hepáticas, lesões da medula espinhal, doenças neurodegenerativas como as de Parkinson e de Alzheimer

---

3. James A. Thomson publicou os resultados de sua equipe em 6 de novembro de 1998, em um artigo publicado na revista *Science* (J.A. Thomson, J. Itskvitz-Eldor, S.S. Shapiro. M.A. Waknitz, J.J. Swiergiel, V.S. Marshall, J.M. Jones, "Embryonic stem cell lines derived from human blastocyts", *Science* 282 [1998], 1.145-1.147). John D. Gearhart publicou as descobertas de seu grupo no mesmo mês, em um artigo na revista *Proceedings of de National Academy of Sciences USA* (M. J. Shamblott, J. Axelman, S. Wang, E.M. Bugg, J.W. Littefield, P.J. Donovan, P.D. Blumenthal, G.R. Huggins, J.D. Gearhart, "Derivation of pluripotent stem cells from cultured human primordial germ cells", *Proc. Natl. Acad. Sci. USA* 95 [1998], 13.726-13.731. Para obter as células-tronco embrionárias humanas pluripotentes, no caso da equipe liderada por Thomson foram utilizados blastócitos provenientes de fecundações in vitro – FIV; já no caso de Gearhart, as células ES foram obtidas de blastemas germinais de fetos de 5-9 semanas provenientes de abortos terapêuticos. Cf. José, Lluís Montoliu, p. 22-28.

4. *Ibid.*, p. 21-22.

e a esclerose múltipla, entre outras. Muito embora, é preciso que se sublinhe isto, até o momento presente inexistam quaisquer registros de tratamentos seguros e eficazes envolvendo o uso de células-tronco embrionárias humanas[5]. Acrescenta-se, ainda, a expectativa de que essas células possam ser utilizadas para fazer crescer órgãos que sirvam como substitutos àqueles que porventura estejam comprometidos em razão de alguma deficiência.

O problema fundamental que o emprego dessas células deflagra refere-se à aceitabilidade do uso de embriões humanos em pesquisas científicas. A diminuição do sofrimento humano é, inquestionavelmente, objetivo da mais alta prioridade, entretanto, a par dessa realidade, não se pode esquecer que o emprego de embriões humanos, como fonte genuína de onde se derivam as células-tronco embrionárias, implica a destruição e a instrumentalização desses seres, prática que se revela jurídica e eticamente questionável.

2.1. DAS PESQUISAS EM CÉLULAS-TRONCO

As células-tronco estão presentes nos primeiros estágios do desenvolvimento embrionário. Surgem quando da estruturação de um novo organismo.

De acordo com Marília Bernardes Marques:[6]

> As células-tronco (...) são as grandes precursoras que construirão as pontes entre o ovo fertilizado, que é a nossa origem, e a arquitetura complexa na qual nos tornamos. Dito de outra forma, as cerca de 75 trilhões de células que constroem um corpo humano derivam das células-tronco e também, à medida que crescemos e envelhecemos, são elas que repõem os tecidos danificados ou enfermos. Graças a essa habilidade, atuam como um verdadeiro sistema reparador do corpo, fazendo a substituição das células ao longo de toda a vida de um organismo.

As primeiras pesquisas em células-tronco foram realizadas em 1960, porém, somente em meados de 1970 esses estudos começaram a se aprofundar.

---

5. Marques, Marília Bernardes. *O que é célula-tronco*. São Paulo: Brasiliense, 2006, p.19 e 82.
6. *Ibid.*, p. 9.

De início, os cientistas partiram de investigações realizadas em teratomas ou teratocarcinomas,[7] que são tumores que foram provocados em roedores, isso porque o desenvolvimento embrionário pré-implantatório de roedores é muito parecido com o desenvolvimento embrionário humano.[8] Desse modo, os pesquisadores descobriram que, a partir desses tecidos, poderiam extrair células-tronco, dando origem assim às células primordiais germinais.[9]

A progressão desses estudos envolveu a produção de animais quiméricos, formados a partir de dois genótipos diferentes[10] e, após, alcançou a derivação de células-tronco do blastócito de camundongos.

Em meados de 1994, foram diferenciadas as primeiras células-tronco de blastócitos humanos, a partir de embriões excedentes da técnica de fertilização *in vitro*, criados para fins reprodutivos e doados para fins de pesquisas. Embora as células-tronco extraídas tivessem apresentado cariótipo normal, ou seja, o número de cromossomos pertinente a um embrião humano regular, essa cultura só se manteve até o estágio de duas células não alcançando, portanto, a fase em que a célula-tronco embrionária apresenta sua principal propriedade, isto é, a pluripotência.

Em 5 de novembro de 1988, porém, a empresa Geron Corporation, de Merlon Park, na Califórnia, Estados Unidos, anunciou que seus pesquisadores, James Thomson da Universidade de Wisconsin, em Madison, e John Gearhart, da Universidade de Johns Hopkins, em Baltimore, haviam conse-

---

7. "Os teratocarcinomas são processos neoplásicos que aparecem em gônadas de indivíduos adultos (testículos ou ovários), embora majoritariamente em indivíduos de sexo masculino, que representam o crescimento descontrolado e desorganizado de células da linha germinal, que começam a dividir-se e diferenciar-se sem controle em todas as linhas celulares do organismo, originando assim um tumor." José, Lluís Montoliu. *Op. cit.*, p. 24.

8. Cf. José, Lluís Montoliu. *Op. cit.*, p. 25.

9. "O primórdio germinal é uma estrutura embrionária presente nas chamadas cristas gonodais (do inglês, *genital ridges*) que originará as gônadas (testículos ou ovários, segundo o sexo do embrião) em indivíduos adultos. Em embriões humanos esse processo ocorre entre a quinta e a nona semana após a fertilização. Portanto, o primórdio germinal contém células da linha germinal destinadas a produzir células gaméticas necessárias para realização da reprodução sexual do organismo." *Ibid.*, p. 25.

10. Cf. Barth, Wilmar Luiz. *Células-tronco e bioética: o progresso biomédico e os desafios éticos*. Porto Alegre: EDIPUCRS, 2006, p. 20.

guido isolar e cultivar em laboratório linhas de células-tronco provenientes de embriões humanos em estágio de blástula.

As células-tronco embrionárias humanas destacadas quando o embrião está na fase de blástula, ou seja, contendo aproximadamente duzentas células e contando com quatro ou cinco dias de fecundação, são aquelas que apresentam a característica da pluripotência, equivale dizer, que possuem a capacidade de se converter nas mais de duas centenas de tecidos que constituem o ser humano, além de possuírem a habilidade de se auto-replicar e de se auto-renovar infinitamente.

A respeito do feito de Thomson e Gearhart, Wilmar Luiz Barth[11] sublinha:

> Em termos de importância, nada se compara às pesquisas em células-tronco publicadas no ano de 1998. Este ano foi fundamental para o desenvolvimento e maior conhecimento das células-tronco, iniciando-se uma nova etapa, definida por alguns como "totalmente revolucionária para a medicina...

A pesquisa desenvolvida pelo cientista James Thomson isolou e cultivou células-tronco de embriões humanos em fase de blastócito, oriundos de clínicas de fertilização *in vitro*. Esses embriões haviam sido *produzidos* com vistas a atender a um projeto parental. Contudo, como não seriam mais *utilizados* para essa finalidade foram *destinados* às pesquisas.

Contudo, abre-se um parêntese para recordar a advertência feita por Jussara Maria Leal de Meirelles, de acordo com a qual "o uso corrente das expressões destacadas denota a designação de coisas e não de seres humanos".[12]

John Gearhart, por sua vez, derivou células-tronco embrionárias humanas de uma população de células-tronco fetais, oriundas de fetos abortados, destinados pelos pais, depois de já terem decidido pôr fim à gravidez, ao desenvolvimento de pesquisas. As células-tronco extraídas das células germinais desses fetos foram cultivadas *in vitro*, apresentaram um conjunto normal de cromossomos, foram capazes de se dividir e, esporadicamente, deram origem a corpos embrióides.

Por corpos embriódes entende-se o amontoado de células das três linhas celulares primordiais, cujo desenvolvimento se assemelha muito ao desenvolvimento de um embrião normal.[13]

---

11. *Ibid.*, p.22.

12. *A vida humana embrionária e a sua proteção jurídica.* Rio de Janeiro: Renovar, 2000, p. 29.

13. Cf. Barth, Wilmar Luiz. *Op. cit.*, p. 24.

Pouco tempo depois da divulgação dos resultados obtidos pelos pesquisadores norte-americanos, o *New York Times* publicou o saldo da experiência conduzida por Michel West, antigo integrante da Geron Corporation e co-fundador da Advanced Cell Technology, empresa que passou a atuar fortemente no ramo da biotecnologia. Nessa pesquisa afirmava-se o êxito na derivação de células-tronco da massa celular interna de um blastócito produzido a partir da clonagem de uma célula somática humana com o óvulo desnucleado de uma vaca.[14]

Por fim, além das pesquisas envolvendo embriões humanos, fetos, fundamentos da técnica de clonagem e fusão de interespécies, empreendeu-se outra linha de pesquisa de extrema importância. A equipe de pesquisadores, liderada pelo italiano Ângelo Vescovi, conseguiu isolar e cultivar *in vitro* células-tronco extraídas de organismos adultos.[15]

Em princípio, argumentou-se que as células-tronco derivadas de organismos adultos possuiriam capacidade limitada de diferenciação se comparadas às embrionárias. Não obstante, pesquisas recentes têm contrariado esse argumento e demonstrado a habilidade das células-tronco adultas de se especializarem em diferentes tecidos. A partir dessa constatação, abrem-se novas perspectivas para as pesquisas biomédicas e as células-tronco adultas tornam-se uma alternativa frente aos dilemas decorrentes das pesquisas com células-tronco embrionárias humanas.

Nesse contexto, Wilmar Luiz Barth[16] informa que cientistas, partindo de células cerebrais, conseguiram fazer com que essas se especializassem em células nervosas e em células do sangue e músculos.

Da mesma forma, Marília Bernardes Marques[17] anuncia:

> ... pesquisadores da Universidade de Pittsburgh, atuando no campo da medicina regenerativa (transplante de fígado), em agosto de 2004, localizaram no *amnion* da placenta células geneticamente muito primitivas que, quando induzidas a formar vários tipos de células, mostraram-se similares às células-tronco embrionárias. Sendo a placenta um órgão fetal essencial à nutrição apenas durante a etapa intra-uterina, seu aproveitamento não deverá motivar controvér-

---

14. *Ibid.*, p. 25.

15. *Ibid.*, p. 25.

16. *Ibid.*, p. 25-26.

17. Marques, Marília Bernardes. *Op. cit.*, p. 76.

sias morais. Trata-se, portanto, de uma notícia que renova esperanças, pois, com milhões de crianças nascendo a cada ano, cada placenta pode tornar-se uma alternativa inesgotável e imediata como fonte de células-tronco, que, sendo primitivas como as embrionárias, não demandam, entretanto, a destruição de embriões.

Desse modo, em razão da diversidade de resultados alcançados com a realização das pesquisas levadas a termo no cenário mundial, bem como em razão das vastas possibilidades de aplicação que delas surgiram, era imprescindível que os pesquisadores procedessem a uma classificação que levasse em conta características fundamentais referentes a essas células, tais como sua capacidade de diferenciação e as fontes de onde derivam.

2.2. DAS CÉLULAS-TRONCO EMBRIONÁRIAS

Uma compreensão um pouco mais acurada acerca das células-tronco embrionárias requer, necessariamente, uma pré-compreensão dos diferentes tipos de células-tronco já identificados pela ciência.

Assim é possível informar que as células-tronco caracterizam-se por duas propriedades fundamentais: a primeira delas consiste na capacidade que elas têm de se autoperpetuar ou auto-replicar, dividindo-se a partir delas mesmas, dando origem a outras células com características idênticas; a segunda propriedade representa o principal interesse dos cientistas nas pesquisas em células-tronco humanas e consiste na habilidade que algumas apresentam de, em determinadas circunstâncias, se converterem em outros tipos celulares especializados, responsáveis pela formação dos mais diferentes órgãos do corpo humano.

A respeito de sua capacidade de diferenciação, as células-tronco podem ser: totipotentes, pluripotentes, multipotentes e unipotentes.

As células-tronco totipotentes são aquelas que apresentam a capacidade de se desenvolver em um embrião e em tecidos e membranas extra-embrionárias. Contribuem para a formação de todos os tecidos celulares de um organismo adulto.

> A totipotência é a capacidade funcional de uma célula de gerar um indivíduo completo após um processo de desenvolvimento normal (...) No embrião humano, parece que são totipotentes apenas os blastômeros até o estágio de mórula de 16 células.[18]

18. Lacadena, Juan Ramón. *Op. cit.*, p. 66.

As células-tronco pluripotentes, presentes nos estágios iniciais do desenvolvimento embrionário, podem gerar todos os tipos de célula no feto e no adulto e são capazes de auto-renovação, no entanto, não são capazes de se desenvolver em um organismo completo, isto é, não dão origem a um embrião, nem tampouco aos anexos embrionários. A pluripotência é a capacidade funcional que uma célula tem de gerar várias linhagens celulares e tecidos diferentes.

As células-tronco embrionárias humanas ou células ES (de Embryo Stem Cell) presentes na massa celular interna do blastócito humano são pluripotentes...[19]

Já a multipotência é a característica presente nos tecidos e órgãos adultos, apropriadamente também são chamadas de células somáticas – do grego, que significa *soma,* corpo –, porque não são, necessariamente, coletadas em um corpo adulto, podem ser extraídas de uma criança, do sangue do cordão umbilical etc. Acreditava-se, como afirmado anteriormente, que essas células-tronco, por serem especializadas, possuiriam capacidade limitada de se converterem noutros tipos celulares, contudo novos experimentos têm conduzido à conclusão diversa.

Muitos utilizam o termo plasticidade ao se referirem às células-tronco somáticas, a plasticidade equivale, pois, à capacidade funcional que uma célula tem de gerar algumas linhagens celulares, mas não todas.[20]

Por último, os pesquisadores destacam as células-tronco unipotentes, que apresentam a capacidade de se converter em apenas um tipo de célula, mas que possuem a habilidade de se auto-renovar, o que as distingue das células que não são células-tronco.[21]

As células-tronco encontram-se, ainda, divididas em categorias de acordo com a fonte onde são encontradas. Nesse aspecto, Marília Bernardes Marques[22] ressalta que essas células podem ser obtidas: no cordão umbilical, no organismo adulto e no embrião.[23]

---

19. *Ibid.*, p. 66.

20. *Ibid..*, p. 66.

21. Cf. Marques, Marília Bernardes. *Op. cit.*, p. 11-12.

22. *Ibid..*, p. 11.

23. "...para poderem ser cultivadas, são extraídas de uma massa interna de células indiferenciadas, que formam o embrião quando este ainda está em estágio muito precoce, ou seja, quando atingiu entre 50 e 150 células. Neste estágio o embrião é denominado pelos cientistas de blastócito." Marques, Marília Bernardes. *Op. cit.*, p. 11-12.

As células-tronco encontradas no cordão umbilical e na placenta vêm sendo utilizadas desde 1988 para tratar muitas patologias, sobretudo, em crianças portadoras da doença de Gunther, as síndromes de Hunter, de Hurler e a leucemia linfócita aguda. Esse uso se tornou tão comum, que hoje existem muitos bancos de armazenamento de sangue do cordão umbilical.[24]

Já as células-tronco provenientes do organismo adulto são as células indiferenciadas presentes em tecidos diferenciados ou especializados, como o sangue, por exemplo. Assim, quando o organismo necessita, elas se multiplicam e passam a ocupar o lugar da célula morta ou enferma.

A princípio os pesquisadores acreditavam que essas células eram capazes de dar origem somente aos tecidos dos quais provinham, característica essa que acabava por impingir-lhes a especificidade da multipotência. Porém, a lista dos tecidos onde vêm sendo localizadas células-tronco adultas, dotadas de pluripotência, aumenta com o avanço das pesquisas e na relação já são citados o sangue, a medula óssea, o cérebro, vasos sanguíneos, músculos, intestinos, fígado, pâncreas, como também o sistema nervoso e a pele.[25]

A fonte de células-tronco que resta por analisar encerra o problema fundamental das pesquisas científicas em células-tronco, trata-se, pois, do embrião humano.

É no embrião que são encontradas, em abundância, as células-tronco embrionárias humanas, também conhecidas como células ES (Embryo Stem Cell) dotadas de pluripotência, ou seja, capazes de se converterem em outros tipos celulares e de serem utilizadas na reparação de tecidos específicos, ou mesmo, na produção de órgãos.

Provenientes da massa celular interna do blastócito – do inglês ICM de Inter Cell Mass – ou das células germinais das quais se formarão os óvulos e o espermatozóide, são derivadas do embrioblasto em uma fase onde já estão orientadas a se desenvolver em um embrião, sendo, por isso, chamadas de pluripotentes, porque, segundo a conclusão dos cientistas, elas podem formar todos os tipos celulares que compõem um organismo, incluindo as células das três linhas primordiais, ou seja, elas são capazes de formar um organismo

---

24. *Ibid..*, p. 11.

25. Cf. Barth, Wilmar Luiz. *Op. cit.*, p. 43.

completo, mas, por não darem origem às células que formarão o trofoblasto, essas células não conseguirão originar um embrião viável. Para melhor compreender a questão, é importante recordar o processo da reprodução humana.

Segundo Marília Bernardes Marques:[26]

> O óvulo fecundado inicia seu processo de divisão celular e, pelo menos até o estágio em que atinge oito células, denominado mórula, considera-se que as primeiras células resultantes dessa divisão possuem capacidade para diferenciação total (totipotência) (...) entre cinco e sete dias, segue-se o estágio denominado blastócito, quando o conjunto dessas células precoces ganham a forma de uma bola, com uma cavidade interna. Nesse blastócito, as células se agruparão em uma camada mais externa, de nome trofoblasto. É esse conjunto denominado trofoblasto que dará origem à placenta e aos anexos embrionários. Outras células se agruparão em uma capa que reveste a cavidade interna do blastócito, formando uma espécie de parede interna, com cerca de trinta células-tronco ditas embrionárias. Será a partir dessa camada de células mais interna que se dará o processo comumente denominado organogênese, ou seja, de gênese de vários órgãos que um organismo adulto possui. São, portanto, células dotadas de pluripotência, de capacidade de engendrar as mais de duas centenas de tecidos que compõem o corpo de um embrião humano, menos a placenta e os demais anexos embrionários e fetais, que por isso são ditas pluripotentes e não totipotentes. Essas são as células-tronco embrionárias com as quais muitos almejam realizar pesquisas.

Geneticamente manipuláveis, as células-tronco embrionárias, derivadas de embriões humanos, podem ser congeladas e clonadas, isto é, de uma única célula embrionária pode-se criar uma colônia de células geneticamente idênticas, com as mesmas propriedades da célula original, a serem induzidas a se proliferar ou se diferenciar, podendo ser utilizadas, de acordo com os cientistas, na reparação de tecidos específicos e na produção de órgãos.

De início, os cientistas reivindicam a realização de experimentações científicas em embriões humanos excedentes, oriundos da técnica de fertili-

---

26. Marques, Marília Bernardes. *Op. cit.*, p. 25-26.

zação *in vitro,* em seguida, passam a pleitear a produção de embriões humanos em nível laboratorial, por meio da clonagem terapêutica, para que deles se possam servir as pesquisas com células-tronco embrionárias. Ambas as reivindicações enfrentam dilemas jurídicos e éticos, posto que esbarram na questão do direito à vida, uma vez que a derivação das células-tronco do embrião acarreta a sua destruição[27] e implica a instrumentalização do ente humano.

2.3. DA REPRODUÇÃO HUMANA ASSISTIDA: A TÉCNICA DA FERTILIZAÇÃO *IN VITRO* E A QUESTÃO DOS EMBRIÕES EXCEDENTES

Antes de passar à questão dos dilemas que a investigação em células-tronco embrionárias humanas suscita, consigna-se que foi por intermédio da medicina reprodutiva que a ciência recentemente alcançou, com suas intervenções, o embrião humano.

A reprodução humana medicamente assistida é a prática terapêutica que tem por fim promover a realização de um projeto parental e se verifica por meio da união artificial dos gametas feminino e masculino, que são as células germinativas humanas, dando origem, assim, a um novo ser.

Como bem observa Juliana Frozel de Camargo,[28] "a ausência de filhos rompe a cadeia familiar, frustra todos os projetos do casal". É por essa razão que a Constituição Federal de 1988 consagra, em seus arts. 226, § 7º, e 27, § 1º,

---

27. Robert Lanza, pesquisador e sócio da Advanced Cell Technology afirmou, recentemente, ter derivado células-tronco embrionárias humanas sem causar a destruição do embrião, o que colocaria um ponto final nas polêmicas em torno das pesquisas. Assim, por meio de pipetas finíssimas, as mesmas empregadas quando da manipulação de óvulos e espermatozóides na fertilização *in vitro*, o cientista extraiu uma das oito células que compõem o embrião de apenas dois dias. O procedimento é o mesmo que permite a realização de testes de DNA para verificação de ocorrência de doenças e síndromes genéticas. A novidade é que em vez de se proceder aos testes, o pesquisador deu início a uma cultura de células-tronco embrionárias humanas. Ocorre que os riscos da retirada de uma célula do embrião em um estágio tão precoce ainda não foram avaliados pela ciência, sem contar que no caso do teste de DNA o risco é assumido em benefício do próprio embrião, ao passo que no procedimento descrito pela Advanced, o risco é suportado pelo embrião em favor de outrem. Leite, Marcelo. Embriões éticos. Caderno Mais! *Folha de S. Paulo*, p. 9, 27 ago. 2006.

28. Camargo, Juliana. Frozel de. *Reprodução humana: ética e direito*. Campinas: Edicamp, 2003, p. 19.

I, entre outros, o direito de constituir família, o direito ao planejamento familiar, e, ainda, a proteção da maternidade.

Contudo, a reprodução assistida, além de poder ser utilizada como terapia para superar a incapacidade, ou mesmo, a dificuldade física de ordem natural do ser humano, também pode ser utilizada para fins espúrios. Isso porque, por meio da reprodução humana assistida, é permitido ao médico identificar o conteúdo genético das células germinativas e dos embriões, sendo possível intervir geneticamente para evitar o desenvolvimento de um feto portador de determinada doença genética, bem como garantir a presença de certos fenótipos.

Com efeito, todas essas possibilidades levam Gerson Amauri Calgaro[29] a afirmar que é sobre a reprodução humana assistida que estão "os desdobramentos de maior repercussão moral no que tange ao patrimônio genético, e exige do jurista uma conceituação acerca do que seja vida, pessoa, ser humano, embrião e nascituro".

Levada a termo, a técnica da reprodução assistida pode se desenvolver de dois modos: pela ectogênese, ou fertilização *in vitro*, e pela inseminação artificial.

A inseminação artificial processa-se pelo método GIFT (Gametha Intra Fallopian Transfer), por meio do qual ocorre a inoculação do sêmen na mulher sem que haja qualquer manipulação externa de óvulo ou embrião. Já a ectogênese ou fertilização *in vitro*, conhecida pela sigla ZIFT (Zibot Intra Fallopian Transfer), concretiza-se na retirada de óvulo da mulher, na sua fecundação em uma proveta, com o sêmen do marido ou de outro homem, e na introdução do embrião no útero da mulher ou no de outra.[30]

Dar-se-á ênfase à fertilização *in vitro*, em detrimento da inseminação artificial, em razão de ser ela a técnica que tornou possível a manipulação do embrião humano nos primeiros estágios de seu desenvolvimento, bem como por ser o procedimento que resvala na produção dos denominados embriões excedentes nos quais os pesquisadores, embevecidos pelas infinitas possibilidades terapêuticas, pleiteiam pesquisar.

29. Calgaro, Gerson Amauri. "Patrimônio Genético: comércio e proteção de substância do corpo humano". *Revista do Direito Privado*. São Paulo, n. 16, 2003, p. 109.
30. Cf. Diniz, Maria Helena *Op. cit.*, p. 551 e ss.

Assim, o primeiro bebê a nascer fruto da fertilização *in vitro* (FIV) foi Louise Brown em 25 de junho de 1978[31] no Reino Unido. De acordo com Stella Maris Martínez[32] o procedimento é aconselhado:

> ... à mulher que, produzindo óvulos de forma normal e possuindo um útero apto para a gestação, não obtém uma gravidez devido a problemas de qualquer índole em suas trompas de Falópio, o que impede que o óvulo fecundado chegue ao útero.

Desse modo, a mulher que se submete à terapia de fertilização *in vitro* é estimulada, por meio de hormônios, a produzir uma múltipla ovulação, em seguida, esses óvulos são retirados e colocados junto ao esperma em meio a uma cultura de 37 graus centígrados por um período de 12 a 18 horas, na expectativa de que a fecundação tenha lugar. Em caso positivo, os pré-embriões são transferidos ao útero feminino, dando início à gestação.

A expressão pré-embrião ou embrião pré-implantatório ora utilizada tem a finalidade de demonstrar, unicamente, uma das muitas fases pelas quais o embrião humano atravessa em seu contínuo processo de desenvolvimento no período compreendido entre a concepção e a sua efetiva implantação na mucosa uterina.

Segundo Maria Helena Diniz, "a fecundação pode ser *homóloga* se feita com os componentes genéticos advindos do casal, ou *heteróloga,* se com material fertilizante advindo de terceiro". [33]

Na maioria das vezes, em virtude da hiperovulação provocada com intuito de atingir êxito na utilização da técnica, um grande número de fe-

31. Coordenaram os trabalhos os cientistas Patrick Steptoe, médico da Bourn Hall Clinic de Cambridge, e Robert Edwards, biólogo do Physicological Laboratory de Cambridge Cf. Martínez, Stella Maris. *Manipulação genética e Direito Penal.* São Paulo: Ibccrim – Instituto Brasileiro de Ciências Criminais, 1998, p. 35. No Brasil, o primeiro bebê de proveta nasceu no ano de 1984, "Ana Paula foi o primeiro bebê de proveta da América Latina. Gerada no laboratório do médico paulista Milton Nakamura (...) usando técnica semelhante à do médico inglês Steptoe, nasceu Ana Paula em 07 de outubro de 1984". Santos, Maria Celeste Cordeiro Leite dos. *Imaculada concepção: nascendo* in vitro *e morrendo* in machina: *aspectos históricos e bioéticos da reprodução humana assistida no Direito Penal Comparado.* São Paulo: Acadêmica, 1993, p. 35-42; Abdelmassih, Roger. Aspectos gerais da reprodução assistida. In: *Bioética.* Revista publicada pelo Conselho de Medicina, Brasília, v. 9, nº 2, 2001, p. 15-24. "... hoje já existem mais de 5.000 'bebês de proveta' no nosso país". Diniz, Maria Helena. *Op. cit*, p. 570.

32. Martínez, Stella Maris. *Op. cit.*, p. 32.

33. Diniz, Maria Helena. *Op. cit.*, p. 489.

cundações é observado, contudo, somente três, ou no máximo, quatro pré-embriões devem ser transferidos ao útero feminino, de acordo com a orientação médica majoritária. Assim é em razão do risco da ocorrência de uma gravidez múltipla, de aborto espontâneo, ou mesmo, de nascimento prematuro.

No Brasil, o Conselho Federal de Medicina recomenda que o número ideal de oócitos e pré-embriões a serem transferidos para a receptora não seja superior a quatro, com o intuito de não aumentar os riscos já existentes de multiparidade.[34]

Os pré-embriões que não são transferidos ao útero feminino, também denominados de embriões excedentes ou supranumerários, são submetidos à crioconservação ou congelamento, técnica que permite "... conservar durante longo tempo os óvulos fecundados (...) possibilitando a concreção de uma nova gravidez na doadora do gameta ou seu implante numa mulher estéril".[35]

Entretanto, na prática as hipóteses[36] acima vislumbradas para o aproveitamento dos embriões concebidos não vêm sendo verificadas. O que se tem de fato observado é que, alcançando-se êxito na utilização da técnica e consumando-se a gravidez, os embriões produzidos em excesso são, freqüentemente, abandonados, esquecidos, deixados ao largo nas clínicas de

---

34. Resolução nº 1.358/1992 do CFM, Seção I – Dos Princípios Gerais – nº 6. O referido normativo, embora possa servir de parâmetro na área médica, enquanto regra de ordem deontológica carece de exigibilidade no plano jurídico.

35. As primeiras experiências com crioconservação ocorreram em 1981 e foram levadas a cabo por um grupo de cientistas australianos liderados por Trounson. Cf. Martínez, Stella Maris. *Op. cit.*, p. 38.

36. A hipótese de os genitores oferecerem esses embriões, em doação, para outros casais inférteis, foi defendida por Paulo Lins e Silva em tese apresentada na XIII Conferência Inter-American Bar Association, em Tampa, Florida, nos Estados Unidos, em 1982, sob o título de "Paternidade e Maternidade", não obstante, Jussara Marial Leal de Meirelles considera incorreta a referência feita ao termo "doação", posto que os embriões, portadores de vida humana e de carga genética própria, não podem ser considerados objetos de direito, seja para fins de doação a um casal infértil, seja para fins de pesquisas científicas, muito embora a autora reconheça o uso corrente do vocábulo no que concerne aos procedimentos referentes à disposição de órgãos, substâncias e partes do corpo humano. Cf. Meirelles, Jussara Maria Leal de. *Op. cit.*, p. 21 e 28.

fertilização *in vitro*, sendo, após um determinado período,[37] sumariamente descartados.[38]

Por tais razões é forçoso concluir que a técnica da fertilização *in vitro* distanciou-se muito de sua finalidade original. Atualmente, especula-se sobre a possibilidade de estarem sendo deliberadamente produzidos embriões em número superior ao que seria necessário para atender ao projeto parental, com o propósito único de destiná-los à pesquisa científica. Nesse sentido, é a advertência de Jussara Maria Leal de Meirelles[39] segundo a qual "... existem nos dias atuais, fortes rumores sobre a produção excedentária de embriões humanos, por meio da fertilização *in vitro* medicamente assistida, com o intuito da experimentação".

Não obstante, a autora chama a atenção para o fato de que, ao contrário do que se possa imaginar, nem sempre essas experimentações visam atingir o benefício do embrião, advertindo que:

> ... assim como os embriões são usados como objetos de estudos tendentes a aprimorar as condições do seu desenvolvimento, ou identificar anomalias cromossômicas ou genéticas, tem-se notícia de sua utilização como matéria-prima para a indústria cosmética e outros fins de caráter ético duvidoso. Exemplifica-se a solicitação governamental formulada por dois médicos ingleses para implantar embriões humanos em animais (...) e também a proposta do advogado australiano Paul Gerber, no sentido de se estudar a possibilidade de implantação de embriões no útero de mulheres com morte cerebral, em substituição às denominadas "mães de aluguel"...[40]

37. Embriões, espermas e óvulos têm possibilidade de permanecer em estado de vida latentes até durante anos, se congelados a uma temperatura de – 196º. Para sair da conservação a frio – crioconservação – são aquecidos, e após, utilizados normalmente Cf. Barbas, Stela Marcos de Almeida Neves. *Op. cit.*, p. 99, p. 22. Alguns países adotam em sua legislação o prazo máximo de cinco anos para a conservação dos embriões, entre estes estão a Espanha (Lei nº 35, de 22 de novembro de 1988, art. 11, 3) a França (Lei nº 94-654, de 29 de julho de 1994, art. 9º) e a Inglaterra (Lei de 1º nov. 1990, art. 14, 4).

38. A Bourn Hall, a maior e mais antiga clínica de britânica de reprodução humana, destruiu em 1º de agosto de 1996, em torno de 900 embriões. Dados mais recentes e que abrangem todo o país dão notícia de que esse número já foi muito ultrapassado, atingindo o registro de 5.000 embriões destruídos Cf. Meirelles, Jussara Maria Leal de. *Op. cit.*, p. 23.

39. *Ibid.*, p. 26.

40. *Ibid.*, p. 24.

Informa a autora que a reação da sociedade à idéia de Gerber foi tão negativa que, apenas 24 horas após seu pronunciamento em um congresso sobre ética médica realizado em Brisbane, leste da Austrália, alterou-se a lei australiana, para incluir os mortos na classificação de pessoas, de maneira a se estender sobre eles a proibição relativa às mães de aluguel, que somente se referia aos seres dotados de personalidade.

De modo similar, Juan Ramón Lacadena[41] destaca que, do ponto de vista ético, é majoritária a posição contrária à criação de embriões com a finalidade única de serem utilizados em pesquisas e experimentos. O autor admite que o ideal seria se os programas de fertilização *in vitro* fossem realizados sem a produção de embriões excedentes, de modo que prevalecesse essa prioridade em relação à da eficácia médica, a exemplo do que já ocorre na Alemanha, onde a legislação atual determina que sejam transferidos ao útero materno todos os embriões obtidos. Na Itália, país no qual a lei de reprodução assistida encontra-se no Parlamento, também se encaminha a proibição de embriões excedentes.[42]

Desse modo, é possível crer que a medicina, com o conhecimento da técnica da fertilização *in vitro*, ofereceu solução aos reveses relacionados ao desejo humano natural e legítimo de procriar; a partir desse conhecimento derivou procedimentos, técnicas, terapias e experimentos até então inimagináveis, e, acima de tudo, desencadeou uma questão jurídica extremamente complexa diante da possibilidade de uso desses embriões para outros fins, que não a realização do projeto parental.

2.4. DA MANIPULAÇÃO DAS CÉLULAS-TRONCO EMBRIONÁRIAS HUMANAS: A ENGENHARIA GENÉTICA

No início da década de 1970, a ciência conseguiu separar e voltar a combinar genes humanos. Os pesquisadores Smith e Wilkox isolaram a *Haemophylus influentiae*, enzima capaz de cortar em pedaços o DNA com absoluta precisão, e passaram a utilizá-la como uma *tesoura biológica* para refazer o DNA, dando início à tecnologia de DNA-recombinante.[43]

Segundo ensina Maria Helena Diniz:[44]

> A engenharia genética, ou tecnologia do DNA recombinante, é um conjunto de técnicas que possibilita a identificação, o isolamento e

41. Lacadena, Juan Ramón. *Op.cit.*, p. 68.
42. *Ibid.*, p. 68.
43. Cf. Neri, Demetrio. *Op. cit.*, p. 233-234
44. Diniz, Maria Helena. *Op. cit.*, p. 449.

a multiplicação de genes dos mais variados organismos. É uma tecnologia utilizada em nível laboratorial, pela qual o cientista poderá modificar o genoma de uma célula viva para a produção de produtos químicos ou até mesmo de novos seres, ou seja, organismos geneticamente modificados (OGM) (Lei nº 11.105/2005, art. 3º, IV e V)...

A engenharia genética se apresenta, então, como uma técnica que, associada ao procedimento da fertilização *in vitro*, torna possível a manipulação de células-tronco germinais humanas, compreendendo a totalidade das técnicas capazes de interferir, alterar ou modificar a carga hereditária da espécie humana, a saber: o diagnóstico genético pré-implantacional, a terapia gênica e a clonagem, entre outras.[45]

2.4.1. Do Diagnóstico Genético Pré-implantacional

O diagnóstico genético pré-implantacional ou PGD (Pré-implantacional Genetic Diagnostic), consiste na retirada de célula de um embrião com 8 a 16 células, com a finalidade de executar exames capazes de diagnosticar patologias genéticas hereditárias. Trata-se, pois, de uma biópsia da célula embrionária. O procedimento permite ao médico analisar o material genético e chegar ao diagnóstico de mais de três mil doenças congênitas, entre elas a anemia falciforme, a doença de Tay-Sachs, a talassemia, a anencefalia, a miopatia de Duchenne etc. Não obstante, é importante frisar que os efeitos, a longo prazo, de se retirar uma célula-tronco do embrião, num estágio tão precoce, ainda não foram avaliados pelos cientistas.

A técnica descreve, portanto, um procedimento *screening*[46] de embriões, o que acaba por suscitar relevantes questionamentos jurídicos e éticos, pois, embora o diagnóstico genético pré-implantacional tenha como fim diagnosticar moléstias com grandes chances de comprometer o feto durante o processo de gestação, ou mesmo após o nascimento, no decorrer de sua vida, tem-se verificado que tal prática vem sendo utilizada como um meio para a escolha de determinados traços genéticos, como por exemplo, a esco-

45. Diniz, Maria Helena. *Op. cit.*, p. 449-50; Habermas, Jürgen. *O futuro da natureza humana*. São Paulo: Martins Fontes, 2004, p. 23-24.

46. O termo *screeming* no inglês indica uma avaliação preliminar, baseada em uma determinada escolha pessoal, em conformidade com uma imagem previamente projetada.

lha do sexo do bebê, a cor da sua pele, o seu coeficiente intelectual, entre outros atributos.

Nesse sentido, Jeremy Rifkin[47] alerta que um estudo demonstrou que 11% dos casais americanos abortariam um feto com predisposição para a obesidade. Do mesmo modo, um periódico nacional de grande circulação recentemente divulgou a notícia de que muitas clínicas de reprodução assistida testam embriões para que os pais escolham o sexo e outras características da criança.[48]

Assim, feita a triagem, no caso dos embriões não atenderem à *preferência*, de apresentarem traços genéticos *indesejáveis*, ou mesmo, genes considerados *defeituosos* ou *anormais*, não são transferidos ao útero materno, isso porque, apesar do procedimento aferir a predisposição para um grande número de moléstias, não existem terapias para todas as patologias por ele diagnosticadas. Sendo assim, não sendo considerados satisfatórios, os embriões são descartados ou enviados para pesquisas científicas.

Os dilemas jurídicos e éticos se impõem inexoravelmente, quando se intenciona conceituar o que é *indesejável*, o que vem a ser *defeito* e *anormalidade* e quem estaria legitimado a determinar esses pré-conceitos, esses préjuizos.

Stella Maris Martínez[49] atinge o cerne da questão quando observa:

> Estabelecerão os Estados um "controle de qualidade" que defina quais as características devem ter os seres humanos para integrar-se à comunidade? Embora estas opções possam desenvolver-se em determinadas ideologias, parece-nos claro que devem merecer repúdio absoluto por parte de um Estado Social e Democrático de Direito, em cuja estrutura filosófica não podem merecer acolhida. O respeito à dignidade humana impede taxativamente todo tipo de discriminação.

Desse modo, a biópsia embrionária só é permitida pelo Conselho Federal de Medicina quando há forte suspeita de doença grave, como hemofilia,[50] e o procedimento se verifica por intermédio de uma micropipeta que,

47. Cf. Rifkin, Jeremy. *Op. cit.*, p. 148.

48. Leoleli, Camargo. A solução no início da vida. Revista *Veja*, São Paulo, nº 37, 20 nov. 2006, p. 94.

49. Martínez, Stella Maris. *Op. cit.*, p. 258.

50. Cf. Diniz, Maria Helena. *Op. cit.* p. 473.

associada a uma sonda genética, emite um sinal fluorescente quando identificado o cromossomo que possui a doença congênita a ser tratada.[51] A partir daí, entra em cena a terapia gênica ou geneterapia.

2.4.2. Da terapia gênica

A terapia genética ou geneterapia consiste na supressão, alteração ou troca do gene relacionado ao aparecimento de determinadas enfermidades, por outro, geneticamente modificado. Segundo Eliane Azevêdo,[52] na geneterapia os cientistas utilizam "... genes em lugar de drogas para tratamento de doenças genéticas e não-genéticas".

As doenças geradas por defeitos genéticos podem ser de origens diversas. Serão de origem hereditária, quando o gene defeituoso foi transmitido pelos pais aos filhos. Serão consideradas não-hereditárias, quando surgirem em decorrência de anomalias causadas por erros imprevistos na formação das células sexuais e, por fim, serão consideradas congênitas quando ocorrerem durante o desenvolvimento embrionário por mutações diversas.

A terapia gênica pode ocorrer tanto nas células-tronco humanas germinais quanto nas somáticas. Na lição de Stella Maris Martínez:[53]

> As somáticas são células do organismo humano, qualquer que seja a sua função, que possuem vinte e três pares de cromossomos e que não intervêm (em circunstâncias normais) na reprodução, conseqüentemente, na transmissão hereditária. Chamam-se germinativas, ao contrário, as células reprodutivas, tanto masculinas como femininas, ou seja, os espermatozóides e os óvulos; cada uma delas é portadora de uma única série de vinte e três cromossomos e são responsáveis pelo processo de reprodução e da transferência de patrimônio genético dos progenitores. De fato, a respeito destas células, a diferença fundamental não se fundamenta em que se trate de células *in vivo* ou *in vitro*, e sim que se destinem – ou não – à geração de um novo ser.

Na terapia genética de célula somática, o genoma do indivíduo é modificado, todavia, a referida alteração não é transmitida para as gerações futuras.

---

51. *Ibid.*, p. 406.

52. Azevêdo, Eliane. Aborto. In: Garrafa, Volnei; Costa, Sergio Ibiapin (org.). *A bioética do século XXI*. Brasília: UnB, 2000, p. 91.

53. Martínez, Stella Maris. *Op. cit.*, p. 226.

A finalidade terapêutica consiste em possibilitar que as células cumpram a função para a qual foram destinadas desde o início e que, por falhas na informação hereditária, não puderam se desenvolver. Portanto, por não comprometer o patrimônio genético das gerações futuras e por se traduzir em uma prática que visa proporcionar ao paciente uma melhor qualidade de vida, revela-se jurídica e eticamente aceitável.[54]

Em contrapartida, a terapia genética em células germinativas realiza-se na fase pré-implantatória do embrião, quando ainda dotado de células-tronco totipotentes, ou mesmo, antes da fertilização, atuando sobre o espermatozóide ou sobre o óvulo, tendo por finalidade o tratamento das patologias nele identificadas. Contudo, a interferência nos gametas masculinos ou femininos, bem como nas fases iniciais do desenvolvimento embrionário, resultaria em uma modificação não só no indivíduo, mas também alcançaria seus descendentes, posto que interfere na constituição de seu código genético.

Com efeito, ao se permitir alterações de qualquer natureza em células germinais humanas, ou no embrião ainda dotado de células não-especializadas, estar-se-ia interferindo de maneira irreversível e imprevisível no patrimônio genético da humanidade, ameaçando, assim, o futuro da espécie humana.

Nesse sentido, Stella Maris Martínez[55] observa:

> Toda multiplicação que recaia sobre células germinativas destinadas à reprodução afetará a descendência do doador do gameta manipulado, interferindo, de maneira irreversível, no curso natural da transmissão do patrimônio genético; a partir desse momento, essa mutação artificial e suas imprevisíveis conseqüências ficarão definitivamente integradas ao recurso genético da humanidade. Se pensarmos no delicadíssimo equilíbrio do mecanismo de transmissão hereditária, que, por meio de diversas gerações, conservou e reproduziu a informação correta da espécie, assumiremos o incomensurável risco de intervenção humana nesse processo. O patrimônio genético da humanidade permaneceu inalterado durante milênios, submetido apenas às modificações impostas pela evolução, o que

54. No Brasil somente é lícita a terapia genética em células somáticas, vedando-se a manipulação genética de células germinais humanas. Cf. Lei nº 11.105/2005, art. 6º, III.

55. Martínez, Stella Maris. *Op. cit.*, p. 226-27.

permitiu ao homem sobreviver como espécie e dominar o mundo. Some-se a isso o fato de que, embora os cientistas possam decifrar o genoma como é, não poderão jamais afirmar, na atualidade, como foi originalmente, e tampouco poderão assegurar com suficiente certeza quais são as conseqüências absolutas da supressão de determinado gene.

Por essas razões a legislação nacional – Lei nº 11.105/2005, art. 6º, II e III em consonância com o art. 225, *caput*, da Constituição Federal – veda a manipulação genética de células germinais humanas, a intervenção de material genético humano *in vivo* e o manejo *in vitro* de ADN/ARN natural ou recombinante, salvo para fins terapêuticos, limitando a atividade do pesquisador à manipulação do genoma na linha somática, visando evitar a proliferação de seres humanos germinalmente modificados que pudessem transmitir a alteração para seus descendentes, causando modificações irreparáveis e incontroláveis ao genoma das gerações futuras.

Outra questão que merece atenção quando se trata da terapia genética em células germinais e, até mesmo, do diagnóstico genético pré-implantacional, questão essa que vem sendo relegada a segundo plano, é o fato da análise do genótipo não poder se sustentar sem a do fenótipo, sob pena de fracassar.

Assim, Fábio Konder Comparato[56] ensina:

> Efetivamente, o acelerado desenvolvimento da genética, no campo científico e no tecnológico, desde a segunda metade do século XX, tem suscitado opiniões extremadas sobre o futuro da humanidade. Há assim, os que esperam mediante o desenvolvimento progressivo do mundo dos genes, poder eliminar, dentro em pouco, as incertezas que sempre estiveram ligadas ao comportamento humano. Seria perfeitamente possível nessa linha de pensamento, a par da identificação dos genes responsáveis, pelas características psicossomáticas de cada indivíduo, ou pelas moléstias e malformações que afetam o organismo humano, explicar geneticamente os principais traços de caráter moral das pessoas, e mesmo prever, com certeza científica, os grandes rumos da vida social. Em complemento a essa visão determinista do fenômeno humano, o extra-

56. Comparato, Fábio Konder. *Ética: direito, moral e religião no mundo moderno*. São Paulo: Companhia da Letras, 2006, p. 28-31.

ordinário avanço da biotecnologia vem também suscitando a esperança de uma reconstrução genética integral do homem, desde a clonagem de indivíduos até a criação programada de uma espécie humana modelar, segundo a tábua de valores aceita pelos grupos sociais dominantes, detentores do monopólio do saber e dos recursos materiais tecnológicos. É triste reconhecer que, neste início do século XXI, ainda possa medrar um pensamento tão grotescamente simplificador da realidade humana. O patrimônio genético é, obviamente, um dado natural primário, que não pode jamais ser afastado na compreensão do homem. Mas não é menos certo que, a par do genótipo, outros fatores intervêm, de modo indefectível, na formação do indivíduo e, por via de conseqüência, na construção da sociedade: o meio ambiente geográfico, o meio social mais amplo em que se inserem indivíduos, bem como cada um destes, numa atuação reflexa sobre si mesmo. A grande especificidade do gênero humano reside no fato de que, embora produto e elemento integrante da biosfera, ele passou a alterá-la decisivamente no curso do processo evolutivo, e tornou-se, afinal, capaz de interferir na geração e sobrevivência de todas as espécies vivas. Na etapa atual da evolução, como todos reconhecem, o componente cultural, ou seja, o elemento criado pelo próprio homem, é mais acentuado que o componente natural, "herdado" pelo gênero humano (...) O homem perfaz assim, indefinidamente, a sua própria natureza, ao mesmo tempo que transforma a Terra, tornando-a sempre mais dependente de si próprio. O fantástico progresso da biotecnologia representa, na verdade, a mais cabal afirmação da liberdade humana, em completo contraste com o determinismo evolutivo das demais espécies vivas. Todo problema reside, porém, em saber o que faremos com essa capacidade crescente de interferir na biosfera e na evolução do gênero humano. Seremos capazes de conduzir a humanidade a uma vida mais plena e feliz? Ciência sem consciência, como advertiu Rabelais, é o caminho certeiro para a ruína do homem. O patrimônio genético não é, porém, o único fator condicionante básico da vida humana. Outros existem, e a ele se ligam estreitamente, em uma vinculação indissolúvel entre natureza e cultura.

Jeremy Rifkin,[57] no mesmo norte, destaca que Jonathan Beckwith, professor de microbiologia e genética da Universidade de Harvard, pioneiro no campo da biologia molecular, argumenta que é preciso fazer publicamente uma apresentação mais equilibrada das relações entre genética e meio ambiente. Caso contrário, a nova ciência corre o risco de ser colocada a serviço de programas baseados em eugenia. Beckwith chama a atenção para o fato de muitas doenças, como câncer e depressão, serem resultantes de interações sutis – e não tão sutis – entre predisposições genéticas e estímulos ambientais.

Destarte, embora o genótipo seja a base sobre a qual se edifica a individualidade de um ser, distinguindo-o dos demais seres vivos existentes, o fenótipo, isto é, a soma dos fatores ambientais, químicos, psicológicos e culturais agindo sobre os genes é que torna cada ser humano um projeto singular, disso resulta que o ser humano não é apenas, e tão-somente, a soma de seus genes, e pensar de modo oposto, anuindo a um processo de seleção, é assumir o risco de viver uma nova eugenia.

2.4.3. Da clonagem reprodutiva e terapêutica

A clonagem é a técnica por meio da qual se reproduz, por síntese artificial e assexuada, um organismo ou parte dele, tendo por base um único substrato genético, podendo ser classificada, conforme sua aplicação e seus fins, em reprodutiva ou terapêutica.

Levada a termo no ano de 1997 pelos cientistas do Instituto Roselin, na Escócia, liderados pelo cientista Ian Wilmut, a equipe, após 277 tentativas, obteve êxito na clonagem de um mamífero que recebeu o nome de Dolly. O procedimento partiu de uma célula mamária retirada de uma ovelha de três anos e o organismo produzido se revelou uma cópia fiel do organismo doador do material genético.

De acordo com Roger Abdelmassih,[58] a clonagem se verifica:

> ... sem a contribuição dos dois gametas: trata-se, portanto, de uma reprodução assexuada e agâmica. A fecundação propriamente dita é substituída pela "fusão" de um núcleo retirado de uma célula somática de um indivíduo adulto que se deseja clonar, ou da própria

57. Cf. Rifkin, Jeremy. *Op. cit.*, p. 166-67.

58. ABDELMASSIH, Roger. Clonagem reprodutiva e clonagem terapêutica: significado clínico e implicações biotecnológicas. *Revista do Centro de Estudos Judiciários da Justiça Federal*. Brasília, nº 16, 2002, p. 30.

célula somática, com o óvulo desprovido de núcleo, ou seja, do genoma de origem materna.

É preciso lembrar que a natureza produz clones naturalmente. Em um determinado momento da divisão celular dos embriões, é possível que a célula se divida e dê origem a dois seres humanos idênticos, que recebem o nome de gêmeos monozigóticos.

Já a clonagem reprodutiva realizada pelo homem pode se dar de duas formas: a) imitando a natureza e separando-se as células do embrião, produzido em laboratório, mediante a técnica da fertilização *in vitro*, em estágio inicial de multiplicação celular, criando-se, assim, vários embriões com idêntico genoma e b) pela substituição de núcleo de um óvulo por outro núcleo proveniente de uma célula de um indivíduo já existente.

Ao analisar a questão, a geneticista Mayana Zats[59] aponta inúmeras dúvidas e incertezas recorrentes ao tema, tais como: qual seria a idade do clone ao nascer, posto que a dimensão dos telômeros – extremidades do cromossomo que diminuem com o envelhecimento celular – apresentaram-se reduzidas em experimentos envolvendo animais, como por exemplo, no caso da ovelha Dolly; como se comportariam os genes de *imprinting* – genes que sofrem uma mutação diferente de acordo com a origem do gameta masculino – se no clone não há união de gametas; quantas mutações estariam acumuladas nas células somáticas do doador do material genético no momento da clonagem, e se seriam repassadas ao clone; como se detectariam mutações deletérias nas células do indivíduo que seria clonado, uma vez que o ser humano possui mais de trinta mil genes e, em geral, as doenças resultam da combinação de mutações ocorridas em até mil genes.

Os questionamentos apontados pela geneticista encerram razões de ordem biológica que obstaculizam a clonagem reprodutiva humana e demonstram a temeridade do procedimento. Ressalte-se, porém, que a técnica não implica somente óbices de ordem científica e, a par desses, encontra outros impedimentos.

No âmbito jurídico, assim como no ético, a grande preocupação acerca da clonagem reprodutiva é que ela infrinja os princípios de autonomia, dignidade e individualidade, bem como que seja prejudicial aos indivíduos porventura gerados, e que coloque em risco a sobrevivência da espécie humana.

59. Zats, Mayana. Genética e Ética. *Revista do Centro de Estudos Judiciários da Justiça Federal*. Brasília, nº 16, 2002, p. 23.

Nesse sentido, Márcia Lachtermacher-Triunfol[60] observa:

> A individualidade humana não é apenas questão de princípios; em termos biológicos, ela representa a diversidade biológica, já que o individuo é único não somente em seus sonhos, desejos e personalidade, mas também em seu patrimônio genético. A diversidade biológica é fundamental para a sobrevivência de nossa espécie, e a clonagem humana (...) poderia constituir uma ameaça à espécie, pois diminuiria a variabilidade genética de nossa população.

José Afonso da Silva[61] lembra que a diversidade designa a riqueza do conjunto de seres vivos, *biocenose*, localizados em uma determinada área, *biótopos*, e que preservar a diversidade e a integridade do patrimônio genético implica a preservação de todas as espécies existentes.

Do mesmo modo Maria Garcia:[62]

> ... onde há *vida* (biologia) e *coexistência* (bioética), há de haver proteção (Biodireito). De tudo remanescem como princípios fundamentais do Biodireito: que a Humanidade é constituída de indivíduos iguais em dignidade e direitos e, ao mesmo tempo, diferentes na sua individualidade; que todo ser humano é livre, único, incondicional e irrepetível; que o reconhecimento de sua diversidade implica, simultaneamente, a aceitação de sua liberdade, igualdade e individualidade; que a dignidade do ser humano sobrepaira acima de tudo.

Assim, visando à proteção do patrimônio genético humano, a clonagem reprodutiva foi categoricamente condenada pela Organização Mundial da Saúde, pela Unesco, pela Convenção Européia sobre os Direitos do Homem e da Biomedicina e pelo Parlamento Europeu no ano de 1997, de 1998 e 2000, e, no ano de 2005, pela Organização das Nações Unidas[63] sempre com fundamento no art. 1º da Declaração Universal do Genoma Humano e dos Direitos do Homem, *in verbis*:

> Art. 1º O genoma humano subjaz à unidade fundamental de todos os membros da família humana e também ao reconhecimento de sua dignidade e diversidade inerentes. Num sentido simbólico, é a herança da humanidade.

60. Lachtermacher-Triunfol, Márcia. *Os Clones*. São Paulo: Publifolha, 2003, p. 12.
61. Silva, José Afonso da. *Direito ambiental constitucional*. São Paulo: Malheiros, 1994, p. 64.
62. Garcia, Maria. *Op. cit.*, 176.
63. Barth, Wilmar Luiz. *Op. cit.*, p. 199.

Maria Celeste Cordeiro Leite Santos[64] esclarece que a expressão *patrimônio comum da humanidade*, já havia sido utilizada por alguns juristas do século XIX, bem como por outros precedentes recentes, destacando que o jurista Lapradelle a utilizou ao referir-se ao estatuto jurídico do mar. Antes, contudo, o pensador latino-americano Andrés Belo empregou a expressão, *patrimônio indivisível da espécie humana* em certos bens que podiam a todos servir sem, contudo, deteriorar-se.

Assim, em vários instrumentos internacionais aparece a idéia de que a Humanidade possui certos interesses ou direitos em determinados âmbitos físicos ou com relação a determinados recursos. Desse modo, ela é tida como uma entidade coletiva, titular de direitos e interesses específicos, como é o caso da proteção dos direitos humanos.

A autora observa:

> ... que algo faça parte do patrimônio comum da Humanidade não significa que o homem, o ser individual, seja excluído de toda relação jurídica. Pelo contrário, o ser humano e suas características culturais e genéticas são um dos elementos integrantes desse patrimônio. Indivíduo e humanidade se integram em uma relação necessária, mutuamente enriquecedora.[65]

De outro modo, a transferência nuclear de célula somática, também designada pela sigla – NTSC – *de Nuclear Transfer Somatic Cell* – ou ainda denominada clonagem terapêutica, é a técnica realizada com o escopo de produzir o cultivo de tecidos ou órgãos, para o tratamento de doenças, partindo de embriões ou células *stem*, que são as células-tronco embrionárias humanas pluripotentes, bem como de células-tronco somáticas, que são as células encontradas no cordão umbilical, na placenta, no tecido fetal e no indivíduo adulto.

Marília Bernardes Marques[66] assinala:

> A principal discussão ética que a transposição nuclear motiva, sendo essa uma técnica de manipulação de célula germinativa, diz respeito aos fundamentos da consideração da construção celular que dela deriva: trata-se ou não de um embrião humano clonado? Se a

---

64. Cf. Santos, Maria Celeste Cordeiro Leite. *O equilíbrio do pêndulo: bioética e a lei: implicações médico-legais*. São Paulo: Ícone, 1998, p. 64.

65. *Ibid.*, p. 65.

66. Marques, Marília Bernardes. *Op. cit.*, p. 53.

resposta a essa indagação é afirmativa, então a transferência nuclear somática é duplamente controvertida: existe destruição de embriões humanos e, além disso, ela engendra embriões exclusivamente para pesquisas, apenas para servir de meras fontes de célula-tronco.

Acrescenta, ainda, que o procedimento da clonagem terapêutica traduz sérios problemas a começar pela própria expressão, destacando que a liberdade com que os cientistas passaram a empregar a expressão *clonagem terapêutica* na mídia acabou levando a uma banalização do conceito e contribuindo para o aumento das ambigüidades em torno da transferência nuclear.[67] Por fim, lembra que, até o presente, inexiste qualquer evidência científica suficiente para afirmar a eficácia da clonagem terapêutica, informando, outrossim, que nada se pode falar sobre sua segurança, pois os riscos potenciais, cancerígenos e teratogênicos, capazes de causar malformações em embriões e fetos ainda estão sendo analisados.[68]

Teratogênese é um termo médico aplicado aos casos de massas celulares anormais, desenvolvidas durante a gestação que originam defeitos físicos no feto, como o palato fendido, anencefalia e defeito do septo ventricular. Deriva de teratologia, o estudo da freqüência, das causas e do desenvolvimento de malformações congênitas.[69]

A divulgação sensacionalista da imprensa, no sentido de anunciar a cura de inúmeros males que afligem a humanidade, divulgação essa que tem como único objetivo a venda da notícia, gera falsas expectativas e leva a população a interpretações equivocadas dos fatos científicos, acarretando conseqüências negativas para a própria sociedade.

Assim, Marília Bernardes Marques[70] pontua:

> Em toda parte, muitos não hesitam em afirmar que as células-tronco embrionárias oferecem as maiores promessas para o desenvolvimento de novos tratamentos na, assim chamada, medicina regenerativa, quando são as células-tronco adultas que têm demons-

---

67. *Ibid.*, p. 54.

68. *Ibid.*, p. 51.

69. Há grande número de substâncias e medicamentos que causam esses defeitos, como a talidomida, e o *Agente Laranja*, este último disseminado como arma química na Guerra do Vietnã. O vírus da rubéola também é teratogênico, assim como o uso de álcool e tabaco durante a gravidez. O termo vem do grego, cujo significado literal é *gerar monstro*. Cf. Marques, Marília Bernardes. *Op. cit.*, p. 54.

70. *Ibid.*, p. 55.

> trado perspectivas excepcionais no âmbito das diversas tentativas terapêuticas realizadas até o presente. Tal argumento termina por comprometer o processo de escolha de prioridades para financiamento – público e privado – da pesquisa em saúde. No debate político e jurídico brasileiro, sob a argumentação de que uma legislação muito restritiva ergue barreiras ao avanço científico do país, foi defendido o direito de acesso às técnicas de produção de células-tronco embrionárias. Tratou-se, porém, de mera astúcia argumentativa que abusou da expressão "clonagem terapêutica" para se beneficiar da compreensível emoção que a enorme demanda por mais e melhores resultados terapêuticos provoca. Apesar de legítima, essa defesa foi conduzida de forma indevida por alguns, como se estivessem ameaçados os direitos de acesso a um recurso terapêutico miraculoso. O debate ético e jurídico atual focaliza a legitimidade do emprego de células-tronco embrionárias *na pesquisa*, ou seja, como material ou meio de investigação ou experimentação e não o aproveitamento de células-tronco embrionárias em tratamentos eficazes e seguros de pacientes humanos que, por ora, inexistem.

A clonagem terapêutica somente seria terapêutica para aquele embrião que viesse a nascer e se beneficiasse das células do seu clone. Entretanto, não é isso que se observa. O embrião é colocado a serviço de terceiros, portanto, o adjetivo *terapêutico* serve como amenizador da consciência social e mola propulsora para obter a aprovação ética da sociedade.[71]

Há que se considerar, ainda, que a clonagem de embriões para servir de matéria-prima de pesquisa e de fonte de células-tronco embrionárias, além de reduzir os embriões ao *status* de simples mercadorias, acarreta riscos à mulher enquanto fornecedora de óvulos.

Nesse sentido, nos anos de 2004 e 2005 uma equipe de cientistas da Universidade Nacional de Seul, aplicando a mesma técnica utilizada na clonagem da ovelha Dolly, anunciou ter derivado, a partir de blastócitos humanos, onze novas linhagens de células-tronco embrionárias. Essas linhagens seriam dotadas de pluripotência, sendo cópias perfeitas das células extraídas de 138 pacientes doadores e portadores de diabetes. Teriam conseguido, portanto, engendrar embriões humanos clones, exclusivamente para fins de pesquisa. Ocorre que, no mesmo ano de 2005, o líder da equipe, o

71. Cf. Barth, Wilmar Luiz. *Op. cit.*, p. 205.

pesquisador Hwang Woo-Suk, admitiu ter mentido. Embora tenha afirmado que os 2.061 óvulos empregados em sua pesquisa tivessem sido obtidos graças à doação espontânea de 129 coreanas, o cientista havia comprado a maior parte deles de pessoas extremamente carentes de recursos financeiros, incluindo duas de suas pesquisadoras subordinadas, caracterizando coerção e desrespeitando os principais limites éticos a serem observados nas pesquisas com células-tronco embrionárias humanas, a saber: obter, sem impor qualquer constrangimento, o consentimento informado para a doação de óvulos e o repúdio à clonagem reprodutiva humana.[72]

Assim, a partir desses fatos e independentemente dos embriões humanos utilizados em pesquisas científicas serem excedentes, isto é, provenientes das técnicas de fertilização *in vitro*, ou derivados da técnica da clonagem, o que se quer consignar nessa oportunidade é que o problema fundamental jurídico e ético a ser enfrentado com relação à pesquisa científica em células-tronco embrionárias é sempre o mesmo: a retirada de células-tronco desses embriões, para ulterior cultivo laboratorial, implica a destruição e a conseqüente instrumentalização desses seres, destarte, o bem jurídico constitucionalmente tutelado e que vem a ser violado com essa prática é o respeito do direito à vida presente e futura (arts. 5º, *caput*, e 225, da CF/1988) e a dignidade da pessoa humana (art. 1º, inciso III, da CF/1988) dos seres em formação.

2.4.4. Outras técnicas de manipulação genética

A engenharia genética possui, ainda, outros conhecimentos e técnicas que permitem manipular o ser humano nos diferentes estágios de seu desenvolvimento. Essas técnicas são menos comuns, mas devem restar analisadas posto que, do ponto de vista científico, são perfeitamente possíveis de serem realizadas. São elas: a partenogênese, a fecundação interespécies e a ectogênese.

A partenogênese é a técnica que possibilita a duplicação de um óvulo sem a participação de um espermatozóide, dando origem a um ser do sexo feminino, geneticamente idêntico à doadora do óvulo. O risco premente que advém de tal prática é a perpetuação da descendência feminina, levando ao perigo do próprio extermínio da espécie humana, porque impede a diversidade genética.

A fecundação interespécie, por sua vez, resvala na possibilidade de criação de seres híbridos, com parte do patrimônio genético humano e parte de genoma de animais, bem como na produção de quimeras, fusão deliberada

72. Cf. Marques, Marília Bernardes. *Op. cit.*, p. 36-38.

de embriões, um sadio e outro com enfermidade genética, dando origem assim a um ser dotado de quatro progenitores.

Tais práticas são inadmissíveis jurídica e eticamente por implicarem a manipulação de células germinais, zigoto e embrião humano, constituindo afronta à intangibilidade do patrimônio genético humano e ato contrário à dignidade da pessoa humana. Essa inadmissibilidade está diretamente relacionada ao fato de que a mutação constante e natural do DNA impede que se garanta o comportamento do gene incorporado. Incerteza essa que representa grave ameaça às futuras gerações.

Recorda-se, contudo, que a introdução de material genético humano em animais pode destinar-se, também, à obtenção de proteínas ou substâncias de valor terapêutico e a empresa Advanced Cell Technology constitui exemplo flagrante dessa prática. Fundada em 1994, passou a atuar fortemente no ramo da biotecnologia com o propósito de desenvolver técnicas de clonagem em rebanhos e animais transgênicos usados para produzir medicamentos no leite. Sua trajetória tecnológica mescla animais e humanos nas pesquisas com células-tronco e clonagem, gerando elementos híbridos.[73]

Nesse sentido, Maria Helena Diniz[74] uma vez mais ensina:

> Permitidas serão também, se feitas com prudência, cuidado e bom senso, sem caráter especulativo, não só a inclusão de genes humanos no cromossomo de organismos animais, desde que se tenha por objetivo a produção de substância essencial para o ser humano, mas também, havendo fim terapêutico conducente a melhorar o estado de saúde de um paciente, a manipulação de células somáticas, por não serem responsáveis pelo processo de reprodução humana e de transferência do patrimônio genético.

Quanto à ectogênese, essa técnica consiste na gestação integral de um embrião humano fora do útero materno, que poderá ser artificial ou animal, prática que se espera ser alcançada em um futuro próximo em decorrência dos estudos e experimentos realizados em laboratórios de engenharia genética.

> No laboratório de pesquisas obstétricas e ginecológicas da Universidade de Tóquio, uma caixa transparente de parede dupla de acrílico expõe um retrato impressionante do futuro. Dentro dela, repousa placidamente o feto de um cabrito em seus últimos dias de

73. Cf. Marques, Marília Bernardes. *Op. cit.*, p. 46.
74. Diniz, Maria Helena. *Op. cit.*, p. 492.

gestação. O equipamento é o mais aconchegante útero artificial já criado pela ciência. Nele, o cabritinho consegue viver mais de três semanas, um período de gestação equivalente a um mês e meio quando comparado com gravidez humana. Imerso em líquido amniótico artificial e mantido a temperatura constante, o feto sobrevive graças a um engenhoso equipamento que faz a troca de dióxido de carbono por oxigênio em seu sangue, simulando o sistema respiratório existente na placenta natural. O maior obstáculo dos cientistas até agora tem sido preparar o aparelho para dosar a quantidade exata de nutrientes que precisa ser colocada à disposição do feto. Quando tudo estiver calibrado, eles vão partir para a ousadia suprema: instalar no útero artificial um embrião humano. 'A técnica já foi dominada', anuncia o pesquisador Nobuya Unno (...). Centros de pesquisas da Espanha e dos Estados Unidos também estão desenvolvendo seus protótipos de útero artificial. 'O que mais impressiona nessa pesquisa é que os cabritos nascem anêmicos, da mesma forma como Aldous Huxley previu em *Admirável Mundo Novo*, há 67 anos. Ele descrevia as crianças anêmicas saindo de úteros artificiais', conta o pesquisador. É de arrepiar.[75]

Uma visão panorâmica do cenário traçado até aqui permite inferir que a liberação da pesquisa científica em células-tronco embrionárias implica riscos reais tanto para os embriões quanto para os pacientes que se submetam às terapias e, por fim, constitui risco também às gerações futuras.

Para recordar esses riscos, Marília Bernardes Marques[76] destaca:

> Desconhece-se por que esses grupamentos celulares se tornam capazes de originar, por exemplo, em vinte dias, um coração pulsante. Da mesma forma, não se sabe por que motivo são tão instáveis quando extraídas desse mesmo conjunto organizado. Com efeito, células-tronco embrionárias são tão potentes quanto instáveis. Apresentam propensão para formar os denominados teratomas, que são massas tumorais formadas por vários tecidos (dentes, pele, cabelo e ossos), e para sofrer mutações, que são aberrações que surgem na composição genética e dão origem a doenças e deficiências funcionais, além dos problemas de rejeição por incompatibilidade entre receptor e doador.

75. "Rumo à fronteira final". Revista *Veja*, 3 nov. 1999.
76. Marques, Marília Bernardes. *Op. cit.*, p.27.

Aqueles que insistem em desconsiderar essa realidade e anunciam que a terapia com células-tronco embrionárias é a resposta para todos os males que afligem a humanidade, advogam a tese da utilização de embriões humanos como fonte de células-tronco e argumentam que se trata apenas e tão-somente de um amontoado de células disformes, que os benefícios terapêuticos futuros que podem resultar da utilização dessas células justificariam os danos causados por sua prática, trata-se, pois, de um comportamento guiado pela ética utilitarista,[77] de acordo com a qual um uso será eticamente aceitável quando o benefício que se poderá derivar do mesmo compense o prejuízo que a ele se associa. É preciso consignar, contudo, que pensar de maneira puramente utilitarista vai contra a natureza humana. A moral faz parte da natureza humana, como bem observou recentemente pesquisa realizada na Universidade de Harvard publicada na *Folha de S. Paulo*.[78]

Outros, porém, que se posicionam em detrimento dessa tese, compreendem que a partir da concepção, seja ela *in* útero ou *in vitro*, é colocada em marcha a constituição de um novo ser humano, o embrião, e que sua instrumentalização implica flagrante desrespeito do direito à vida e ao princípio da dignidade humana. Trata-se, aqui, da ética da responsabilidade.

Diante desse impasse, o Direito é chamado a balizar tais condutas, a determinar em que momento a vida humana se inicia, com vistas a delimitar as práticas científicas que envolvam a utilização de embriões como fonte de células-tronco embrionárias, a fim de harmonizar a livre expressão da atividade científica (CF, art. 5º, IX), o direito à vida, presente e futura (CF, art. 5º, *caput,* e art. 225) e a dignidade da pessoa humana (CF, art. 1º, III) dos seres em formação.

Assim, como bem assevera Albin Eser[79]

> ... não se pode tratar aqui de alimentar uma inocente inimizade frente à tecnologia, e, sim, de assegurar-se dos possíveis riscos e correspondentes precauções, antes que deslizemos, sem nos dar conta, na direção de avanços científicos que possam ser caracterizados por um caminho sem retorno.

---

77. Dentre os filósofos expoentes da ética utilitarista destacam-se Jeremy Bentham e John Stuart Mill.

78. "Cérebro tem área ligada à moral". Caderno Mais, 22 mar. 2007.

79. Eser, Albin. "Genética, Gen-ética, Derecho Genético: Reflexiones político-jurídicas sobre la actuación en la herencia humana". *Revista La Ley*, Madri, año VII, nº 1937, 1986, *apud* Martínez, Stella Maris. *Op. cit.*, p. 32.

Capítulo 3

ESTATUTO JURÍDICO DO EMBRIÃO HUMANO

O vertiginoso progresso alcançado no âmbito da biomedicina, consoante restou demonstrado nos capítulos anteriores, permite afirmar que a ciência já sabe como fabricar a vida humana em laboratório e muitas são as fontes que servem de substrato para essa afirmação.

Assim, Cláudio Tognolli[1] destaca:

> As empresas norte-americanas Creative Biomolecules, Orquest, Sulzer, Genetics Institut, Regeneron e Osíris Therapeutics já detêm técnicas de alterações nos ossos. As companhias Organogenesis e Lifecell trabalham com pele. Biomatrix, Regen e Integra lidam com alterações biogenéticas de cartilagens. Guilford, Cytotherapeutics e Acorda alteram geneticamente os nervos da espinha.

Essas e outras empresas do setor de biotecnologia pavimentam suas atividades a partir da utilização de células-tronco embrionárias como matéria-prima de pesquisas biomédicas e, frente aos argumentos jurídicos e éticos de que a utilização de embriões excedentários ou mesmo a produção de embriões, por meio da clonagem para derivação de células-tronco, acarreta a destruição desses, conduz à reificação do ser humano e viola o direito fundamental à vida, contra-argumentam informando que, no estágio em que ocorre a extração das células, não há que se falar em embrião, e sim em um amontoado disforme de células,[2] porquanto, se não há que se falar em vida humana, em

1. Tognolli, Cláudio. *A Falácia Genética: a ideologia do DNA na imprensa*. São Paulo: Escrituras, 2003, p. 45.
2. Cf. Schockenhoff, Eberhard. "Quem é um embrião?" In: *Bioética*. Rio de Janeiro: Cadernos Adenauer, III, nº 1, 2002, p. 37.

ser humano, tampouco em direito à vida ou em respeito ao princípio da dignidade humana.

A primeira consideração que cabe aqui registrar é a realizada por Maria Böhmer,[3] segundo a qual:

> As idéias de desvincular do embrião humano o direito integral à vida e à dignidade humana, assim como de qualquer momento posterior ao início da vida humana, diferente do da fecundação, são desenvolvidas em espaços não isentos de interesses.

Assim, se, como já ficou sublinhado anteriormente, o uso terapêutico de células-tronco embrionárias humanas oferece riscos importantes aos pacientes, posto que acarreta a formação de tumores e, se as células-tronco adultas têm se revelado uma alternativa mais segura, mais eficaz e menos polêmica no tratamento de inúmeras enfermidades, inevitável que surgisse o questionamento no sentido de saber a quem de fato poderiam interessar as pesquisas em células-tronco embrionárias humanas.

Nesse sentido, Marília Bernardes Marques assinala o "uso bem-sucedido de células-tronco adultas em numerosos procedimentos terapêuticos não só evita o problema ético da destruição de embriões como apresenta duas vantagens opcionais: a) como as células podem ser isoladas dos próprios pacientes que estão requerendo o tratamento, se evitaria o problema da rejeição imunológica, a qual pode dificultar o uso das células-tronco embrionárias; b) poderia implicar numa redução do risco de formação de tumores, que ocorre com freqüência (...) até o presente, o *score* registrado no embate células-tronco adultas *versus* células-tronco embrionárias em termos de benefícios já obtidos em pacientes humanos é totalmente favorável às primeiras, contabilizando mais de 64 condições médicas".[4]

Introduzindo a questão

A forte presença do setor privado em áreas que deveriam ser, essencialmente, subvencionadas pelo setor público, entre elas a saúde, tem sido um traço característico das sociedades capitalistas. Assim, a falta de investimento de recursos públicos nesse âmbito acabou conduzindo a uma lenta e gradual privatização desses serviços.

3. Böhmer, Maria. "Pesquisa com células-tronco humanas com responsabilidade política". In: *Bioética*. Rio de Janeiro. Cadernos Adenauer, III, nº 1, 2002, p. 75.
4. Marques, Marília Bernardes. *Op. cit.*, p. 24.

No que concerne especialmente às pesquisas em células-tronco embrionárias humanas, muitos governos, como os dos Estados Unidos e da Alemanha, por não quererem se envolver nas polêmicas questões que essas pesquisas motivam, optaram por não financiá-las com fundos públicos. Não obstante, temerosos por terminarem sendo condenados ao subdesenvolvimento tecnológico e científico, necessitando, no futuro, importar essa tecnologia patenteada de países como a China, a Índia, o Japão e Israel, que não assumem a mesma posição, acabam permitindo que empresas do setor privado realizem esses experimentos. Assim, o presidente G.W. Bush fez um pronunciamento em rede aos norte-americanos, na noite do dia 09 de agosto de 2001, informando que somente seriam financiadas com recursos públicos as pesquisas nas linhas de células-tronco já existentes, aproximadamente, sessenta. Estabelecendo, ainda, algumas condições para sua utilização: que tenham sido obtidas a partir de embriões excedentes produzidos para fins reprodutivos e que os doadores dos embriões tenham manifestado seu consentimento para essa utilização. A utilização de fundos públicos foi proibida para as pesquisas que destroem os embriões, tanto os já existentes ou produzidos especificamente para a pesquisa ou obtidos por meio de clonagem. Já na Alemanha, a lei aprovada no final do mês de janeiro de 2002 proíbe toda e qualquer pesquisa com embriões humanos, assim como sua utilização e produção interna de embriões para derivar células-tronco, mas permite sua importação, reforçando a instalação de um mercado internacional de células-tronco.[5]

Acerca do mercado internacional de células-tronco, é de se destacar, ainda, notícia recentemente veiculada no periódico *Correio da Manhã*, segundo a qual "Na Ucrânia, bebês recém-nascidos saudáveis terão sido mortos para, presumivelmente, abastecer o florescente comércio internacional de células estaminais".[6]

Desse modo, 90% das novas descobertas ligadas ao setor farmacêutico são atualmente da responsabilidade de empresas, clínicas e laboratórios privados. Cabe lembrar aqui a observação feita por Lucien Sève[7] de acordo com a qual "... alguém já viu a biotecnologia moderna desenvolver-se e ex-

---

5. Cf. Barth, Wilmar Luiz, *Op. cit.*, p. 250. 13 dez. 2006, p. 18.
6. 13 dez. 2006, p. 18.
7. Sève, Lucien. *Para uma crítica da razão bioética*. Lisboa: Instituto Piaget, 1994, p. 306.

pandir-se sem investimentos e alguém fazer investimentos sem esperança de rentabilidade...?"

Sem dúvida, é admissível que todo aquele que trabalhe neste setor busque lucro sobre os investimentos feitos. No entanto, o problema é que na maioria das vezes se cria um conflito entre os interesses econômicos e os interesses humanos, haja vista que na intenção de obter lucros econômicos cada vez mais elevados, o respeito à vida e à dignidade passam a segundo plano.

Giovanni Berlinguer[8] afirmou, com muita propriedade, que o mercado econômico é "ausente nas questões bioéticas" e Jean Bernard,[9] no mesmo tom, advertiu que "a ética não tem pior adversário que o dinheiro". Ambos os autores referiam-se ao estabelecimento das ciências médicas como ciências-*business*, que se dedicam a alcançar resultados que são relevantes em termos de cifras econômicas e não tanto em termos de saúde.

Destarte, em consonância com essas observações, o comércio de embriões e, particularmente, o de células-tronco, já é uma realidade. As empresas do setor não produzem altruisticamente linhas de células-tronco para doá-las para pesquisas ou para fins terapêuticos. Tudo é vendido.

> Os glóbulos brancos chamados – por causa de seus prolongamentos – de glóbulos brancos cabeludos, que definem uma variedade de leucemia, têm a propriedade, por meio da cultura de células, de fabricar substâncias úteis em terapêutica, como o interferon. Um dos tratamentos dessa leucemia é a ablação do baço. James, um americano vítima dessa leucemia, foi operado. Seu baço foi retirado. Os glóbulos brancos do baço, postos em cultura de tecidos, produzem o interferon, fatores de crescimento. O laboratório universitário que obteve essa cultura a transmitiu, como se faz de forma habitual, para outro laboratório universitário que, menos escrupuloso, a vendeu para uma empresa farmacêutica, a qual começou a organizar seu comércio.[10]

Em sentido similar, a revista *Science*, no mês de setembro de 2002, anunciou a criação do primeiro Banco de células-tronco da Inglaterra, no qual se estima ser possível reunir 4.000 linhas de células. O projeto está

---

8. Berlinguer, Giovanni. *Corpo humano: mercadoria ou valor?* Revista de Estudos Avançados USP, v. 7, nº 19, dez. 1993, p. 167-192.

9. Bernard, Jean. *Da biologia à ética*. Campinas: Editorial PSY, 1994, p. 247.

10. Bernard, Jean. *A bioética*. São Paulo: Ática, 1998, p. 77. Cf. Barth, Wilmar Luiz. *Op. cit.*, p. 247.

avaliado em mais de 4 milhões de dólares. O mesmo periódico, na edição de outubro do ano citado, publicou outra reportagem que se refere a 8,1 milhões de dólares distribuídos a várias empresas da Suécia, especialmente por organizações norte-americanas, para que essas possam realizar suas pesquisas. Essas empresas contratam os melhores cientistas e pagam os melhores salários para que realizem pesquisas visando ao desenvolvimento de produtos e de procedimentos de aplicação em medicina, depois, patenteiam esses conhecimentos e os vendem às empresas tipo *start-up*, que são empresas menores interessadas em alargar o rol de produtos oferecidos. A partir daí, assiste-se à criação de indústrias cuja matéria-prima consiste na utilização de embriões, fetos e tecidos humanos, com ISO 9002, isto é, de excelente qualidade, tipo exportação.[11]

Outro importante aspecto a ser destacado no que tange à prevalência dos interesses econômicos frente aos interesses terapêuticos no que diz respeito às pesquisas em células-tronco é que, não raras vezes, cientistas reconhecidos mundialmente ultrapassam limites éticos e legais em virtude da concorrência para se obter o patenteamento de produtos e de técnicas, anunciando descobertas ainda não realizadas, feitos ainda não concretizados, remédios e tratamentos de eficácia ainda não comprovada, o que demonstra, inequivocamente, que nesse setor, assim como em qualquer outro em que o interesse financeiro dite as regras, vale a máxima segundo a qual tempo é dinheiro.

Em 2001, Robert Lanza e José Cibelli, híbridos de empresário e pesquisador da ACT, de estilo bombástico, anunciaram na revista Scientific American terem obtido a clonagem humana. Esse feito – produzir embriões humanos por clonagem – foi, porém, duramente questionado porque os embriões não resistiram o suficiente para permitir a extração de células-tronco. Coincidência ou não, Cibelli, hoje na Universidade de Michigam, é também co-autor do fraudulento artigo do sul-coreano Hwang, de 2004.[12]

Nesse sentido Wilmar Luiz Barth[13] informa como se desenvolve a lógica do empreendedorismo biomédico:

> ... não se pode esperar tanto tempo para testar remédios, seus efeitos colaterais ou a sua eficiência e muito menos para apostar em

11. Cf. Barth, Wilmar Luiz. *Op. cit.*, p. 247.
12. Marques, Marília Bernardes. *Op. cit.*, p. 46.
13. Barth, Wilmar Luiz. *Op. cit.*, p. 252.

alternativas. Para que gastar tempo e dinheiro com células-tronco de organismos adultos ou de cordão umbilical, se os embriões estão à disposição e são, aparentemente, de melhor qualidade?

Diante dessa mentalidade, vale recordar as palavras de François Ost,[14] para quem:

> À sua maneira, o gênio genético confirma esta lição: a própria vida – e o homem também – pode ser recriada em laboratório. A esta ilimitação tecnológica junta-se, hoje, a ilimitação por parte do mercado, que se baseia na força do desejo, e o extraordinário efeito de dessimbolização que produz a troca monetária. Contrariamente à natureza que está à margem do comércio, o artifício avalia-se em dinheiro e vende-se num mercado. É contra esta aliança moderna do artifício e do mercado – nova forma da contemporânea – que o direito é chamado a estabelecer limites, em nome dos símbolos que conferem um sentido à nossa existência.

3.1. O DIREITO E O INÍCIO DA VIDA HUMANA

O Direito, como mecanismo regulador de condutas, e por encontrar-se indissoluvelmente atrelado às transformações que experimentam os diferentes comportamentos humanos, transformações essas que podem ter como origem significativas modificações da ideologia dominante em uma determinada sociedade, ou, como no caso em questão, espetaculares avanços científicos, que ameaçam conceitos que se revestiam, até bem pouco tempo, da qualidade de certezas incontestes[15], não pode se furtar a atender o chamado de sua vocação genuína, qual seja, assegurar o pleno desenvolvimento da vida humana.

Para tanto deverá, auxiliado por outras áreas do conhecimento, tais como a biologia e a medicina, determinar em que momento a vida humana tem seu início. Essa interdisciplinaridade encontra sua razão de ser, quando nos recordamos da lição de Jorge Miranda:

> Todas as Constituições, pela própria natureza do objecto, rodeiam seus conceitos de conceitos exógenos, vindos de outros setores e ramos do Direito ou extrajurídicos, sejam políticos, económicos, filosóficos, etc. e com estes entra largamente a realidade constitucio-

14. Ost, François. *Op. cit.*, p. 101.
15. Cf. Martínez, Stella Maris. *Op. cit.*, p. 20-21.

> nal a agir. Sem embargo, todos esses elementos e conceitos, desde que apreendidos em disposições constitucionais, devem ser interpretados em conexão com os demais, situados no mesmo plano e, assim, analisados não tanto no seu sentido originário quanto no sentido que lhes advém da sua colocação sistemática. [16]

Não obstante, a esse respeito, importa não olvidar o ensinamento de José Afonso da Silva:[17]

> Não intentaremos dar uma definição disto que se chama vida, porque é aqui que se corre o grave risco de ingressar no campo da metafísica supra-real, que não nos levará a nada. Mas alguma palavra há de ser dita sobre esse *ser* que é objeto de direito fundamental. *Vida*, no texto constitucional (art. 5º, *caput*), não será considerada apenas no seu sentido biológico de incessante auto-atividade funcional, peculiar à matéria orgânica, mas na sua acepção biográfica mais compreensiva. Sua riqueza significativa é algo de difícil compreensão, porque é algo dinâmico, que se transforma incessantemente sem perder sua própria identidade. É mais um processo (processo vital), que se instaura com a concepção (ou germinação vegetal), transforma-se, progride, mantendo sua identidade, até que muda de qualidade, deixando, então, de ser vida para ser morte. Tudo que interfere em prejuízo deste fluir espontâneo e incessante contraria a vida.

Há, portanto, um conceito claro a respeito da vida que deve ser observado pela biomedicina, quando do exercício da atividade científica em geral, e da experimentação envolvendo a vida humana em particular, esse limite está, inexoravelmente, relacionado ao *status* que se pretende conferir ao embrião.

Assim, diante da necessidade de se estabelecer um marco a partir do qual se garantisse respeito efetivo ao embrião humano, foram elaboradas diferentes teorias acerca do início da vida humana. Essas teorias foram produzidas sempre com base nas diversas etapas do desenvolvimento embrionário e com a finalidade de servirem de orientação na implementação, por

---

16. Miranda, Jorge. *Manual de direito constitucional.* 3ª ed. Coimbra: Coimbra Ed., t. II, 1996, p. 230; Bastos, Celso. *Curso de direito constitucional.* São Paulo: Saraiva, 1999, p. 63.

17. Silva, José Afonso da. *Curso de direito constitucional positivo.* 16ª ed. São Paulo: Malheiros, 1999, p. 200.

parte dos Estados, de normas que determinassem o estatuto jurídico do embrião humano, e, por via de conseqüência, foram também formuladas com o propósito de nortear o implemento de políticas públicas relacionadas às pesquisas em células-tronco embrionárias humanas.

3.2. TEORIAS ACERCA DO INÍCIO VITAL DO SER HUMANO

São três as teorias que se formaram a fim de determinar o início do processo vital humano: a *teoria concepcionista*, que vê na concepção a origem de todo ser humano e o termo inicial do necessário amparo; a *teoria genético-desenvolvimentista*, que pretende analisar diferentemente a proteção, conforme as fases de desenvolvimento do novo ser que se forma; e a teoria que considera o embrião uma *pessoa humana potencial*, que se apresenta com autonomia tal a lhe impor um estatuto próprio.[18]

Todas elas partem de um determinado estágio durante o processo de desenvolvimento embrionário. Assim, em que pese serem esses estágios noções mais próximas da seara médica, eles serão, resumidamente, apontados adiante, posto que tendam a fundamentar as discussões sobre a individualidade e a proteção jurídica do embrião.

De acordo com Santos Cifuentes[19] as etapas do desenvolvimento embrionário humano são as seguintes: a) fusão do ovócito com o espermatozóide, criando uma célula diplóide, dotada da capacidade de subdividir-se reiteradamente; b) início da subdivisão celular (2-4 em 30 horas, 8 em 60 horas); c) aparecimento da mórula e depois da blástula; d) nidação ou fixação por meio de enzimas e diminutos prolongamentos tentaculares no útero;

---

18. Alguns autores referem-se a essas teorias empregando outra denominação. Mantovani, por exemplo, emprega as expressões *tese do momento da fecundação* e *tese das fases sucessivas*, respectivamente. Segundo o autor, para a primeira tese, personalista, o ser humano tem início no momento da fecundação do óvulo com o gameta masculino. A tese se funda na "racionalidade biológica", posto que, com a fusão, tem início uma nova e autônoma individualidade humana. Já para a tese das fases sucessivas, utilitarista, o início do ser humano se pospõe convencionalmente Cf. Mantovani, Fernando. "Uso de gametas, embriões e fetos na pesquisa genética sobre cosméticos e produtos industriais". In: Romeo Casabona, Carlos María (org.). *Biotecnologia, direito e bioética*. Belo Horizonte: Del Rey, PUC Minas, 2002, p. 187-88.

19. Cf. Cifuentes, Santos. "El embrión humano: principio de existência de la persona", p. 12, *apud* Barboza, Heloisa Helena. "Proteção jurídica do embrião humano". In: Romeo Casabona, Carlos María; Queiroz, Juliane Fernandes (orgs.). *Biotecnologia e suas implicações ético-jurídicas*. Belo Horizonte: Del Rey, 2004, p. 262.

e) atividade contráctil (15 a 25 dias); f) começo do sistema nervoso (30 dias); g) córtex cerebral (aos três meses).

3.2.1. Teoria concepcionista

A teoria concepcionista, considerando a primeira etapa do desenvolvimento embrionário humano, entende que o embrião possui um estatuto moral semelhante ao de um ser humano adulto, o que equivale a afirmar que a vida humana inicia-se, para os concepcionistas, com a fertilização do ovócito secundário pelo espermatozóide. A partir desse evento, o embrião já possui a condição plena de pessoa, compreendendo, essa condição, a complexidade de valores inerentes ao ente em desenvolvimento.

Amparada pela embriologia,[20] conhecimento científico que se dedica às características genéticas, histológicas e biofísicas do período embrionário, a teoria concepcionista advoga a tese de que, a partir da fusão das duas células germinativas, provenientes de organismos diferentes, deve ser aceita a existência de um novo ser, sobretudo, por ser ele dotado de um sistema único e completamente distinto daqueles que lhe deram origem. A primeira célula desse novo ser recebe o nome de zigoto.

O zigoto, embrião humano unicelular, possui uma identidade genética individual, perfeitamente distinguível dos demais. Assim, cada embrião humano, desde o momento da concepção, já é geneticamente homem ou mulher e já contém todas as características pessoais de um ser humano adulto, tal como grupo sangüíneo, cor da pele, olhos etc., exceção feita no caso de gêmeos idênticos e de clones hipotéticos. O embrião é, pois, único e irrepetível.

A contar da fusão das células germinais, masculina e feminina, a continuidade da identidade genética é mantida por toda a vida de um indivíduo, o que garante essa identidade contínua é o genoma. O zigoto, a primeira célula da duração de uma vida humana, possui o mesmo genoma que uma pessoa terá no decorrer de toda sua vida, da concepção à morte.

Desse modo, o ciclo vital humano tem seu início com a fertilização do óvulo pelo espermatozóide, em seguida, por meio de um processo autônomo, forma-se o zigoto, este evolui naturalmente transformando-se em mórula, esta, em blastócito, e assim sucessivamente, toda essa transformação é autoimpulsionada e autogovernada pelo próprio embrião.

---

20. Cf. Marques, Marília Bernardes. *Op. cit.*, p. 69.

A constatação dessa realidade levou Jérôme Lejeune,[21] professor de genética fundamental, pesquisador mundialmente reconhecido por seus estudos em genética humana e cientista responsável pela descoberta da causa da Síndrome de Down, a assinalar:

> Não quero repetir o óbvio, mas na verdade, a vida começa na fecundação. Quando os 23 cromossomos masculinos se encontram com os 23 cromossomos femininos, todos os dados genéticos que definem um novo ser humano já estão presentes. A fecundação é o marco da vida.

No mesmo norte, a geneticista Elaine S. Azevedo[22] assevera:

> É biologicamente inexistente e tecnicamente impossível promoverse a geração de um ser humano a partir de outro momento qualquer do desenvolvimento embrionário. O ponto inicial é a formação do zigoto; é o estágio unicelular. Por mais tecnicamente arrojadas que sejam as técnicas de fertilização *in vitro*, todas elas partem da fertilização, conforme o próprio nome indica. Essas evidências levam à conclusão de que a reprodução humana ou *in vitro* não oferece começos alternativos, toda ela se inicia com uma única célula. Conseqüentemente, o zigoto é vida humana em início.

Importante frisar que, apesar de a maioria dos estudiosos tratarem de forma análoga os termos *fertilização* e *concepção*, e que embora estejam eles intimamente ligados, esses conceitos exprimem realidades distintas e representam estágios sucessivos no processo de geração de um ser humano.

Com efeito, a fertilização ocorre no exato momento em que o espermatozóide consegue atravessar a zona pelúcida do óvulo. Após essa travessia, ocorre um lapso temporal de aproximadamente 12 horas, necessário para que se consubstancie a concepção.

Durante esse período, as membranas plasmáticas do ovo, antigo óvulo que após a fertilização passa a se chamar ovo, e do espermatozóide se fundem. No interior do ovo, o dote genético materno começa a se organizar, etapa denominada pronúcleo. O mesmo ocorre com o dote genético paterno constante da cabeça do espermatozóide que, após soltar-se do seu colo e calda, esses últimos degeneram-se no citoplasma do ovo, migra para o centro

---

21. Lejeune, Jérôme *apud* Vasconcelos, Cristiane Beuren. *A proteção jurídica do ser humano* in vitro *na era da biotecnologia*. São Paulo: Atlas, 2006, p. 37.

22. Azevedo, Elaine S. "Aborto". In: Garrafa, Volnei; Costa, Sérgio Ibiapina (orgs.). *A bioética no século XXI*. Brasília: UnB. 2000, p. 89.

do ovo e, igualmente, organiza-se em pronúcleo, ali, os pronúcleos do gameta masculino e feminino perderão suas membranas e se fundirão. Antes dessa fusão, quando ainda em pronúcleo, possuem um complemento haplóide ou n (23 cromossomos), após a fusão possuirão um complemento diplóide ou 2n (46 cromossomos) engendrando o zigoto. Somente após o decurso desse período e da efetiva junção dos pronúcleos é que se pode falar em concepção, em uma vida geneticamente distinta da dos genitores.[23]

Assim, com base nesse lapso temporal de 12 horas, decorrem, da teoria concepcionista, duas outras teorias: a *teoria da singamia* e a *teoria da cariogamia*.

Teoria da singamia

A teoria da singamia relaciona o início da vida ao instante em que ocorre a penetração do espermatozóide no óvulo, isto é, no momento preciso da fertilização, antes mesmo da concepção.

Os adeptos dessa corrente defendem que, com a fertilização, inúmeras reações químicas são desencadeadas e o "processo de individualização e personalização"[24] de um novo ser humano é posto em andamento, sendo irrelevante a não ocorrência, ainda, da fusão dos pronúcleos das células germinativas e, conseqüentemente, a formação do zigoto.

Teoria da cariogamia

A teoria da cariogamia, por sua vez, relaciona o início da vida ao momento da concepção, ou seja, ao momento em que ocorre a fusão dos pronúcleos dos gametas masculino e feminino. Os partidários dessa corrente sustentam que, só após essa fusão, ocorrerá a formação de um novo ser, dotado de uma identidade genética individualizada.

Fundamentam essa posição em quatro argumentos cientificamente comprovados, de acordo com os quais: somente com a junção dos pronúcleos inicia-se uma nova célula, constituída de uma estrutura única, diferente de

---

23. Cf. Silva, Reinaldo Pereira e. "Bioética e biodireito: as implicações de um retorno". In: *Acta Bioethica*. Revista Publicada pelo Programa Regional de Bioética da Organização Panamericana de Saúde/organização Mundial de Saúde (OPS/OMS), Santiago, ano VIII, nº 2, 2002, p. 199.

24. Cf. Andorno, Roberto. "El derecho argentino ante los riesgos de coisificación de la persona em la fecundación in vitro". In: Andorno, Roberto (org.). *El derecho frente a la procriación artificial*. Buenos Aires: Editorial Ábaco de Rodolfo de Palma, 1997, p. 62.

qualquer outra existente; essa nova célula desenvolve-se de forma autônoma, gradual e coordenada por informações contidas no seu próprio código genético; a força que impulsiona essa célula é intrínseca e contínua; de sorte que o zigoto, resultado desse processo precedente, representa o primeiro estágio de um ser humano original no limiar de seu ciclo vital.[25]

Desses argumentos é possível derivar três propriedades fundamentais: a identidade especificamente humana do concepto originado, haja vista que decorre da fusão de duas células germinais humanas; a individualidade do concepto, visto que seu código genético o diferencia de todos os demais seres humanos existentes e, por derradeiro, a doação de um programa genético que garante ao concepto a plena capacidade para o desenvolvimento de sua humanidade.[26]

Mesmo diante dessas constatações, continua havendo, por parte de alguns respeitados estudiosos, o não reconhecimento da natureza humana do embrião desde a fertilização. Nesse sentido, a posição adotada por Drauzio Varella,[27] que refere:

> A vida se iniciaria com a formação do zigoto ou mesmo antes, mas a condição humana só começaria a ser esboçada ao surgirem os primeiros espasmos da atividade cerebral, lá pela décima segunda semana de gestação, fase em que o embrião pesa menos que 15 gramas. Antes disso, seríamos apenas um grupamento de células não muito diferente dos embriões de aves ou sapos.

Em sentido oposto, pertinentemente, ensina Jérôme Lejeune:[28]

> Se logo no início, justamente depois da concepção, dias antes da implantação, retirássemos uma só célula do pequeno ser individual,

---

25. Cf. Serra, Angelo. "Per um'analisi integrada dello "status" dell'embrione umano. Alcuni dati della genetica e dell'embriologia". In: Biolo, Salvino (org.). *Nascita e morte dell'uomo. Problemi filosofici e scientifici della bioetica*. Genova: Marietti, 1993, p. 58; Serra, Ângelo. "Chi o che cosa è l'embrione umano? I dati della scienza". In: Sgreccia, Elio; Pietro, Maria Luiza di (orgs.). *Bioetica ed educazione*. Milano: Editrice de la Scuola, 1997, p. 129, *apud* Silva, Reinaldo Pereira e. *Introdução ao biodireito: investigações político-jurídicas sobre o estatuto da concepção humana*. São Paulo: LTr, 2002, p. 87.

26. Cf. Silva, Reinaldo Pereira e. "Bioética e biodireito: as implicações de um retorno". In: *Acta Bioethica*. Revista Publicada pelo Programa Regional da Bioética Panamericana de Saúde/Organização Mundial de Saúde (OPS/OMS), Santiago, ano VIII, nº 2, 2002, p. 199.

27. Varella, Drauzio. Ilustrada. *Folha de S. Paulo*, 25 jan. 2003, p. E12.

28. Lejeune, Jérôme apud Vasconcelos, Cristiane Beuren. *Op. cit.*, p. 37-38.

ainda com aspecto de amora poderíamos cultivá-la e examinar os seus cromossomos. E se um estudante, olhando-a ao microscópio não pudesse reconhecer o número, a forma e o padrão das bandas desses cromossomos, e não pudesse dizer, sem vacilações, se procede de um chimpanzé ou de um ser humano, seria reprovado. Aceitar o fato de que depois da fertilização, um novo ser humano começou a existir não é uma questão de gosto ou de opinião. A natureza humana do ser humano desde a sua concepção até sua velhice não é uma disputa metafísica. É uma simples evidência experimental.

3.2.2. Teorias genético-desenvolvimentistas

A teoria genético-desenvolvimentista relaciona o início da vida humana à eleição das fases que vão se impondo no decorrer do desenvolvimento embrionário. Para os partidários dessa corrente, o embrião humano adquire *status* jurídico e moral gradualmente, à medida que seu desenvolvimento avança no tempo.

Desse modo, tomando-se como ponto de partida os diferentes estágios constantes do processo evolutivo embrionário, decorrem da teoria genético-desenvolvimentista as mais diversas teorias acerca do início da vida humana, dentre as quais destacam-se: a *teoria da nidação do ovo*, a *teoria da formação dos rudimentos do sistema nervoso central* e a *teoria do pré-embrião.*[29]

Teoria da nidação

A nidação consiste na fixação do ovo no útero da mulher. Para essa teoria, somente após a ocorrência desse fato é que se origina uma nova vida humana. Aqueles que se filiam a essa corrente defendem que sem fixar-se no útero materno o embrião não teria condições de se desenvolver. Todavia, em

---

29. Martínez registra, ainda, a teoria da gastrulação "... que reivindica o nome de embrião para a entidade biológica gerada no final desse período, no décimo oitavo dia, considerando que esta – e não o zigoto – é a 'peça de construção' do futuro organismo". Martínez, Stella Maris. *Op. cit.*, p. 88; Há ainda aqueles que consideram necessário o aparecimento da plana neural, no 18º dia e, por último, os que adotam a "teoria da viabilidade", segundo a qual a natureza humana do concebido é outorgada somente àqueles que alcancem maturidade suficiente para viver fora do útero Cf. Meirelles, Jussara Maria Leal de. *Op. cit.*, p. 126-130.

maio de 1983, a imprensa divulgou o nascimento, com êxito, de uma menina oriunda de uma gestação abdominal.

Ademais, Jussara Maria Leal de Meirelles[30] pondera:

> ... ao se subordinar a aquisição de direitos pelo embrião pré-implantatório à condição representada pela sua transferência ao útero seguida da nidação, seja sob o caráter suspensivo, seja pelo resolutivo, estar-se-ia reduzindo a referida titularidade à vontade de outrem.

No mesmo sentido, Cristiane Beuren Vasconcelos[31] adverte:

> Uma vez elucidadas as fases biológicas da fertilização humana, sendo perfeitamente visível – do ponto de vista da ontologia humana – o começo da vida, submeter o embrião humano a condições ou pré-requisitos exteriores a ele próprio para outorga e amparo jurídico de sua personalidade é incoerente na medida em que o coisifica, torna-o objeto de direito.

Importante destacar aqui que a teoria da nidação pode ser útil como critério para se determinar o diagnóstico de gravidez, conquanto ressalte-se que, conforme a Sociedade Alemã de Ginecologia, a gravidez só é identificada com a nidação. Contudo, é totalmente equivocada a tentativa de relacioná-la ao início de uma nova vida humana, posto que a questão do diagnóstico pertence ao plano gnoseológico, enquanto o início de uma nova vida, a existência de um ser, insere-se no plano ontológico. O ser que se desenvolve desde a concepção não existe ou deixa de existir somente pelo fato de ser, ou não, possível o seu conhecimento.[32]

Teoria da formação dos rudimentos do sistema nervoso

A teoria dos rudimentos do sistema nervoso central relaciona o início da vida humana ao aparecimento dos primeiros sinais de formação do córtex central, que ocorre entre o décimo quinto dia e a quadragésimo dia da evolução embrionária.

---

30. Meirelles, Jussara Maria Leal de. Os embriões humanos mantidos em laboratórios e a proteção da pessoa: o novo código civil brasileiro e o texto constitucional. In: Barboza, Heloisa Helena; Meirelles, Jussara Maria Leal de; Barreto, Vicente de Paulo (orgs.). *Novos temas de bioética e biodireito*. Rio de Janeiro: Renovar, 2003, p. 88.

31. Vasconcelos, Cristiane Beuren. *Op. cit.*, p. 45.

32. Cf. Meirelles, Jussara Maria Leal de. *Op. cit.*, p. 118.

A atividade elétrica do cérebro começa a ser registrada a partir da oitava semana de desenvolvimento embrionário. O conhecimento desse fato levou os simpatizantes da teoria da formação do sistema nervoso central a sustentar que somente após a verificação da emissão de impulsos elétricos cerebrais é que se pode afirmar que se iniciou uma vida especificamente humana.

O principal defensor dessa teoria é o renomado biólogo Jaques Monod, que entende que, por ser o homem um ser fundamentalmente consciente, não é possível admiti-lo como tal antes do quarto mês de gestação, momento em que se verifica, eletroencefalograficamente, a atividade do sistema nervoso central diretamente relacionado à possibilidade de possuir consciência.[33]

A inconsistência dessa teoria é enunciada por Stella Maris Martínez,[34] segundo a qual:

> Do ponto de vista jurídico, esta teoria é particularmente atraente a partir do momento em que numerosas legislações estabeleceram que o fim da vida humana é dado pelo falta de atividade elétrica do cérebro. No entanto, encontramo-nos frente a situações conceitualmente diversas, já que não é comparável o caso da morte cerebral, onde se detecta uma suspensão irreversível da função, com a do embrião, onde essa emissão elétrica é a culminação de um processo de formação do sistema nervoso central, desenvolvimento inequivocamente iniciado com o aparecimento do *sulco neural*.

Teoria do pré-embrião

A teoria do pré-embrião, dentre as teorias genético-desenvolvimentistas, é a que mais exerceu influência no cenário legislativo mundial. Surgiu como resultado de um parecer para assuntos de reprodução assistida, formulado no ano de 1984, na Inglaterra, sob a epígrafe de Relatório Warnock.[35]

A comissão que elaborou o relatório entendeu que até o 14º dia após a concepção o que existe não é um ser humano, mas sim uma célula progenitora dotada de capacidade de gerar um ou mais indivíduos da mesma espécie, pronunciando-se, assim, favoravelmente à experimentação científica em embriões humanos até essa data. Conseqüência natural desse entendimento

---

33. Cf. Martínez, Stella Maris. *Op. cit.*, p. 87.

34. *Ibid.*, p. 87.

35. Para aprofundar a análise do *Informe Warnock*, vide Santos, Maria Celeste Cordeiro dos. *Imaculada Concepção: nascendo* in vitro *e morrendo* in machina. São Paulo: Acadêmica, 1993, p. 128-9.

foi a aprovação das pesquisas com embriões humanos durante os primeiros quatorze dias após a concepção.

Dentre os vários argumentos apontados no relatório que justificam o critério do 14º dia estão: a impossibilidade de detecção (por cisão gemelar) de gêmeos monozigóticos até o 14º dia; a perda a partir dessa etapa da qualidade de totipotência das células que constituem o embrião e o aparecimento, após o 14º dia, da linha primitiva, que organiza a estrutura do corpo embrionário, após a qual a possibilidade de ocorrência de gêmeos é nula.

Faz-se, pois, necessário demonstrar a fragilidade dos argumentos sustentados pela teoria.

Em primeiro lugar, a respeito da possibilidade de ocorrência de cisão gemelar, informa-se que a origem do gêmeo monozigótico não aniquila a unidade orgânica original do primeiro ser. Para a formação do gêmeo monozigótico tem-se sempre um primeiro ente do qual se origina um segundo, "não existe prova científica de que a divisão do zigoto dissolva a unidade orgânica original",[36] assim, apenas porque existem duas ou mais individualidades, não significa que não tenha havido individualidade anterior, além de não se poder olvidar que já existe ali pelo menos uma vida humana de fato.

O segundo argumento, de que a partir do 14º dia é que ocorre a perda da qualidade de totipotência, não merece melhor sorte que o primeiro, posto que, como já demonstrado alhures pela teoria da cariogamia, as células já contêm em si, a contar da concepção, toda informação necessária para especializar-se em um organismo completo, sendo essa especialização somente uma questão meramente temporária.

Por derradeiro, o argumento de que só após o aparecimento da linha primitiva iniciar-se-ia o ser humano, justamente pelo início da formação do seu corpo, também não deve prevalecer, haja vista que o desenvolvimento embrionário é, essencialmente, um processo de constante evolução, onde suas fases se entrelaçam numa inter-relação complexa de estrutura e de função. O surgimento da linha primitiva é apresentado, pelos adeptos da teoria do pré-embrião, com uma lógica puramente analítica, desfocada do compromisso de sua totalidade e ignorando a divisão biológica natural e gradual, intrínseca ao processo de desenvolvimento da espécie humana.[37]

---

36. Silva, Reinaldo Pereira e. *Introdução ao biodireito: investigações político-jurídicas sobre o estatuto da concepção humana*. São Paulo: LTr, 2002, p. 202.
37. *Ibid.*, p. 203.

Por todas essas razões, Reinaldo Pereira e Silva[38] considera a terminologia pré-embrião, cunhada pela comissão inglesa, uma falácia a mascarar o real sentido ideológico, qual seja, o de garantir a experimentação científica com seres humanos vivos.

Nesse mesmo sentido também é o entendimento de Marília Bernardes Marques:[39]

> Com efeito, enquanto muitos consideram que o resultado imediato da fecundação é um embrião, outros tratam de introduzir critérios artificiais, alegando que a mórula e o blastócito são meros conjuntos de células. Esses critérios permitem que só a partir de um momento escolhido arbitrariamente se poderia falar em embrião. Foi desse modo que, no Reino Unido, uma importante autoridade constituída para assuntos de reprodução assistida (Comissão Warnock) estabeleceu uma distinção arbitrária entre pré-embrião (até o 14º dia após a fecundação) e embrião propriamente dito (após o 14º dia), para atender unicamente à rápida aprovação dessas pesquisas e não perder a corrida internacional.

E ainda Jérôme Lejeune:

> Cada ser humano tem um começo único, que ocorre no momento da concepção. Embrião: "... Essa a mais jovem forma do ser..." Pré-embrião: essa palavra não existe. Não há necessidade de subclasse de embrião a ser chamada de pré-embrião, porque nada existe antes do embrião; ante de um embrião existe apenas um óvulo e um esperma; quando o óvulo é fertilizado pelo espermatozóide a entidade assim constituída se transforma em um zigoto; e quando o zigoto se subdivide torna-se embrião. Desde a existência da primeira célula todos os elementos individualizadores (*tricks of the trade*) para transformá-lo em um ser humano já estão presentes. Logo após a fertilização, no estágio de três células, "um pequeno ser humano já existe". Quando o óvulo é fertilizado pelo espermatozóide, o resultado disso é a "mais especializada das células sob o Sol"; especializada do ponto de vista de que nenhuma outra célula jamais terá as mesmas instruções na vida do indivíduo que está sendo criado. Nenhum cientista jamais opinou no sentido de que um embrião seja um bem (*property*). No momento em que é concebido, um homem é um homem.[40]

---

38. *Ibid.*, p. 89.

39. Marques, Marília Bernardes. *Op. cit.*, p. 70.

40. Lejeune, Jérôme apud Vasconcelos, *Op. cit.*, p. 43.

Assim, o ato de se autorizar a disposição do embrião humano para fins experimentais até o 14º dia após a concepção, demonstra, de maneira bastante transparente, o não reconhecimento de seu caráter humano até a data determinada. Disso decorre necessariamente que, se antes desse prazo o embrião não é compreendido como pessoa, só lhe resta, portanto, ser considerado um *bem*, ou então, em sentido amplo, uma *coisa*.

Lembra Serpa Lopes que *coisa* e *bem* distinguem-se como o gênero da espécie. *Coisa* é tudo quanto existe na natureza, à exceção do homem, enquanto *bem* é somente a coisa passível de apropriação e que possa proporcionar ao ser humano uma utilidade.[41]

Dessa compreensão, resulta o fato de poder ser o embrião instrumentalizado como melhor aprouver àqueles que detêm a sua *propriedade*, aí inseridas práticas de pesquisa científica, experimentação ou transplante de tecidos; transferência nuclear de célula somática, com intuito de produção de embriões para a retirada de células-tronco embrionárias; produção de embriões em excesso por meio da fertilização *in vitro* para comercializá-los no mercado da bioengenharia; introdução de embriões humanos em fêmeas de animais; manipulações genéticas com finalidades não terapêuticas como a utilização de embriões na indústria cosmética e, até mesmo, experimentações no sentido de desenvolver seres humanos com melhor *design* e *performance*.

Muito embora pareça surreal a produção, a seleção, a comercialização, ou seja, a utilização indiscriminada de embriões como matéria-prima, Giovanni Berlinguer e Volnei Garrafa informam que "na discussão parlamentar que levou à aprovação do Embryo Bill, que autorizava a experimentação com os assim chamados pré-embriões, o ministro da Saúde declarou possível sua comercialização, desde que com a licença das autoridades".[42]

---

41. Cf. Lopes, Miguel Maria de Serpa. Curso de direito civil: introdução, parte geral e teoria dos negócios jurídicos. Rio de Janeiro: Freitas Bastos, v. I, 1953, p. 270.

42. Berlinguer, Giovanni; Garrafa, Volnei. *O mercado humano: estudo bioético da compra e venda de partes do corpo*. Brasília: UnB, 1996, p. 74-75. Já no que concerne à utilização de embriões e de fetos como fonte de células-tronco pela indústria cosmética, destaca-se matéria veiculada na qual se noticia: "Mercado que inclui bizarrices, como o tratamento antienvelhecimento à base de injeções de células-tronco extraídas de fetos. Quatro sessões, ao custo total de 50.000 dólares, seriam capazes de eliminar rugas, aumentar a disposição, evitar a calvície e manter a libido a mil (...). Mulheres jovens e pobres em sua maioria são incentivadas a interromper a gravidez por volta do terceiro mês para vender o feto. O preço: 200 dólares cada um. Para ganharem um dinheiro extra, algumas delas engravidam apenas para abortar." Neiva, Paula. "As biofábricas". Revista *Veja*, 31 ago. 2005.

Acerca desse último aspecto, cumpre destacar que o impulso de aprimorar a espécie, com o fim de construir um ser humano melhor em termos de qualidade de um produto, com atributos como mais alto, mais forte, mais branco, mais inteligente, mais longevo, entre outros adjetivos, constitui uma predisposição e configura uma realidade científica que há muito inquieta alguns estudiosos. Dentre esses estudiosos, Cláudio Tognolli cita:[43]

> Heidegger, há 47 anos, criava um discurso em que mostrava suas preocupações morais e éticas com os avanços da biologia. Dizia: "sendo pois o homem a mais importante matéria-prima, pode-se já prever que, com base na atual pesquisa em química, serão erguidas fábricas para a produção de material humano. As pesquisas do químico Khun, que foi laureado este ano (1951) com o prêmio Goethe da cidade de Frankfurt, abre a possibilidade de que se venha a organizar a produção planejada de seres masculinos e femininos". Heidegger mantém essa postura até a sua morte em 1973, e teme que cada vez mais "tudo seja cada vez mais planejado e calculado para que seja possível que tudo seja cada vez mais planejado e calculado..."

Do risco da eugenia

A permissão para se utilizar embriões humanos para fins de pesquisa científica, permitindo-se deles derivar células-tronco embrionárias, atendam eles ou não o critério, arbitrário, de 14 dias, sejam ou não provenientes da técnica da fertilização *in vitro*, estejam ou não congelados há mais de três ou de cinco anos, resultem ou não da técnica da clonagem terapêutica, abre espaço para que experiências de toda ordem sejam colocadas em prática, inclusive, experimentos científicos de cunho eugenético.

O termo eugenia advém da junção do radical grego *eu*, que quer dizer *belo*, *bem*, *bom* – *eupátrida*, o *bem nascido*, *eutanásia*, *tanatos* – *morte*, a *boa morte*, a morte sem dor – com a união do sufixo *genia*, que deriva de *gene*, *gerar*, surgiu no século XIX, com o inglês Francis Galton.

A eugenia apresenta duas feições. A chamada eugenia negativa que envolve a eliminação sistemática dos chamados traços genéticos considerados indesejáveis e a eugenia dita positiva, que se detém na aplicação de uma reprodução seletiva, de modo a proceder a um aprimoramento das características de um determinado organismo ou espécie.

---

43. Tognolli, Claudio. *Op. cit.*, p. 205-06.

Acerca dessa noção de eugenia positiva, na qual, deliberadamente, se opta por um *design* do ser humano em devir, Hilton Japiassu[44] aduz que "o velho eugenismo é substituído pela noção de dons (talentos) e pela concepção de desigualdades programadas".

Assim, é de se notar que esse desejo de aprimorar vidas individuais, ou mesmo populações inteiras, não é novo. Alcançou seu ápice nos Estados Unidos durante a chamada Grande Depressão, no final dos anos 20. Mas sua prática encontra registro desde 1890 e relaciona-se à ideologia da elite branca, anglo-saxônica, ávida por impedir que o *sonho americano*,[45] isto é, que a esperança de uma vida melhor, fosse estendida às hordas de imigrantes que se encaminhavam aos Estados Unidos no início do século passado.

De acordo com o pensamento eugênico, os laços de sangue e a hereditariedade têm muito mais importância do que os fenômenos sociais, econômicos e culturais. Cientistas que gozavam de imenso prestígio intelectual, como Davi Starr Jordan, reitor da Universidade de Stanford, e Charles Davenporte, professor emérito da Faculdade de Chicago, partilharam desse pensamento e encabeçaram o quadro constitutivo do primeiro Comitê sobre Eugenia, fundado em 1906, que se propunha a ressaltar as virtudes de uma raça superior.[46]

Um discurso proferido pelo presidente americano Theodore Roosevelt (1901-1909) dá melhor dimensão do que passou a representar o fenômeno eugênico na primeira metade do século XX:

> Um dia percebemos que o principal dever, o dever inevitável de um cidadão correto e digno, é o de deixar sua descendência no mundo. E também que ele não tem o direito de permitir a perpetuação do cidadão incorreto. O grande problema da civilização é assegurar um aumento relativo daquilo que tem valor, quando comparado aos elementos menos valiosos e nocivos da população. O problema não será resolvido sem uma ampla consideração da imensa influência da hereditariedade. Eu desejo muito que se possa evitar completamente a procriação de pessoas erradas. E o que se deve fazer, quando a natureza maligna dessas pessoas for suficientemente flagrante? Os criminosos devem ser esterilizados, e aqueles mentalmente re-

44. Japiassu, Hilton. *As paixões da ciência: estudos de história das ciências*. São Paulo: Letras & Letras, 1991, p. 290.

45. Cf. Tognolli, Claudio. *Op. cit*, p. 34.

46. *Ibid.*, p. 35.

tardados devem ser impedidos de deixar descendência. A ênfase deve ser dada à procriação de pessoas adequadas.[47]

Após essa incursão eugênica americana, o eugenismo veio à tona novamente na Alemanha nazista e, em 14 de julho de 1933, Hitler decretou a Lei da Saúde Hereditária, usada como primeiro passo de um programa eugênico de eliminação em massa das raças inferiores, que culminou com o massacre de 6 milhões de judeus no ano de 1945, há pouco mais de 60 anos. O chefe do referido programa eugênico do governo alemão era o médico Josef Mengele.

Muito embora esses relatos apresentem contornos de questões já superadas após a publicação de inúmeros diplomas legais e éticos, tais como o Código de Nuremberg em 1947, a Declaração Universal dos Direitos Humanos em 1948, a Declaração de Helsinki em 1964, o Relatório Belmont em 1978, entre outras disposições jurídicas, elaboradas com a finalidade de estabelecer princípios que orientem a prática da experiência científica envolvendo seres humanos, garantindo-se o direito à vida, à integridade física e psíquica dos envolvidos, e o respeito à dignidade da pessoa humana, o espectro do eugenismo voltou a rondar a sociedade contemporânea com a incipiente capacidade demonstrada pelos cientistas em manipular genes humanos.

Stella Maris Martínez,[48] temerosa frente ao incomensurável avanço alcançado, nos últimos cinqüenta anos, pelas ciências biomédicas, observa:

> A magnitude desses avanços demonstra a possibilidade real de levar a cabo programas de eugenia ativa, nos quais, mediante a manipulação genética, se defina o sexo, a cor dos olhos, ou a contextura física dos indivíduos por nascer. E mais ainda: não é descartado imaginar a seleção hipotética de um indivíduo perfeito – segundo os cânones culturais vigentes em determinado momento histórico – e a subseqüente produção, mediante clonação, de seres humanos em série, idênticos ao modelo; ou, ao contrário, supor a criação de seres de baixíssimo nível intelectual, mas dotados de extraordinária força física, aos quais se destine a realização das tarefas mais rudes.

Apesar de a autora desenvolver seu raciocínio em termos hipotéticos, parte da tese já se comprovou quando o antropólogo Brunetto Chiarelli[49]

47. *Ibid.*, p. 35.

48. Martínez, Stella Maris. *Op. cit.*, 31.

49. Referida declaração foi publicada na revista *Veja* em 10 de junho de 1987. Nessa época, o antropólogo ocupava o cargo de secretário-geral da Associação de Antropologia Européia. Cf. Vasconcelos, Cristiane Beuren. *Op. cit.*, p. 50.

divulgou, em 1987, a viabilidade da fertilização em laboratório de um óvulo de macaca chimpanzé por um espermatozóide humano. O antropólogo havia assistido ao procedimento no ano de 1984 e, embora tenha declarado que o chimpanzomem não fora implantado em nenhum útero para que se desenvolvesse, admitiu que "um híbrido de chimpanzomem poderia ser útil para trabalhos humilhantes ou como banco para tranplantes de órgãos".

Ignorando-se, assim, que as experimentações com embriões humanos tenham propósitos eugênicos e, admitindo-se que a pesquisa se desenvolva somente para fins de terapia, destinada à superação ou correção de alguma moléstia grave, ou mesmo, que a manipulação genética de células-tronco seja empregada com vistas a evitar doenças congênitas, ainda assim, a prática demonstra-se extremamente ambígua. Isso porque, conforme recorda Stella Maris Martínez[50] o gene produtor da anemia falciforme é o mesmo que torna, quem o possui, resistente a malária e observa:

> ... este panorama revela que qualquer tentativa destinada à criação artificial de um suposto genoma perfeito, não somente está destinado ao fracasso científico, como também carece de toda a fundamentação ética ou jurídica que a respalde.

3.2.3. Teoria da pessoa humana em potencial[51]

A teoria que considera o embrião humano uma pessoa em potencial apresenta-se como alternativa às duas teorias anteriormente apresentadas, a saber, a concepcionista e a genético-desenvolvimentista.

Sob a ótica da teoria da pessoa humana em potencial, não é possível identificar totalmente o embrião humano com a pessoa humana, uma vez que ainda não é dotado de personalidade e, para tanto, o embrião teria que ser capaz de exercer direitos e de contrair obrigações. Por outro lado, também não se admite reduzir seu *status* a um mero aglomerado de células, uma vez que seu desenvolvimento destina-se, inelutavelmente, à formação de um ente humano.

50. Martínez, Stella Maris. *Op. cit.*, p. 262.

51. "A noção de potência foi introduzida por Aristóteles em sua *Metafísica*. O filósofo, ao estabelecer a diferença fundamental entre potência e possibilidade determina: 'Possível é algo que pode tornar-se alguma coisa, ao passo que potência é algo que pode tornar-se alguma coisa por virtude própria e se tornar assim, de fato, se não lhe foram impostos obstáculos.'" Barth, Wilmar Luiz. *Op. cit.*, p. 98.

Diante disso, os autores que se filiam a essa corrente preferem reconhecer no embrião uma pessoa humana em potencial, ou seja, referem-se à potencialidade de pessoa para designar a autonomia embrionária e reivindicar um estatuto próprio.

Para a teoria da pessoa humana potencial, as propriedades relacionadas à pessoa humana, como consciência e inteligência, entre outras, encontram-se no embrião desde o momento da concepção, contudo, apresentam-se nele em um estado latente, isto é, em um estado de potência, assim, para fins de se determinar efetiva proteção jurídica ao embrião, permanece a questão de se saber em que momento haverão, essas características, de passar da potência ao ato, em que momento haverá de ser a vida contida no embrião humano realmente respeitada.

Advogar a tese de um estatuto progressivo, no qual a proteção jurídica se amplia na medida em que o embrião se desenvolve, não parece ser uma solução original nem, tampouco, eficaz no sentido de salvaguardar a vida humana que a ciência já demonstrou, incontestavelmente, existir desde a concepção.

Nesse sentido, é a análise de Elio Sgreccia[52] segundo o qual não é admissível ver representada no embrião humano uma simples potência, pois, mesmo encontrando-se em uma fase particular de seu desenvolvimento, corresponde à substância viva e individualizada. O autor sublinha que "... o embrião é em potência uma criança, ou um adulto, ou um velho, mas não é em potência um indivíduo humano: isso ele já o é em ato".

Desse modo, a dificuldade enfrentada por essa teoria, de superar a questão – potência *versus* ato – obriga a descartá-la. Lucien Sève justifica essa dificuldade apontando que o problema de se determinar o início da vida humana consiste em se pretender "...tratar, em termos cronológicos, um problema que é essencialmente axiológico".[53]

3.3. DA EQUIPARAÇÃO DO EMBRIÃO HUMANO AO NASCITURO

Ainda com a intenção de se garantir amparo jurídico ao embrião humano, alguns autores acenam com a possibilidade de se lhe estender o mesmo

52. Sgreccia, Elio. *Manual de Bioética: fundamentos e ética biomédica*. São Paulo: Loyola, 1996, p. 365.

53. Sève, Lucien. *Op. cit.*, p. 113.

tratamento que é ofertado ao nascituro. Nesse sentido, a teoria tradicionalmente adotada pelo ordenamento jurídico brasileiro que visa salvaguardar os direitos da pessoa humana é a teoria natalista. Todavia, para Silmara J. A. Chinelato Almeida, o Direito Civil brasileiro deveria se pautar pela *teoria concepcionista*, tendência dominante no direito contemporâneo, reconhecendo a personalidade jurídica do nascituro desde a concepção, independentemente de qualquer condição.[54]

Não obstante, segundo a teoria natalista, o início da consideração da personalidade jurídica da pessoa condiciona-se ao seu nascimento com vida, colocando-se a salvo, contudo, ao nascituro, os direitos de ordem patrimonial e penal[55] desde a concepção.

A teoria natalista é fruto de uma construção doutrinária decorrente da não-compreensão da autonomia biológica do concepto humano. De acordo com essa teoria, o concepto humano é um hospedeiro do organismo materno, isso porque a referida teoria foi elaborada em uma época na qual a ciência ainda não havia comprovado o que hoje já é uma realidade científica incontestável – que o concepto humano, desde a concepção, é um indivíduo autônomo e autogerenciador do seu próprio desenvolvimento.

Nesse norte, o biólogo Botella Lluziá[56] ensina que

> ... o embrião ou feto representa um ser individualizado, com carga genética própria, que não se confunde nem com o a do pai, nem com a da mãe, sendo inexato afirmar que a vida do embrião ou do feto está englobada pela vida da mãe.

A proposta de se estender ao embrião pré-implantatório a mesma tutela outorgada ao nascituro sofre críticas por parte de alguns autores, que compreendem que o embrião concebido *in vitro* não se insere na categoria jurídica de nascituro, uma vez que na época da elaboração do conceito de nascituro, só era possível supor que a concepção se efetuasse *in* útero, inexistindo, ain-

54. Almeida, Silmara Juny Abreu Chinelato e. "Proteção civil do nascituro e as novas técnicas médicas". Opinião. *Folha de S. Paulo*, 24 mai 1992, p. 4.

55. No âmbito patrimonial, ressaltem-se aqui as relações jurídicas oriundas do Direito de Sucessões, em que a fixação da existência do sujeito pode determinar a aquisição ou a perda de direitos. No âmbito penal, consagra-se a vida desde a concepção com vista a proibir-se o aborto.

56. Luziá, Botella apud Moraes, Alexandre de. *Direito Constitucional.* 3ª ed. São Paulo: Atlas, 1998, p. 57.

da, a possibilidade hoje bastante comum de se conceber um ser humano extracorporeamente.[57]

Em contrapartida, outros doutrinadores afirmam que, se a vida humana merece proteção desde a concepção, conforme consta de inúmeros diplomas legais nacionais e internacionais[58] que ademais serão analisados, esse termo deve ser compreendido dentro do seu significado atual, já consideranda a hipótese de que a concepção ocorra tanto *in* útero quanto *in vitro*.[59]

Assim, partindo-se das teorias até o momento apontadas, infere-se, a princípio, não se adequar o embrião pré-implantatório à categorização de pessoa natural nem, tampouco, à de nascituro, ou mesmo, de prole eventual, elaborada pelo Direito tradicional. Isso porque, com base no Direito Civil clássico, não é possível compreender o embrião como pessoa natural antes do nascimento com vida; não é permitido considerá-lo nascituro, porquanto, à época dessa classificação, evidentemente caracterizava-se como tal apenas o ser concebido e em desenvolvimento no útero materno; descartada do mesmo modo está a hipótese de prole eventual, vez que já houve a concepção, fato esse que afasta a eventualidade.

---

57. Entre os autores encontramos Lorenzetti, Ricardo Luís. *Fundamentos do direito privado*. São Paulo: Revista dos Tribunais, 1998, p. 149.

58. Pacto de São José da Costa Rica (1969), art. 4º; Convenção sobre os Direitos da Criança (1989), preâmbulo; Recomendações nº 934/1982, 1.046/1986, nº 5, e 1.100/1989, nº 7, do Conselho da Europa; Código Cível Brasileiro, art. 2º, são alguns exemplos de diplomas legais que resguardam o direito à vida desde a concepção.

59. Nesse sentido, Garcia, Maria. *Limites da ciência: a dignidade da pessoa humana: a ética da responsabilidade*, p. 154; Vasconcelos, Cristiane Beuren. *A proteção jurídica do embrião* in vitro *na era da biotecnologia*, p. 73; Almeida, Silmara Juny Chinelato e. *Tutela civil do nascituro*. São Paulo: Saraiva, 2000, p. 161. Leite, Eduardo de Oliveira, "O direito do embrião humano: mito ou realidade?", revista de *Ciências Jurídicas*. São Paulo, ano 1, nº 1, 1997, p. 31-52; Silva, Reinaldo Pereira e. *Introdução ao biodireito*, p. 18; Brandão, Denirval da Silva. "O embrião e os direitos humanos." In: Penteado, Jacques de Camargo; Brandão Denirval da Silva; Marques, Ricardo Henry Dip et. al. *A vida dos direitos humanos: bioética médica e jurídica*. Porto Alegre: Sérgio Antonio Fabris, 1999; Meirelles, Jussara Maria Leal de. *A vida humana embrionária e a sua proteção jurídica*. Rio de Janeiro: Renovar, 2000, p. 11; Barboza, Heloisa Helena; Meirelles, Jussara Maria Leal de; Barreto, Vicente de Paulo (orgs.). *Novos temas de biodireito e bioética*. Rio de Janeiro: Renovar, 2003, p. 78; Santos, Maria Celeste Cordeiro Leite dos (org.). *Biodireito: ciência da vida, os novos desafios*. São Paulo: Revista dos Tribunais, 2001; Diniz, Maria Helena. *O estado atual do biodireito*. 3ª ed. São Paulo: Saraiva, 2006; Bonavides, Paulo. Prefácio. In: Silva, Reinaldo Pereira e. *Introdução ao biodireito: investigações político-jurídicas sobre o estatuto da concepção humana*. São Paulo: LTr, 2002, p. 9-15

Desse modo, adotando a teoria concepcionista como ponto de partida, por entender que nela há mais garantia e mais fidelidade ao perfil de tutela global da vida humana, num ato que Fernando Mantovani[60] denomina de lealdade científica, no sentido de fundar o início da vida humana na racionalidade biológica, porque o critério da fecundação, dentre todos os outros meramente convencionais, utilitaristas, perigosos e divergentes entre si, é o único critério com base ontológica. Não há como negar que uma nova vida se inicia com a concepção, tampouco se pode negar a natureza humana dessa vida incipiente. Essa constatação é, por si só, suficiente para que se lhe reconheça a necessidade da outorga de proteção jurídica em todas as etapas da vida humana, a qualquer momento e onde quer que ela se encontre.

Importante nesse ponto lembrar o ensinamento de Maria Garcia[61] para quem:

> ... não importa adentrar na clássica divisão doutrinária da área civil (...) nem considerar se este ou aquele ordenamento jurídico não tenha acolhido a teoria concepcionista. Importa sim, que o Direito admita essa possibilidade e o sistema jurídico a consagre, embora outros se demonstrem retrógrados à idéia. É este um fenômeno comum na História do Direito: o surgimento, a evolução e a aceitação de novos institutos jurídicos e a sua assimilação, afinal, pela evolução e dinâmica das sociedades humanas.

Prossegue a autora:[62]

> ... há uma realidade biológica de que a *pessoa* começa na concepção, inevitavelmente, no momento em que se inicia a fecundação e o embrião ou pré-embrião existe, com uma carga genética própria, desenvolvendo-se a partir daí, até a cessação da vida biopsíquica-jurídica, a morte (...) em outros termos, no momento biológico do início da *vida* – que é este o bem cuja inviolabilidade vem protegida na Constituição aqui, já, em área do Direito Constitucional, e especificamente na Constituição Brasileira, área em que a divisão doutrinária da teoria civilista deve ficar ao largo, em face dos avanços da Biociência, haverá necessidade de se rever o conceito privatista de *pessoa humana*.

---

60. Cf. Mantovani, Fernando. *Op. cit.*, p. 189.

61. Garcia, Maria. *Op. cit.*, p. 186-87.

62. *Ibid.*, p. 187-88.

Em consonância com o ensinamento de Maria Garcia, Edgar Morin[63] aduz que "o desenvolvimento atual da ciência e, sobretudo da biologia, desenvolvimentos, a um só tempo, cognitivos e manipuladores, nos obrigam a redefinir a noção de pessoa humana."

3.4. DO EMBRIÃO HUMANO COMO VALOR PRÉ-NORMATIVO

A utilização de embriões humanos por parte da ciência biomédica como fonte de células-tronco para pesquisas científicas, independentemente de onde quer que provenham, remete à questão de se saber que valor vem sendo atribuído a esse ser e à vida nele imanente.

Aqueles que prontamente defendem sua utilização, tanto como fonte de células-tronco, quanto como matéria-prima da indústria cosmética, informam que não há razão para oferecer proteção integral à vida humana embrionária desde o momento da concepção, posto que o conceito tradicional de pessoa humana não alcança o embrião. Para melhor compreender a questão que se apresenta, imprescindível que se recorde algumas noções da doutrina clássica do direito civil.

Com efeito, no âmbito jurídico, em conseqüência da influência exercida pela tradição romana, a compreensão de pessoa está intimamente ligada ao conceito de personalidade, sendo esta última, conceituada, em linhas gerais, como a aptidão para exercer direitos e contrair obrigações. Assim, Rubens Limongi França[64] ensina que:

> personalidade é a qualidade do ente que se considera pessoa. A pessoa a possui desde o início até o fim de sua existência. Com efeito, a capacidade é um dos atributos da personalidade. Está estreitamente ligada à noção de estado, mas com este também não se confunde.

Importante lembrar que o termo pessoa é oriundo do latim *persona,* que designava a máscara utilizada pelos atores teatrais na Antiguidade e que tinha por finalidade fazer ecoar melhor a voz dos atores. Mais tarde, o vocábulo

63. Morin, Edgar. *Ciência com consciência.* 7ª ed. Rio de Janeiro: Bertrand Brasil, 2003, p. 130-131.

64. "O estado compreende o conjunto de fatos ligados à pessoa, em virtude dos quais a mesma pessoa se enquadra ou deixa de enquadrar-se nas diversas esferas dentro das quais de desenvolvem as relações jurídicas. Esse enquadramento determina a maior ou menor capacidade, isto é, a maior ou menor, possibilidade, em abstrato, de exercer os diversos direitos". França, Rubens Limongi. *Manual de direito civil.* São Paulo: Revista dos Tribunais, 1966, v.1, p. 139.

passou a exprimir a atuação do papel desempenhado pelo ator e, por último, tornou-se a representação do próprio homem que representava o papel.

A doutrina tradicional do Direito Civil, partindo da noção latina de *persona*, passou a determinar como tal o ser capaz, em termos biopsíquicos, de atuar no mundo jurídico. Desse modo, o ser humano foi substituído por frias figuras formais como: comprador, testador, locador, doador, entre outras.

Com efeito, a partir dessa noção, torna-se evidente a incapacidade do embrião humano de exercer direitos, de contrair obrigações, ou seja, de figurar no mundo jurídico e, por via de conseqüência, de ter reconhecida sua personalidade. Determina-se, com esse entendimento, uma distância aparentemente intransponível entre a pessoa humana e o embrião humano.

Todavia, apesar desse aparente distanciamento, não há como negar que ambos possuem, desde a concepção, natureza humana. Nesse sentido, Jacques Testart,[65] médico geneticista responsável pela primeira fecundação *in vitro* realizada com êxito em território francês observa que "se nem todos os pré-embriões se tornam embriões, os quais não se tornam todos crianças, a verdade é que cada homem e cada mulher não foram, a princípio, mais que um ovo fecundado."

Assim, para que se reconheçam os limites e as possibilidades de proteção jurídica que deve ser outorgada ao embrião pré-implantatório, importa, sobretudo, pôr-se em relevo essa identidade entre o embrião e a pessoa nascida.

Sob tal perspectiva, ao embrião *in vitro*, tal como os seres humanos nascidos, por meio de uma noção pré-normativa assegurar-se-ia o respeito à sua existência individual, ao direito à vida, à integridade física, à liberdade, à intimidade, à honra, enfim, os direitos intrínsecos à personalidade. Para Carlos A. da Motta Pinto:

> A noção e o reconhecimento da pessoa representa, para o Direito, muito mais do que um princípio normativo. Constitui-se na aceitação da própria estrutura lógica sobre a qual o Direito se assenta. A concepção do Direito só é possível à medida que se destine aos seres humanos em convivência. Sua finalidade é reger as relações oriundas dessa convivência humana.[66]

---

65. Testart, Jacques. *Le désir du gène*, p. 173, *apud* Sève, Lucien. *Op. cit.*, p. 104.

66. Pinto, Carlos Alberto da Mota. *Teoria Geral do Direito Civil.* 3ª ed. Coimbra: Coimbra Ed., 1992, p. 84.

Nas palavras de Paulo Otero, em sentido similar:

> ... não é a personalidade que justifica a titularidade de direitos por parte do ser humano, antes é a *qualidade de ser humano* que envolve a natural titularidade de certos direitos e que, conseqüentemente, justifica o reconhecimento da personalidade jurídica: a personalidade jurídica é sempre uma conseqüência e nunca a causa da titularidade de direitos inatos ao ser humano.[67]

Assim, é de se inferir que onde não há dignidade, também não há personalidade. Se o embrião humano merece respeito é porque encerra dignidade; se possui dignidade, possui, do mesmo modo, personalidade. Esta não admite gradações ou restrições; ela é, pois, ilimitada, infinita. Só se pode falar em gradação, pelo Direito Positivo, da capacidade, nunca da personalidade. De sorte que não se incorre em excesso afirmar que qualquer norma restritiva da personalidade é, de antemão, inconstitucional.[68]

Para Jussara Maria Leal de Meirelles:[69]

> O valor da pessoa humana que informa todo o ordenamento estende-se, pelo caminho da similitude, a todos os seres humanos, sejam nascidos, ou desenvolvendo-se no útero, ou mantidos em laboratórios, e o reconhecimento desse valor dita os limites jurídicos para as atividades biomédicas. A maior ou menor viabilidade em se caracterizarem uns e outros como sujeito de direitos não implica diversificá-los na vida que representam e na dignidade que lhes é essencial.

Oportuna, ainda, a lição de Silmara Chinelato e Almeida,[70] segundo a qual, a personalidade é um *valor*, ao passo que a capacidade é um *quantum* "não há meia personalidade ou personalidade parcial. Mede-se ou qualifica-se a capacidade, não a personalidade. Por isso se afirma que a capacidade é a medida da personalidade. Esta é integral ou não existe."

---

67. Otero, Paulo. *Personalidade e identidade pessoal e genética do ser humano: um perfil constitucional da bioética*. Coimbra: Almedina, 1999, p. 83-102.

68. Cf. Vasconcelos, Cristiane, Beuren. *Op. cit.*, p. 114.

69. Meirelles, Jussara Maria Leal de. "Os embriões humanos mantidos e laboratório e a proteção da pessoa: o novo código civil brasileiro e o texto constitucional". In: Meirelles, Jussara Maria Leal de; Barbosa, Heloísa Helena; Barreto, Vicente de Paulo (orgs.) *Novos temas de biodireito e bioética*. Rio de Janeiro: Renovar, 2003, p. 94.

70. Almeida, Silmara Juny de Abreu Chinelato e. *Tutela civil do nascituro*. São Paulo: Saraiva, 2000, p. 168.

Assim, o fato de o embrião existir a um, dois, três ou a quatorze dias, ou mesmo, o fato de ser um conjunto de oito ou de cem milhões de células, não autoriza a ciência médica a desqualificá-lo na vida que contém e na dignidade que lhe é intrínseca. Essa tomada de postura, que atribui ao embrião o mesmo valor e o mesmo tratamento dispensado à pessoa humana em razão de sua natureza, deu ensejo à doutrina a que Reinaldo Pereira e Silva qualifica como realista[71] – versão jurídica da filosofia personalista[72]–, que busca conceber as coisas tais quais elas são em si mesmas e não nas suas causas constitutivas, assim:

> Se são as pessoas em ato, enquanto realidade estruturante do direito, a razão de ser de sua dinâmica intersubjetiva, e se a pessoa humana, pela "natureza das coisas" é o próprio ser humano, ao concepto, que não é objeto relacional em hipótese alguma, não se pode desconhecer o atributo da personalidade desde a concepção, ou seja, a aptidão jurídica para figurar como verdadeiro e atual sujeito de uma relação de direito. Mesmo porque, na perspectiva realista, quem é pessoa em sentido ontológico é também pessoa em sentido jurídico.[73]

Destarte, na visão realista-personalista dos direitos da personalidade, a noção de pessoa, noção pré-normativa, não é construída pelo ordenamento, mas por ele recepcionada. E, ao recebê-la, o Direito admite toda a carga valorativa que é inerente ao ser humano, não sendo permitido diminuí-la ou

71. A doutrina que se contrapõe à realista recebe o nome de idealista ou formal-positivista e é a expressão do direito enquanto norma posta pelo legislador. Essa doutrina encontra seu limite na ordem natural de ser das coisas (natureza), mas corre o risco de tornar-se reificante sempre que deturpar a realidade posta, impondo-lhe uma artificialidade autoritária. É assim que, no aspecto que aqui interessa, a personalidade é indissociável à pessoa. Conceber à pessoa, ser humano, uma personalidade "legal" dissociada do instante inicial de sua existência (provado por evidências experimentais) não pode ser outra coisa que não a imposição de uma ordem não natural (artificial) autoritária e inconcebível. Cf. Silva, Reinaldo Pereira e. *Op. cit.*, p. 219.

72. A filosofia personalista funda-se na concepção jusnaturalista do direito, que, baseado na alteridade enquanto realidade estruturante do direito, justifica a dinâmica intersubjetiva (baseada na naturalidade) das relações entre os sujeitos. E o "direito somente se justifica a si mesmo enquanto padrão que disciplina dignamente as relações entre as pessoas humanas. A reificação, ao contrário, admite que as pessoas sejam tratadas como objeto das relações, que não são rigorosamente de direito (artificialidade)." Silva, Reinaldo Pereira e. *Op. cit.*, p. 220.

73. Silva, Reinaldo Pereira e. *Op. cit.*, p. 221.

desprezá-la. Em consonância com esse pensamento, decisão recente foi prolatada pela Justiça brasileira com relação à possibilidade do feto de apenas 15 semanas figurar no pólo ativo, como autor do processo, em ação proposta pela Defensoria Pública em favor de presas grávidas, requerendo o devido atendimento pré-natal, bem como a adoção de medidas urgentes para preservar o direito do autor ao nascimento com vida e em condições saudáveis, foi proferida decisão pelo Órgão Especial do Tribunal de Justiça do Estado de São Paulo contra o Juízo da Vara da Infância e Juventude de São Bernardo, que no despacho de fls. 44 determinava a emenda da inicial para a regularização do pólo ativo, segundo o qual:

> antes do mais, a inicial deverá ser emendada, no prazo de dez dias, pena de indeferimento, regularizando o pólo ativo e a representação processual, pois em se tratando de proteção jurídica ao nascituro, desprovido de personalidade civil, ex vi do art. 2º do novel Código Civil, incumbe aos seus pais o dever de defender os seus direitos.

A questão cinge-se, portanto, à possibilidade do nascituro vir a juízo. Assim, o desembargador José Cardinale, acompanhado pelo desembargador Canguçu de Almeida (Presidente) e Sidnei Beneti, ao conhecer o agravo interposto pelo defensor público contra a referida decisão de primeira instância decidiu:

> Eleito o nascituro para integrar o pólo ativo da ação, não poderia o juiz determinar a emenda da inicial por entender impossível a figuração do feto como autor em qualquer espécie de demanda. Isso porque, segundo a jurisprudência, pode o feto, devidamente representado, desde o momento da concepção, ainda que desprovido de personalidade jurídica, pleitear judicialmente seus direitos: "investigação de paternidade – ação proposta em nome de nascituro pela mãe gestante – legitimidade ad causam –Extinção do processo afastada. Representando o nascituro pode a mãe propor ação investigatória, e o nascimento com vida investe o infante na titularidade da pretensão de direito material, até então apenas uma expectativa de direito" (TJSP – AP. Cível no 193.648. Rel. Des. Renal Lotufo). Destarte, admitida, em tese, a possibilidade da presença do nascituro no pólo ativo da ação, de rigor a anulação do despacho de fls. 44, que termina a emenda da inicial, ressalvando-se que a legitimidade do nascituro para postular o direito de sua mãe ao recebi-

> mento de tratamento pré-natal deve ser aferido pelo juízo a quo no momento processual adequado, assim como a competência da Vara da Infância e Juventude para conhecer e julgar a causa. Por esses fundamentos, aos quais se acrescem os da bem lançada manifestação da douta Procuradoria-Geral de Justiça, não se conhece em parte o agravo e, na parte conhecida, a ele se dá provimento, nos termos do acórdão. [74]

Desta feita, Francisco José Ferreira Muniz e José Lamartine Corrêa de Oliveira[75] ensinam que não é possível conceber a tutela efetiva dos direitos da personalidade fora do contexto de uma tutela dos direitos do homem, que só no Estado de Direito essa tutela alcança real efetivação e, reciprocamente, que só há Estado de Direito se existir uma ordem jurídica baseada na proclamação de tais direitos e na sua efetiva proteção. Em verdade, só se poderá falar em Estado de Direito na medida em que o Estado reconheça de modo absoluto os direitos fundamentais. Estes constituem verdadeiros princípios destinados a estabelecer uma escala fundamental de valores, centrada no reconhecimento da pessoa humana e de sua dignidade, e que deverá vincular a Administração, a legislação e a jurisdição.

Ao analisar a questão, Sergio Ferraz[76] declara:

> ... direito à absoluta integridade física ou moral; repulsa a experimentos científicos que rebaixem a dignidade do homem (degradando o ser humano, como ele é compreendido) ou a terapias que o submetam a sofrimentos injustificados. Destinatário da norma: todo ente, vindo à luz ou não. Obrigados à sua observância: não só o Estado, mas toda e qualquer pessoa física ou jurídica.

Para Jussara Maria Leal de Meirelles:[77]

> Essa é a noção que deve ser assimilada pelo ordenamento jurídico, de maneira a reconhecer-se, indistintamente a todos os seres humanos, em qualquer fase de seu desenvolvimento, o valor da pessoa humana. E, com esse reconhecimento, afastar-se a possibilidade de

---

74. São Paulo, 26 out. 2006, José Cardinale, Relator.

75. Cf. Muniz, Francisco José Ferreira; Oliveira, José Lamartine Corrêa de. "O estado de direito e os direitos da personalidade". *Revista dos Tribunais*, São Paulo, v. 69, nº 532, jan. [–] fev. 1980, p. 11-23.

76. Ferraz, Sergio. *Manipulações biológicas e princípios constitucionais: uma introdução*. Porto Alegre: Fabris, 1991, p. 25.

77. Meirelles, Jussara Maria Leal de. *Op. cit.*, p. 86.

serem excluídos do manto da proteção jurídica alguns seres que, apenas por se encontrarem nas etapas iniciais da vida, não se adaptam aos parâmetros da ordem positivada.

Cabe, ainda, lembrar uma vez mais a doutrina de Francisco José Ferreira Muniz e José Lamartine Corrêa de Oliveira[78] de acordo com a qual:

> (...) em uma visão positivista, formalista, da pessoa e da própria ordem jurídica, (...) termina-se por reduzir a noção de pessoa a um centro de imputação de direitos e deveres, e a atribuir-se sentido idêntico às noções de pessoa e de sujeito de direitos. Em uma visão personalista, o ordenamento jurídico, ao construir, dentro de um sistema, a noção de personalidade, assume uma noção pré-normativa, a noção de pessoa humana, faz de tal noção uma noção aceita pela ordem positiva. Não a assume nem a aceita porém no mesmo sentido de pura aceitação da realidade externa com que aceita e assume a qualidade de *objetos*, de *coisas*, que têm uma árvore ou um animal. É que, no caso do ser humano, o dado pré-existente à ordem legislada não é um dado apenas ontológico, que radique no plano do ser; ele é também axiológico. (...) O homem *vale*, tem a excepcional e primacial dignidade de que estamos a falar, porque *é*. E é inconcebível que o ser humano seja sem valer.

Assim, sob o prisma da valoração do ser humano, em qualquer fase de seu processo vital, o que informa identidade entre o concepto e a pessoa humana nascida, reclamando proteção em tempo integral, é a natureza humana em comum, é aquilo que representam axiologicamente em virtude dessa natureza, e não a maior ou menor possibilidade de se adequarem à categoria abstrata previamente fixada pela ordem jurídica.

Essa compreensão do ser humano levou Miguel Reale[79] a afirmar que “a criatura humana é pessoa porque vale de *per si*, como centro de reconhecimento e convergência dos valores sociais”. No mesmo norte, Goffredo Telles Júnior[80] ensina que a personalidade não é um direito, e sim qualidade natural, ou seja, é própria de um ser, logo é uma propriedade. Propriedade não no

---

78. Muniz, Francisco José Ferreira; Oliveira, José Lamartine Corrêa de. *Op. cit.*, 16.
79. Reale, Miguel. *Lições preliminares de direito*. 27ª ed., São Paulo: Saraiva, 2002, p. 232.
80. Telles Jr., Goffredo. *Iniciação na ciência do direito*. São Paulo: Saraiva, 2001, p. 297-98.

sentido jurídico, mas entendida como qualidades próprias, que caracterizam o indivíduo, aquilo que lhe é peculiar, um atributo necessário de cada ser humano, "sem mediação de qualquer norma jurídica".

Desse modo, cumpre afirmar que a declaração expressa do direito à vida, para fins e efeitos jurídicos, não só em nível de tratados internacionais, como também em qualquer outra instância do ordenamento jurídico, é de ser considerada apenas e tão-somente uma declaração formal, ou seja, o reconhecimento de uma realidade subjacente e, portanto, anterior e inelutável.[81]

---

81. "Essas circunstâncias todas [da discussão sobre a existência de valores anteriores ao Direito e norteadores do mesmo] foram patenteadas, em um simpósio que teve a cidade do México por palco [XIII Congresso Internacional de Filosofia – Symposium sobre Derceho Natural y Axiologia – 1963] e do qual participaram alguns dos mais representativos juristas de nossa época. Mais uma vez, na aludida reunião, se tornou claro que o pensamento jurídico contemporâneo não repudia, ao contrário, reconhece francamente a imprescindibilidade de certos dados, marcadamente de natureza axiológica, como essenciais à ordem jurídica positiva. É com base neles que se ergue, em qualquer época e em qualquer lugar, o edifício jurídico que institui ordem e permite convivência em termos jurídicos, isto é, em termos de segurança. Cavalcanti Filho, Teóphilo. *O problema da segurança no direito*. São Paulo: Revista dos Tribunais, 1964, p. 62.

Capítulo 4

DO DIREITO À VIDA

A noção de que o homem possui, independentemente de quaisquer condições, direitos que lhe são inerentes, a saber, o direito à vida, à liberdade, à igualdade, à segurança, entre outros, única e exclusivamente pelo fato de pertencer ao gênero humano, engendrou os chamados direitos humanos.

Para Daury César Fabriz:[1]

> A idéia em torno dos direitos humanos surge da confluência de várias fontes – filosóficas, jurídicas e teológicas –, num imbricado jogo de concepções em torno de leis universais, que se impõem acima de qualquer lei criada pelo próprio homem. Apregoam-se idéias universalizantes, direitos que possam alcançar todos os indivíduos, independentemente da nacionalidade, credo ou raça.

À medida que esses direitos são reconhecidos pelas sociedades politicamente organizadas e são positivados, isto é, passam a compor as cartas constitucionais, as leis, os tratados internacionais e a vigorar no interior dos Estados, recebem, então, o nome de direitos fundamentais,[2] constituindo-se a partir daí em paradigmas[3] de um Estado Democrático de Direito.

---

1. Fabriz, Daury César. *Bioética e direitos fundamentais*. Belo Horizonte: Mandamentos, 2003, p. 232.

2. A distinção que se faz entre direitos humanos e direitos fundamentais foi elaborada pela doutrina jurídica germânica. Cf. Comparato, Fabio Konder. *Afirmação histórica dos direitos humanos*. 4ª ed., São Paulo: Saraiva, 2005, p. 57. A pretensão de universalidade, a força emancipatória e a tendência à imposição política e jurídica formam o perfil normativo dos direitos humanos Cf. Bielefeldt, Heiner. *Filosofia dos direitos humanos: fundamentos de um* ethos *de liberdade universal*. São Leopoldo: Unisinos, 2003, p. 38.

3. "No sentido que T. Kuhn dá a esta palavra, ou seja, uma idéia mestra segundo a qual se torna necessário proceder a uma revisão de muitas das teses havidas como assentes, quer para substituí-las, quer para retificá-las." Reale, Miguel. *Paradigmas da cultura contemporânea*. 2ª ed., São Paulo: Saraiva, 2005, p. 9.

Ao se referirem a esses direitos, alguns autores empregam a expressão "geração de direitos"[4] como é o caso de Norberto Bobbio e Paulo Bonavides. Outros existem, como ocorre com Willis Santiago Guerra Filho, que consideram mais adequado o uso da expressão "dimensão de direitos".[5]

Ressalta-se, todavia, que quer como gerações, quer como dimensões, o intuito é demonstrar que, embora naturais, esses direitos não foram reconhecidos todos, pelo Estado, de uma só vez. Foram se estabelecendo gradativamente ao longo da história da humanidade, em conformidade com as necessidades que as sociedades foram experimentando devido às transformações econômicas, políticas e culturais sofridas.

4.1. DIREITOS HUMANOS E DIREITOS FUNDAMENTAIS: EVOLUÇÃO HISTÓRICA

Os chamados direitos de primeira geração ou dimensão são considerados direitos naturais porque inerentes à pessoa humana, baseiam-se, sobretudo, em uma clara demarcação entre Estado e não-Estado, fundamentada no contratualismo de inspiração individualista.[6]

Assumem particular relevo no rol desses direitos, o direito à vida, à liberdade – de reunião, de associação, de religião e de imprensa – e à propriedade, representando, segundo Fábio Konder Comparato,[7] "a emancipação histórica do indivíduo perante os grupos sociais aos quais sempre se submeteu: a família, o clã, o estamento, as organizações religiosas".

Constituem exemplo desse primeiro momento, no qual esses direitos foram afirmados como liberdades civis e políticas dos cidadãos frente ao poder estatal, a Magna Charta Libertatum, firmada em 1215, pelo rei João Sem-Terra e pelos bispos e barões ingleses. Muito embora esse documento tenha alijado, em princípio, a grande população do acesso aos direitos estabelecidos, tendo as garantias afirmadas nesse pacto alcançado somente a nobreza e o clero, não obstante não se pode negar que serviram de inspiração para que outros documentos fossem elaborados, tais como: a lei de *habeas corpus* de

4. Bobbio, Norberto. *A era dos direitos*. Rio de Janeiro: Campus, 1992, *passim*. Bonavides, Paulo. *Curso de direito constitucional*. São Paulo: Malheiros, 1993, *passim*.
5. Guerra Filho, Willis Santiago. *Processo constitucional e direitos fundamentais*. 3ª ed. São Paulo: Celso Bastos, 2003, p. 39.
6. Lafer, Celso. *A reconstrução dos direitos humanos: um diálogo com o pensamento de Hannah Arendt*. São Paulo: Companhia da Letras, 2003, p. 126.
7. Comparato, Fabio Konder. *Op. cit.*, p. 52.

1679, que limitava o poder real de prender opositores políticos sem antes submetê-los a um processo regular, garantindo assim, a liberdade de locomoção; e a Bill of Rights de 1689, que pôs fim ao regime de monarquia absolutista vigente na Inglaterra, no qual todo poder emanava do rei e em seu nome deveria ser exercido, estabelecendo a instituição do Parlamento, bem como conferindo a este a competência para legislar e criar tributos.

A instauração dessas garantias primárias forjou uma nova consciência e preparou o terreno para que, a partir do século XVIII, por meio das Declarações americana e francesa, essas afirmações fossem feitas em favor de todos os homens. Assim, Ingo Wolfgang Sarlet[8] ensina:

> Tanto a declaração francesa quanto as americanas tinham como característica comum a sua profunda inspiração jusnaturalista, reconhecendo ao ser humano direitos naturais, inalienáveis, invioláveis, imprescritíveis, direitos de todos os homens e não apenas de uma casta ou estamento.

Com esse espírito de isonomia, foi declarada, em 1776,[9] a Independência dos Estados Unidos por meio da Declaração de Direitos do Bom Povo da Virgínia e, em 1787, elaborada a Constituição americana nas quais se afirmam:

> Consideramos as seguintes verdades como auto-evidentes, a saber, que todos os homens são criaturas iguais, dotadas pelo seu Criador de certos direitos inalienáveis, entre os quais a vida, a liberdade e a busca da felicidade. (Declaração de Independência dos Estados Unidos da América.)
>
> Todos os seres humanos são, pela sua natureza, igualmente livres e independentes, e possuem certos direitos inatos, dos quais, ao en-

---

8. Sarlet, Ingo Wolfgang. *A eficácia dos direitos fundamentais*. 5ª ed. Porto Alegre: Livraria do Advogado, 2005, p. 51.

9. Esta Declaração marca o nascimento dos direitos humanos na História Cf. Comparato, Fabio Konder. *Op. cit.*, p. 49. A esse respeito, Sarlet destaca que "A influência dos documentos americanos, cronologicamente anteriores, é inegável, revelando-se principalmente mediante a contribuição de Lafayete na confecção da Declaração de 1789. Da mesma forma, incontestável a influência da doutrina iluminista francesa, de modo especial de Rousseau e Montesquieu, sobre os revolucionários americanos, levando à consagração, na Constituição Americana de 1787, do princípio democrático e da teoria da separação dos poderes (...) há que se reconhecer a inequívoca relação de reciprocidade, no que concerne à influência exercida por uma declaração de direitos sobre a outra...". Sarlet, Ingo Wolfgang. *Op. cit.*, p. 51.

> trar no estado de sociedade, não podem, por nenhum contrato, privar ou despojar sua posteridade; nomeadamente, a fruição da vida e da liberdade, os meios de adquirir e possuir propriedade, e a busca da felicidade e da segurança. (Seção 1 da Declaração de Direitos da Virgínia de 12 de junho de 1776.)

A mesma verve libertária, igualitária e democrática que culminou nas Declarações acima referidas conduziu, em 1789, à Revolução Francesa[10] e à conseqüente Declaração dos Direitos do Homem e do Cidadão. Pertinente, neste momento, registrar que, muito embora os postulados da Revolução Francesa fossem liberdade, igualdade e fraternidade, o reconhecimento da fraternidade, ou seja, da exigência de uma organização solidária da vida em comum, só se logrou alcançar com a Declaração Universal dos Direitos Humanos, proclamada pela Assembléia Geral das Nações Unidas em 10 de dezembro de 1948. Assim, segundo os arts. 1º e 2º da Declaração dos Direitos do Homem e do Cidadão:

> Os homens nascem livres e permanecem livres e iguais em direitos (...) Esses direitos são a liberdade, a propriedade, a segurança e a resistência à opressão. (Arts. 1º e 2º da Declaração dos Direitos do Homem e do Cidadão da Revolução Francesa, 1789.)

No que concerne às suas origens, ambas as Declarações, americana e francesa, surgiram como fruto da inspiração provocada pelos discursos de Hobbes, Locke, Montesquieu, Rousseau e Kant, para citar apenas os pensadores mais expressivos.[11]

Assim, Hobbes[12] determinou que os pactos em que se estabelecessem a renúncia do direito à vida seriam nulos; Locke[13], ao analisar os limites do Poder Legislativo, informava que este não poderia ser arbitrário sobre a

---

10. Cf. Comparato, F. K. *Op. cit.*, p. 49.

11. Cf. Silva, José Afonso da. *Op. cit.*, p. 157. Integram essa lista, ainda, os filósofos Hugo Grotius, Spinoza e Punfendorf segundo Fabriz, Daury César. *Op. cit.*, p. 234.

12. "Portanto, se o soberano ordenar a alguém (mesmo que justamente condenado) que se mate, se fira ou se mutile a si mesmo, ou que não resista aos que o atacarem, ou que se abstenha de usar alimentos, o ar, os medicamentos, ou qualquer outra coisa sem a qual não poderá viver, esse alguém tem a liberdade de desobedecer". Hobbes, Thomas. *Leviatã ou matéria, forma e poder de um estado eclesiástico e civil.* São Paulo: Nova Cultural, 2000, Capítulo 14, p. 113 e ss. e 175.

13. Locke, John. *Segundo tratado sobre o governo civil: ensaio sobre a origem, os limites e os fins verdadeiros do governo civil.* Rio de Janeiro: Vozes, 1994, p. 163.

vida e sobre os bens do povo, apregoando que as autoridades devem respeitar os direitos que os homens lhes conferem ao ingressar na sociedade politicamente organizada, determinando que "ninguém pode transferir mais poder do que possui, e ninguém detém um poder arbitrário absoluto sobre si mesmo, ou sobre qualquer outro, para destruir a própria vida ou tomar a vida e a propriedade de outrem"; Montesquieu[14] afirmava que quando na mesma pessoa ou no mesmo corpo de magistratura o Poder Legislativo está unido ao Poder Executivo, não existe liberdade, para que essa ocorra, afirmava o filósofo, é necessário que se proceda à separação entre os poderes; Kant,[15] inspirado em Rousseau,[16] definiu a liberdade jurídica do ser humano como a faculdade de obedecer somente às leis às quais deu seu livre consentimento.[17]

Desse modo, vida, liberdade, propriedade e segurança integram a primeira geração dos direitos simbolizando a passagem do Estado Absoluto para o Estado Constitucional, Representativo ou de Direito conforme leciona Jorge Miranda:[18]

> As correntes filosóficas do contratualismo, do individualismo e do iluminismo, que são expoentes doutrinais, Locke (*Segundo Tratado sobre o Governo*), Montesquieu (*Espírito das leis*) Rousseau (*Contrato Social*), Kant (além das obras filosóficas fundamentais, *Paz Perpétua*) – e importantíssimos movimentos econômicos, sociais e políticos conduzem ao Estado constitucional, representativo ou de Direito.

Para o jurista português, a Revolução Francesa simboliza o ápice do movimento que deu origem ao chamado constitucionalismo.

---

14. Montesquieu, Charles Luis de Secondat. *O espírito das leis*. São Paulo: Saraiva, 1998.

15. "Age como se a máxima da tua acção se devesse tornar, pela tua vontade, em lei universal da natureza." Kant, Immanuel. *Fundamentação da metafísica dos costumes*. Lisboa: Edições 70, 2005, p. 59.

16. "Encontrar uma forma de associação que defenda e proteja de toda força comum a pessoa e os bens de cada associado e pela qual cada um unindo a todos obedeça, todavia, apenas a si mesmo e permaneça tão livre como antes. Eis o problema fundamental para o qual o contrato social oferece solução." Rousseau, Jean-Jacques. *Do contrato social: princípios do direito político*. São Paulo: Edipro, 2000, p. 35.

17. Cf. Bobbio, Norberto. *Op. cit.*, p. 86.

18. Cf. Miranda, Jorge. *Teoria do estado e da constituição*. Rio de Janeiro: Forense, 2003, p. 44.

Na esteira desse pensamento, em um momento histórico subseqüente, marcado pela consolidação do Estado Liberal[19] e pelo fenomenal desenvolvimento da economia industrial, observou-se a necessidade de reconhecimento da existência de direitos de uma outra dimensão, chamados de direitos de segunda geração.

Destarte, como resposta às péssimas condições de vida enfrentadas pela grande maioria da população, em virtude do estabelecimento da economia de mercado, foi elaborada a Constituição Mexicana, de 1917, e a Constituição de Weimar, de 1919, que passaram a afirmar direitos econômicos e sociais, tendo como titulares desses direitos não só os indivíduos em si, mas as classes sociais então incipientes, tal como a classe operária, que surge nesse cenário e que, em razão da total omissão do Estado, passa a ser aviltada, vilipendiada, achincalhada pelo modo capitalista de produção.[20]

De acordo com Paulo Bonavides,[21] os direitos de segunda geração são:

> os direitos sociais, culturais e econômicos bem como os direitos coletivos e de coletividades, introduzidos no constitucionalismo das distintas formas de Estado social, depois que germinaram por obra da ideologia e reflexão antiliberal deste século.

---

19. "... são mais do que conhecidos os abusos sociais ocasionados pela concepção liberal sobre o papel do Legislativo do Estado. Do ponto de vista histórico, o liberalismo, indiferente às condições socioeconômicas, orientou-se para a anulação das condições reais de liberdade individual." Silva. Reinaldo Pereira e. *Op. cit.*, p. 211.

20. No liberalismo, o individualismo foi levado às últimas conseqüências e o Estado restringiu-se a exercer funções que garantissem, apenas e tão-somente, a ordem social e a proteção contra ameaças externas. "... a essa ascensão do indivíduo na História, a perda da proteção familiar, estamental ou religiosa tornou-o muito mais vulnerável às vicissitudes da vida (...) Patrões e empregados eram considerados, pela majestade da lei, contratantes perfeitamente iguais em direito (...) O resultado dessa atomização social, como não poderia deixar de ser, foi a brutal pauperização das massas proletárias, já na primeira metade do século XIX. Ela acabou, afinal, por suscitar a indignação dos espíritos bem formados e por provocar a indispensável organização da classe trabalhadora". Comparato, Fabio Konder. *Op. cit.*, p. 52. "A Revolução Russa, de outubro de 1917, abrindo o caminho para o Estado Socialista, iria despertar a necessidade de assegurar aos trabalhadores um nível de vida compatível com a dignidade humana. Surge, então, a consciência de que os indivíduos que não têm direitos a conservar são os que mais precisam do Estado." Dallari, Dalmo de Abreu. *Elementos da teoria geral do estado*. 25ª ed. São Paulo: Saraiva, 2005, p. 211.

21. Bonavides, Paulo. *Op. cit.*, p. 518.

Afirmados os direitos de primeira e segunda geração que buscavam não só tutelar a vida, mas acima de tudo, estabelecer garantias como educação, saúde, trabalho, lazer, que permitissem aos homens não só viver, mas viver dignamente, o advento do século XX e, no interregno de cinqüenta anos, o saldo de duas guerras mundiais indicaram a necessidade de se reconhecer a existência de uma terceira dimensão de direitos, aqueles que têm como fundamento a solidariedade – sendo esta equivalente ao ideário francês de fraternidade – e como destinatários os seres humanos em sua totalidade, isto é, a humanidade.

Nesse âmbito, a Declaração Universal dos Direitos Humanos, aprovada pela Assembléia-Geral das Nações Unidas em 10 de dezembro de 1948, e a Convenção Internacional sobre a prevenção e punição do crime de genocídio, aprovada um dia antes, também no quadro da Organização das Nações Unidas, simbolizam os marcos inaugurais dessa nova fase histórica.[22]

Paulo Bonavides[23] identifica cinco direitos de fraternidade: o direito ao desenvolvimento, o direito à paz, o direito ao meio ambiente, o direito à propriedade sobre o patrimônio comum da humanidade e o direito de comunicação. O autor sintetiza a evolução histórica dos direitos humanos nos seguintes termos:

> Direitos de primeira geração, no consenso dos publicistas, foram os direitos individuais; direitos de segunda geração, os direitos econômicos, sociais e culturais e, de último, na idade da tecnologia, direitos de terceira geração, aqueles que entendem como a paz, o desenvolvimento, o interesse dos consumidores, a qualidade de vida e a liberdade de informação. Três gerações regidas e inspiradas sucessiva e cumulativamente pelos princípios da liberdade, da igualdade e da solidariedade.[24]

Consagradas essas três gerações-dimensões de direitos, atualmente admite-se a necessidade do reconhecimento da existência de uma quarta geração, decorrente do avanço desenfreado no âmbito da biotecnologia, da biociência, da biomedicina, enfim, das ciências que tornaram possível a manipulação da vida humana em seus diferentes estágios. Nesse sentido Norberto Bobbio[25] adverte:

22. Cf. Comparato, Fabio Konder. *Op. cit.*, p. 55-56.
23. Bonavides, Paulo. *Op. cit.*, p. 523.
24. *Ibid.*, p. 350.
25. Bobbio, Norberto. *Op. cit.*, p. 6.

> ... já se apresentam novas exigências que só poderiam chamar-se de direitos de quarta geração, referentes aos efeitos cada vez mais traumáticos da pesquisa biológica, que permitirá manipulações no patrimônio genético de cada indivíduo. Quais são os limites dessa possível (e cada vez mais certa no futuro) manipulação?
> Entre nós, a existência de uma quarta dimensão de direitos fundamentais é preconizada pelo ilustre mestre P. Bonavides, Curso de Direito Constitucional, p. 524 e ss. Recentemente, houve até mesmo quem sugerisse a existência de uma 5a geração (ou dimensão). Neste sentido, o posicionamento de J. A. de Oliveira Junior, Teoria jurídica e novos Direitos, p. 97, ss. [26]

Hannah Arendt[27], ao refletir sobre o poderio biotécnico e biocientífico conquistado nas últimas décadas e na potencial ameaça que esse conhecimento representa à condição humana, pondera:

> A Terra é a própria quintessência da condição humana e, ao que sabemos, sua natureza pode ser singular no universo, a única capaz de oferecer aos seres humanos um hábitat no qual eles podem mover-se e respirar sem esforço nem artifício. O mundo – artifício humano – separa a existência do homem de todo ambiente meramente animal; mas a vida, em si, permanece fora desse mundo artificial, e por meio da vida o homem permanece ligado a todos os organismos vivos. Recentemente, a ciência vem-se esforçando por tornar "artificial" a própria vida, por cortar o último laço que faz do próprio homem um filho da natureza. O mesmo desejo de fugir da prisão terrena manifesta-se na tentativa de criar a vida numa proveta, no desejo de misturar "sob o microscópio, o plasma seminal congelado de pessoas comprovadamente capazes a fim de produzir seres humanos superiores" e "alterar(-lhes), o tamanho, a forma, a função"; e talvez o desejo de fugir à condição humana esteja presente na esperança de prolongar a duração da vida humana para além dos cem anos. Esse homem futuro, que, segundo os cientistas, será produzido em menos de um século, parece motivado por uma rebelião contra a existência humana tal como nos foi dada – um dom gratuito vindo do nada (secularmente falando), que ele deseja trocar, por

26. Sarlet, Ingo Wolfgang. *Op. cit.*, p. 59.

27. Arendt, Hannah. *A condição humana.* 10ª ed. Rio de Janeiro: Forense Universitária, 2003, p. 10.

> assim dizer, por algo produzido por ele mesmo. Não há razão para duvidar que sejamos capazes de realizar essa troca, tal como não há motivo para duvidar de nossa atual capacidade de destruir toda a vida orgânica na Terra. A questão é apenas se desejamos usar nessa direção nosso conhecimento científico e técnico – e esta questão não pode ser resolvida por meios científicos: é uma questão política de primeira grandeza, e portanto não deve ser decidida por cientistas profissionais nem por políticos profissionais.

A reflexão da autora avança no sentido de demonstrar a ambivalência do poder do conhecimento conquistado pela ciência, capaz de criar, transformar e exterminar não só o homem individualmente considerado, mas a humanidade como um todo. A autora denuncia, ainda, a pretensa neutralidade científica quando afirma ser a ciência uma questão política de primeira grandeza.

A advertência arendtiana leva a inferir que, atualmente, vive-se a época da *big science*, da tecnociência que desenvolveu poderes titânicos[28]. Contudo, importa recordar que esses poderes não emanam mais dos cientistas, encontram-se atualmente nas mãos dos dirigentes de grandes empresas, conforme restou demonstrado no capítulo anterior, bem como nas mãos das autoridades do Estado que, sejam civis ou militares, já deram prova inconteste em Hiroshima, Nagasaki e em Auschwitz de que a união entre o conhecimento científico e o poder político resulta no biopoder[29] e que o respeito à vida humana, diante deste, fica relegado a segundo plano.

Aqui, é pertinente lembrar a observação feita por Giovanni Berlinguer e Volnei Garrafa:[30]

> O homem é a única espécie que desenvolveu a ciência, por ser a única – infelizmente – senciente a povoar o planeta. Aprendemos a tomar remédios, a fazer abortos, a usar próteses, a construir armas, a fazer cirurgias de peito aberto, a construir bomba, a irradiar tumores, a clonar, a fazer transplantes de órgãos e a conhecer o nosso

28. Cf. Morin, Edgar. *Op. cit.*, p. 126.

29. Para um estudo mais acurado acerca do tema do biopoder vide Foucault, Michel. *Microfísica do poder*. 20ª ed., Rio de Janeiro: Graal, 2004; *Vigiar e punir*, 24ª ed., São Paulo: Vozes, 2001; *Em defesa da sociedade*. São Paulo: Martins Fontes, 2005; Agamben, Giorgio. *Homo Sacer: o poder soberano e a vida nua*. Belo Horizonte: UFMG, 2002.

30. Berlinguer, Giovanni; Garrafa, Volnei. *Op. cit.*, p. 13.

> genoma. Os problemas residem no conhecimento? Certamente não. Os problemas residem na utilização dos conhecimentos. Saber quebrar o átomo não é bom nem ruim. O juízo de valor deve ser feito com a aplicação do conhecimento ou com os meios adotados para se chegar à utilização.

Por essas razões, bem como pelo fato de a ciência considerar o embrião humano única e exclusivamente uma fonte, um recurso, um caminho, um meio que conduz às tão caras e versáteis células-tronco embrionárias, e por esse fato implicar conseqüências diretas ao gênero humano, é que se tem se empenhado em firmar compromissos internacionais que busquem tutelar esse bem maior universal, a saber: a vida humana.

A esse respeito assinala Daury César Fabriz:[31]

> Se às ciências da vida cabe o livre exercício do espetacular em torno das várias possibilidades dos elementos que integram, cabe ao Direito proceder ao enquadramento legal, no sentido de preservar a integridade da vida e da pessoa humana (...) a vida é a premissa maior, donde tudo o mais deve ser derivativo.

Em consonância com Daury César Fabriz, Dalmo de Abreu Dallari[32] preleciona que:

> entre os valores inerentes à condição humana está a vida (...) sem ela a pessoa humana não existe como tal, razão pela qual é de primordial importância para a humanidade o respeito à origem, à conservação e à extinção da vida.

4.2. A VIDA COMO DIREITO

Muitos são os pactos, as leis, os ordenamentos que buscam tutelar a vida humana conforme assinalado acima, entretanto, ousa-se afirmar que tantos quantos forem elaborados, esses dispositivos serão sempre em número insuficiente se não se tiver, efetivamente em conta, que a vida humana é digna de respeito e que este respeito não deriva somente de uma imposição jurídica, advém, principalmente, por se constituir a vida humana um *bem*[33], na acepção

---

31. Fabriz, Daury César. *Op. cit.*,p. 273.

32. Dallari, Dalmo de Abreu. "Bioética e direitos humanos: a vida como valor ético". In: Garrafa, Volnei; Ferreira, Sergio Ibiapina. (orgs.). *Iniciação à bioética*. Brasília: Conselho Federal de Medicina, 1998, p. 231.

33. *Dicionário Houaiss da língua portuguesa*. Instituto Antonio Houaiss. Rio de Janeiro: Objetiva, 2004, p. 429.

mais comum do termo, que designa ser "aquilo que enseja as condições ideais ao equilíbrio, à manutenção, ao aprimoramento e ao progresso de uma pessoa ou de um empreendimento humano ou de uma coletividade".

Alicerçada nesse entendimento, Maria Helena Diniz[34] ensina:

> O respeito a ela e aos demais bens jurídicos correlatos decorre de um dever absoluto *erga omnes*, por sua própria natureza, ao qual a ninguém é lícito desobedecer. Ainda que não houvesse tutela condicional ao direito à vida, que, por ser decorrente da norma de direito natural é deduzida da natureza do ser humano, legitimaria aquela imposição *erga omnes*, porque o direito natural é o fundamento do dever-ser, ou melhor, do Direito Positivo, uma vez que se baseia num consenso, cuja expressão máxima é a Declaração Universal dos Direitos do Homem, fruto concebido pela consciência coletiva da humanidade. (...) Assim sendo, se não se pode recusar humanidade ao bárbaro, ao ser humano em coma profundo, com maior razão ao embrião (...) A vida humana é um bem anterior ao direito, que a ordem jurídica deve respeitar. O direito ao respeito da vida não é um direito à vida. Esta não é uma concessão jurídico-estatal, nem tampouco, o direito de uma pessoa sobre si mesma.

Nesse sentido, a vida humana, ao ser reconhecida pela ordem jurídica, torna-se um direito primário, personalíssimo, essencial, absoluto, irrenunciável, inviolável, imprescritível, indisponível e intangível, sem o qual todos os outros direitos subjetivos perderiam o interesse para o indivíduo.

A ela integram-se elementos materiais (físicos e psíquicos) e imateriais (espirituais)[35] e, no conteúdo do seu conceito, envolvem-se os direitos à dignidade da pessoa humana, à liberdade, à igualdade, à solidariedade, à privacidade, à integridade físico-corporal, à integridade moral, à existência, ao nascimento, à prestação de alimentos, à saúde, entre outros.

Parece pertinente, pois, afirmar, juntamente com Ingo Wolfgang Sarlet[36] que, na sua essência, todas as demandas na esfera dos direitos fundamentais gravitam, direta ou indiretamente, em torno dos tradicionais e perenes valores da vida, liberdade, igualdade e da solidariedade, tendo, na sua base, o princípio maior da dignidade da pessoa. No entanto, essa afirmação, confron-

34. Diniz, Maria Helena. *Op. cit.*, p. 24-25.
35. Cf. Silva, José Afonso da. *Op. cit.* p. 201.
36. Cf. Sarlet, Ingo Wolfgang. *Op. cit.*, p. 59.

tada com a realidade da utilização de embriões humanos como matéria-prima para pesquisa científica com células-tronco, remete ao questionamento efetuado por Maria Garcia,[37] conforme o qual:

> Diante do desenvolvimento das possibilidades da engenharia genética – e a existência de algo como embriões, pré-embriões, genoma humano, clones eventuais – coloca-se a questão das *novas titularidades dos direitos humanos*. Será possível, com efeito, a atribuição de direitos humanos nesses casos?

Prossegue a autora:

> Poder-se-ia afirmar que a proteção aos direitos humanos se estende a tudo o que *contém a individualidade* – desde o genoma até o embrião e o feto humanos?[38]

A esses questionamentos, a mesma vem, prontamente, responder de modo afirmativo, indicando que a tutela da vida humana desde o momento da concepção[39] "... extrapola o campo constitucional, para alçar-se ao nível internacional"[40] sendo, então, objeto de elaboração de códigos, declarações, pactos, convenções e pareceres, entre outros construtos do ordenamento jurídico supranacional.

4.3. O DIREITO À VIDA NA LEGISLAÇÃO SUPRANACIONAL: DO CÓDIGO DE NUREMBERG À DECLARAÇÃO DE VIENA

A finalidade do presente tópico é destacar os diplomas legais supranacionais que buscam tutelar a vida humana no tocante à experimentação científica. No entanto, por serem muitas as iniciativas nesse sentido e todas de extrema relevância, haja vista a magnitude do tema em si, discorrer-

37. Garcia, Maria. *Op. cit.* p. 109.
38. *Ibid.*, p. 149.
39. "A tese – conforme entendemos, com José Afonso da Silva – de que há vida humana e personalidade jurídica a partir da concepção – pois somente pode existir aquilo que tem um início, um princípio, uma origem, qual seja, – vai encontrar novo fundamento a partir, precisamente, das modernas técnicas de procriação assistida, conforme assinala Stella Neves Barbas, com a possibilidade de criação e desenvolvimento da vida humana sem o ato natural de nascer. Não é pelo nascimento que se torna humano algo que não seja; o ser humano, em todos os estados ou etapas, 'é homogêneo em si mesmo'. Variam as formas, até o nascimento, na sua fase completa: 'a embriologia moderna pode afirmar com segurança que o processo evolutivo embriológico é contínuo, vai desde o momento da concepção até o momento do nascimento e prossegue após este". Garcia, Maria. *Op. cit.*, 154.
40. *Ibid.*, p. 164.

se-á prévia e brevemente a respeito de alguns institutos precursores dessa tutela, reservando-se ênfase àqueles diretamente relacionados ao presente trabalho, isto é, aos documentos que versem sobre a utilização do embrião humano como fonte de células-tronco embrionárias em pesquisas científicas.

O Código de Nuremberg

Durante a Segunda Guerra Mundial, na Alemanha nazista, em nome da pesquisa científica e do avanço da medicina, inoculou-se propositalmente sífilis, gnococos por via venosa, tifo, células cancerosas e vírus de toda sorte em seres humanos prisioneiros; efetuaram-se esterilizações e experimentos genéticos com o objetivo de obter uma raça superior; queimaduras de 1º e 2º graus foram provocadas por meio da exposição aos compostos de fósforo; doses de substâncias tóxicas foram ministradas com vistas a conhecer seus efeitos; mulheres com lesões pré-cancerosas no colo do útero foram, deliberadamente, deixadas sem tratamento com o escopo de analisar a evolução da moléstia. No Japão, prisioneiros chineses foram infectados com bactérias causadoras da peste bubônica, antraz, febre tifóide e cólera e, em seguida, expostos a vivissecções sem anestesia.

Em resposta a essas atrocidades foi elaborado, em 1947, o Código de Nuremberg. Em que pese o Código de Nuremberg não fazer expressa referência às pesquisas envolvendo seres humanos já concebidos e não nascidos,[41] tinha como propósito estabelecer diretrizes gerais que inibiam os experimentos nos quais não houvesse uma bem definida finalidade diagnóstica ou terapêutica, determinando a precedência da vida e da saúde do sujeito da pesquisa sobre os avanços da biomedicina.[42]

A Declaração Universal dos Direitos do Homem

Um ano após a edição do Código de Nuremberg, em 1948, foi promulgada pela Organização das Nações Unidas a Declaração Universal dos Direitos

41. "Já o Código Internacional de Ética Médica, estabelecido em outubro de 1969, determina expressamente que 'o médico há de sempre lembrar-se da importância de preservar a vida humana, desde a concepção até a morte'. E assim o é porque, consoante afirma a Declaração apresentada pela associação médica finlandesa, em outubro de 1996, 'a vida de um ser humano individual começa com a concepção e termina com a morte'." (Declaração-Proposta da Associação Médica finlandesa na 48ª Assembléia-Geral da Associação Médica Mundial, realizada na África do Sul.) Silva, Reinaldo Pereira e. *Op. cit.*, p. 248.

42. *Ibid.*, p. 248.

do Homem, documento de cunho internacional que reconhece certos direitos como essenciais a todos os seres humanos. Importante frisar que tal documento limitou-se a proclamar a existência desses direitos e não a criá-los, por isso o fez sob a epígrafe de "declaração".

É assim que Schooyans expressa seu posicionamento acerca da DUDH:

> é uma declaração de direitos, e não uma atribuição de direitos aos homens, porque esses direitos os homens possuem por natureza, sejam eles reconhecidos ou não; a declaração é igualmente universal porque tais direitos todos os homens os possuem, e ninguém está autorizado a exercê-los em detrimento de outrem.[43]

É tema pacífico hoje que a vigência dos direitos humanos consagrados na Declaração Universal dos Direitos do Homem independe de sua declaração em constituintes, leis e tratados internacionais, haja vista o direito internacional não se esgotar somente neles, mas por ser constituído também por costumes e princípios gerais de direito, conforme declara o art. 38 do Estatuto da Corte Internacional de Justiça. Assim, os direitos humanos enunciados na Declaração de 1948 correspondem, na sua totalidade, àquilo que os costumes e princípios jurídicos internacionais reconhecem como elementos básicos de reverência à dignidade humana.

Embora, tecnicamente, a Declaração Universal dos Direitos do Homem representasse uma recomendação[44] efetuada pela Assembléia-Geral das Nações Unidas aos Estados-membros, seu valor histórico fez com que quase todas as nações do mundo acabassem por reconhecer a máxima contida em seu art. 1º, segundo a qual "todos os seres humanos nascem livres e iguais em dignidade e direitos".

Uma interpretação açodada do dispositivo poderá dar margem a entendimentos equivocados, já que o preceito emprega o termo *nascem*, como se houvesse sido considerada pela Assembléia a possibilidade de dispensar tratamento diferenciado entre os seres humanos nascidos e aqueles ainda por nascer.

Não obstante, oportuno recordar que a determinação contida no art. 7º do mesmo diploma legal é capaz de dissipar qualquer interpretação distorcida que venha a fugir ao espírito igualitário que anima a Declaração Universal dos

---

43. Schooyans, Michel. *Dominando a vida, manipulando os homens.* São Paulo: Ibrasa, 1993, p. 19-20.

44. Cf. Comparato, Fabio Konder. *Op. cit.* p. 224.

Direitos do Homem. Desse modo, o referido artigo acentua que "todos são iguais perante a lei e têm direito, sem qualquer distinção, a igual proteção da lei...".

Com efeito, se todos devem ser igualmente protegidos pela lei, descabido o entendimento, de acordo com o qual, distinguem-se os homens nascidos dos homens ainda não nascidos, mas já concebidos. Tal interpretação colidiria com o direito amplo e irrestrito à vida, proclamado no art. 3º da Declaração que estabelece categoricamente que "todo homem tem direito à vida, à liberdade e à segurança pessoal".[45]

Do Pacto Internacional de Direitos Civis e Políticos e Do Pacto dos Direitos Econômicos, Sociais e Culturais

Em continuidade ao objetivo perseguido inicialmente pela Declaração de 1948, a saber, a institucionalização dos direitos do homem em âmbito universal, a Assembléia-Geral das Nações Unidas adotou, em 1966, dois pactos internacionais de direitos humanos: o Pacto Internacional de Direitos Civis e Políticos e o Pacto Internacional de Direitos Econômicos, Sociais e Culturais.

Ao primeiro deles foi anexado um protocolo facultativo, atribuindo ao Comitê de Direitos Humanos, instituído por aquele pacto, competência para receber e processar denúncia de violação de direitos humanos, formuladas por indivíduos contra qualquer dos Estados-partes.[46]

Em conformidade com a Declaração Universal dos Direitos do Homem, estabelecem os pactos em seu art. 6º que "o direito à vida é inerente à pessoa humana. Este direito deverá ser protegido pela lei. Ninguém deverá ser arbitrariamente privado de sua vida". Mais à frente, por meio do art. 16 determina-se o reconhecimento do direito da personalidade jurídica a qualquer pessoa, onde quer que esta se encontre.[47]

Do Pacto de São José da Costa Rica

Também conhecido como Convenção Americana de Direitos Humanos, o Pacto de São José foi aprovado na Conferência Interamericana de Direitos Humanos, realizada em 22 de novembro de 1969, na Costa Rica.

---

45. Declaração Universal dos Direitos do Homem de 10/12/1948.

46. Ambos os pactos foram ratificados pelo Brasil por meio do Decreto Legislativo nº 226, de 12 de dezembro de 1991, e promulgado pelo Decreto nº 595, de 6 de dezembro de 1992. Cf. Comparato, Fabio Konder. *Op. cit.*, p. 275.

47. *Ibid.*, p. 290.

Subscrita pelo Brasil nessa mesma data, a Convenção somente foi aprovada pelo Congresso Nacional em 26 de maio de 1992, por meio do Decreto Legislativo nº 27, sendo ordenada sua integral observância em 25 de setembro de 1992 pelo Decreto Executivo nº 678, incorporando-se, assim, definitivamente ao ordenamento jurídico pátrio.[48]

De início, o pacto é taxativo ao determinar em seu art. 1º, § 2º, que, para efeitos da Convenção, "pessoa é todo ser humano", não determinando, assim, qualquer desigualdade ao trato para com a vida intra ou extra-uterina.

Mais adiante, em seu art. 4º, § 1º, expressamente anuncia:

> Toda pessoa tem direito a que se respeite sua vida. Esse direito deve ser protegido pela lei e, em geral, desde o momento da concepção. Ninguém pode ser privado da vida arbitrariamente.

No concernente ao emprego da expressão "em geral", constante do referido artigo, existe a possibilidade de, afastando-se da intenção da Comissão que redigiu o texto, interpretar que se há uma *regra geral* que implica a observância do respeito do direito à vida, há, da mesma forma, *uma exceção* que autorizaria, em certos casos, a não observação do preceito. É nesse sentido a interpretação de muitos Estados tendentes a legalizar o aborto.

Não obstante, é preciso recordar que, em seguida, o § 5º do mesmo dispositivo faz uma ressalva capaz de dirimir qualquer dúvida, determinando a proibição da aplicação da pena de morte, para os Estados que ainda não a aboliram, à mulher em estado de gravidez.

Importante consignar que o art. 29, visando evitar qualquer entendimento isolado e dissonante dos dispositivos constantes da Convenção, ao tratar das regras de interpretação, é contundente ao proibir quaisquer interpretações que suprimam ou limitem os direitos e as liberdades nela previstos (§ 1º); excluam outros direitos e garantias inerentes ao seres humanos ou que decorram da forma democrática representativa de governo (§ 3º); e excluam

48. No que concerne aos órgãos de fiscalização e julgamento, a convenção atribuiu competência ao Tribunal Europeu de Direitos Humanos. O Protocolo nº 11 à Convenção Européia de Direitos Humanos extinguiu a Comissão prevista no art. 44 do Pacto de São José da Costa Rica, atribuindo sua competência ao Tribunal Europeu de Direitos Humanos (TEDH). O mesmo protocolo vinculou, de pleno direito, todos os Estados-membros à jurisdição do Tribunal. Cf. Vasconcelos, Cristiane Beuren. *Op. cit.*, p. 96.

ou limitem a Declaração dos Direitos e Deveres do Homem e demais atos internacionais de idêntica natureza em seus efeitos (§ 4º).[49]

Nesse sentido, oportuno recordar o ensinamento preciso de Hélio Bicudo[50] para quem "... a Convenção de 1969 quis afirmar, simplesmente, que o direito à vida deve ser protegido ordinariamente, comumente (em geral) a partir do momento da concepção".

Em sentido análogo Fabio Konder Comparato,[51] ao se manifestar acerca do citado art. 4º, afirma que "tal como redigido, o artigo proíbe também (...) as práticas de produções de embriões humanos (...) bem como da clonagem humana para finalidades não reprodutivas e, portanto, com destruição do embrião".

Desse modo, no que diz respeito ao estatuto da concepção humana, forçoso admitir, juntamente com Reinaldo Pereira e Silva,[52] que três são as diretivas enunciadas no Pacto de São José da Costa Rica: "a primeira prevê o respeito universal à vida; a segunda esclarece que a vida deve ser respeitada desde o momento da concepção; e a terceira afirma o respeito incondicional à vida."

Da Declaração Universal do Genoma Humano e dos Direitos Humanos

Originária da apresentação para adoção, na 29ª sessão da Conferência Geral da Organização das Nações Unidas para a Educação, a Ciência e a Cultura – Unesco –, realizada de 21 de outubro a 12 de novembro de 1997, a Declaração Universal do Genoma Humano e dos Direitos Humanos em seu art. 1º determina que "o genoma humano subjaz à unidade fundamental de todos os membros da humanidade e também ao reconhecimento de sua dignidade e de sua diversidade inerentes...".

A particular preocupação em tutelar os direitos das gerações futuras fica registrada em seguida, quando estabelece, como já assinalado, que o genoma humano "... num sentido simbólico é herança comum da humanidade." Comparato, ao refletir acerca da extensão da Declaração Universal sobre o Genoma Humano e os Direitos Humanos, assinala que se o genoma humano

49. *Ibid.*, p. 96.

50. Bicudo, Hélio Pereira. *Direitos humanos e sua proteção.* São Paulo: FTD, 1997, p. 62.

51. Comparato, Fábio Konder. *Op. cit.*, p. 364.

52. Silva, Reinaldo Pereira e. *Op. cit.*, p. 252.

constitui um patrimônio da humanidade, a ninguém seria permitido reivindicar direitos de propriedade intelectual sobre suas seqüências, como vem sendo feito, sistematicamente, desde 1991 "segundo o mais vulgar espírito capitalista".[53] Assim, resta evidente, pois, o caráter inclusivo do dispositivo, uma vez que se destina a "todos os membros da humanidade" e que constituem, na sua própria redação, uma "unidade fundamental".[54]

Para Stela Marcos de Almeida Neves Barbas[55], a Declaração de 1997 – proclamando o genoma humano e a informação nele contida patrimônio comum da Humanidade – deu origem a uma noção e um conceito inteiramente novos, em termos de Direito Internacional, na medida em que a Humanidade, presente e futura, passa a ser sujeito de direitos.

É da mesma autora a referência a Daniel Serrão (*A Unesco e o genoma humano*), o qual ressalta:

> na realidade o genoma é assumido como um recurso humano cuja utilização ficará submetida a um Comitê Internacional das Nações Unidas. Pode dizer-se que este recurso tem um lugar físico que é a estrutura físico-química do gene e é constituído pela informação que nele está depositada. Esta informação, que é um componente constitutivo da pessoa humana, passará a ser patrimônio comum da humanidade e será entregue à guarda da humanidade pelo seu órgão representativo, as Nações Unidas.

Com esta declaração, à figura jurídica da pessoa humana como sujeito de direitos, acrescenta-se uma nova figura: o genoma humano como objeto e sujeito de direitos. Cada país, segundo seus próprios valores culturais, éticos, sociais, religiosos e econômicos etc., tutelará o conjunto de genes de cada pessoa, não só no aspecto tangível (DNA e RNA) como também no aspecto intangível, a saber, a informação nele inserida, desde o momento em que essa informação possa ser manipulada, isto é, desde a formação do zigoto.[56]

No que diz respeito a quaisquer discriminações, a Declaração em seu art. 2º estabelece que "todos têm o direito ao respeito por sua dignidade e

53. Comparato, Fabio Konder. *Op. cit.*, p. 228.

54. Vide art. 1º da aludida Declaração.

55. Cf. Barbas, Stela Marcos de Almeida Neves. *Direito ao patrimônio genético*. Coimbra: Almedina, 1998, pp. 21-22.

56. Cf. Barbas, Stela Marcos de Almeida Neves. *Op. cit.*, p. 21- 22.

seus direitos humanos...” não especificando, o documento, qualquer distinção no tratamento para com o ser humano, conforme o estágio evolutivo no qual se encontre. Não é admissível, portanto, imaginar que o ente humano nascido mereça mais respeito ao direito fundamental à vida que o ente em devir. E assim o é porque “o processo da vida é um *continuum*, desde a concepção, impossível de cindir sem perda ou anulação”,[57] o ser humano é, pois, único e indivisível, da concepção à morte, assim, a unidade da vida adquire, sobretudo, um “valor absoluto”.[58]

No tocante à delineação dos limites intransponíveis que devem ser observados na atividade científica, o art. 10 da Declaração enuncia que:

> nenhuma pesquisa ou aplicação relativa ao genoma humano, em especial nos campos da biologia, genética e medicina, deve prevalecer sobre o respeito aos direitos humanos, às liberdades fundamentais e à dignidade humana.

É preciso lembrar que essa declaração transita no confuso campo – ainda que de ordem transacional – das recomendações éticas que não têm força de lei e, destarte, sem exigibilidade jurídica, seguindo o exemplo das cartas de boas intenções e dos códigos deontológicos do direito interno posto.[59]

Da Convenção sobre os Direitos do Homem e da Biomedicina do Conselho da Europa: as Recomendações nº 1.046 e nº 1.100

Em 4 de abril de 1997, abriu-se à adesão, em Oviedo, capital do principado de Astúrias, o Convênio do Conselho da Europa para a Proteção do Ser Humano em relação às aplicações da biologia e da medicina, também chamado de Convênio de Biomedicina. Apesar de o Convênio não ter o Brasil por Estado destinatário, nem por isso deixa de merecer destaque, já que seu art. 1º dirige-se a todos os seres humanos[60]. Assim, proclama *in verbis*:

---

57. Garcia, Maria. *Op. cit.*, p. 167.

58. Barbas, Stella Marcos de Almeida Neves. *Op. cit.*, p. 78.

59. Vasconcelos, Cristiane Beuren. *Op. cit.*, p. 98.

60. “O Convênio de Biomedicina foi firmado por trinta Estados. Dos quinze membros da União Européia, dez o firmaram: Dinamarca, Finlândia, França, Grécia, Itália, Luxemburgo, Países Baixos, Portugal, Suécia e Espanha; não o fizeram Áustria, Bélgica, Alemanha, Irlanda e o Reino Unido. Também não o firmaram as Comunidades Européias, nem os Estados não-membros que participaram da elaboração (Austrália, Canadá, Vaticano, Japão e Estados Unidos); entrou em vigor em quatorze Estados

> Art. 1º - As partes na presente convenção protegerão a dignidade e a identidade de todos os seres humanos e garantirão a todas as pessoas, sem discriminação, o respeito pela sua integridade e pelos seus direitos e liberdades fundamentais face às aplicações da biologia e da medicina.[61]

Antes, porém, da aprovação da Convenção sobre os Direitos do Homem e da Biomedicina, o Conselho da Europa já havia sancionado, em 24 de setembro de 1986, por intermédio da sua Assembléia Parlamentar, a Recomendação nº 1.046 sobre "o uso de embriões e fetos humanos para fins de diagnóstico, terapêuticos, científicos e industriais". Reconhecendo que "o progresso (em particular na embriologia humana) tornou precário o *status* do embrião",[62] destarte, em seu considerando V, a Recomendação afirma:

---

dia primeiro de janeiro do ano 2000: Dinamarca, Grécia, San Marino, Eslováquia, Eslovênia, Espanha, Suécia, Chipre, República Tcheca, Estônia, Geórgia, Hungria, Portugal e Romênia". Jiménez, Pilar Nicolás. "A regulamentação da clonagem humana no Conselho da Europa: o Protocolo de 12 de janeiro de 1998". In: Romeo Casabona, Carlos María; Queiroz, Juliane Fernandes (orgs.). *Biotecnologia e suas implicações técnico-jurídicas*. Belo Horizonte: Del Rey, 2005, p. 324.

61. "Deliberadamente, acentua Daniel Serrão, o artigo traz uma sutil distinção entre ser humano e pessoa, sem definir tais conceitos. Para o autor, trata-se de uma mostra da diversidade legislativa sobre o estatuto da concepção humana na União Européia. Segundo o mesmo, a contrapartida para a aceitação de tal redação foi 'a aprovação de uma proposta para a futura elaboração do protocolo sobre a vida humana antes do nascimento'. Rosário Sapienza, ao contrário de Daniel Serrão, advoga que o fato de o art. 1º falar, inicialmente, da proteção do ser humano (*protezione dell'essere* humano) e, depois, de direitos da pessoa (*dirritti della persona*) não implica uma distinção que admita exclusão dos seres humanos já concebidos e não nascidos da titularidade de direitos. O argumento de Rosário Sapienza ganha ainda mais consistência com a análise dos considerandos do Protocolo Adicional nº 168 à Convenção sobre os Direitos do Homem e da Biomedicina do Conselho da Europa, de 12 de janeiro de 1998, que versa especificamente sobre o veto à clonagem humana. Em um de seus considerandos, o Protocolo Adicional, ao tratar do objeto da Convenção européia, utiliza a expressão *ser humano* para identificar o titular dos direitos ameaçados pela clonagem, pela lógica de Daniel Serrão, o correto seria o emprego da expressão *pessoa*. Eis a redação do considerando na sua versão italiana: 'Considerato l'oggetto della Convenzione sui diritti dell'uomo e la biomedicina, in particolare il principio enunciato all'articolo 1 che tende a proteggere l'essere umano nella sua dignità e nella sua identità.'" Silva, Reinaldo Pereira e. *Op. cit.*, p. 253.

62. Considerando VI da aludida Recomendação.

> Desde o momento da fertilização do óvulo, a vida humana se desenvolve como um projeto contínuo, e que não é possível fazer uma distinção nítida entre as fases (embrionais) do seu desenvolvimento, e que a definição do *status* do embrião é, portanto, necessária.

Ao assumir a tutela de todos os entes que pertençam ao gênero humano, a Recomendação nº 1.046 pugna pela "proibição da geração de embriões *in vitro* para fins de pesquisa durante a sua vida ou depois da morte",[63] pela "proibição da geração de seres humanos idênticos por clonagem ou qualquer outro método, seja ou não para aprimoramento da raça";[64] e pela "proibição de experimento em embriões humanos vivos, quer vitais, quer não vitais".[65]

Para fins diagnósticos, a Recomendação nº 1.046 não permite intervenções em embriões e fetos humanos vivos, tanto *in vitro*, como no útero,[66] a menos que tal intervenção seja para o bem do ser humano que deve nascer e para a promoção do seu desenvolvimento.[67] Para fins terapêuticos, a Recomendação nº 1.046 segue a mesma orientação antecedente, não permitindo experimentação em embriões e fetos humanos vivos, tanto *in vitro* quanto *in* útero, exceto para favorecer-lhe o nascimento.[68]

Quanto à Recomendação nº 1.100, merece destaque por ter afirmado que "é correto determinar a tutela jurídica a ser assegurada ao embrião humano desde a fertilização do óvulo",[69] pela seguinte razão:

O embrião humano, embora se desenvolva em fases sucessivas indicadas com nomes diversos (zigoto, mórula, blástula, embrião pré-fixado, embrião, feto), manifesta também uma diferenciação progressiva do seu organismo, mantendo continuamente a própria identidade genética.[70]

Da Declaração e do Programa de Ação de Viena

A primeira Conferência da Organização das Nações Unidas dedicada aos direitos humanos realizou-se, no auge da Guerra Fria, de 22 de abril a 13

63. Item 14, letra *a*, inciso III, da aludida Recomendação.
64. Item, 14, letra *a*, inciso IV, da aludida Recomendação.
65. Item, 14, letra *a*, inciso IV, da aludida Recomendação.
66. A recomendação excepciona as intervenções já autorizadas pela legislação nacional.
67. Apêndice, letra *a*, inciso I, da aludida Recomendação.
68. Apêndice, letra *b*, inciso I da aludida Recomendação.
69. Considerando VI da aludida Recomendação.
70. Considerando VII da aludida Recomendação.

de maio de 1968, vinte anos, portanto, após a Declaração Universal dos Direitos do Homem de 1948, e ocorreu na capital do Irã. Em contraste com os apenas 58 Estados soberanos que participaram da votação da Declaração em Paris, 84 nações soberanas fizeram-se representar por seus líderes no encontro ocorrido em Teerã.[71]

Já na segunda Conferência da ONU, dedicada aos direitos humanos, realizada de 14 a 25 de junho de 1993, em Viena, na Áustria, mais de 170 países representando as mais diversificadas culturas, religiões e sistemas socioeconômicos e políticos adotaram, por consenso e sem reservas, o documento final oriundo do encontro. Lindgren Alves[72] refere-se à Declaração como o documento mais abrangente e legítimo sobre os direitos humanos de que dispõe a Humanidade.

Prevê a Conferência, em seu art. 1º, a promoção, o respeito, a observância e a proteção em nível universal de todos os direitos humanos e liberdades fundamentais, enfatizando, ao final, que "a natureza universal desses direitos e liberdades está fora de questão";[73] também se faz presente no documento o aprofundamento da noção de invisibilidade dos direitos humanos, expresso no art. 5º, *in verbis*:

> Art. 5º - Todos os direitos humanos são universais, indivisíveis, interdependentes e inter-relacionados. A comunidade internacional deve tratar os direitos humanos globalmente de forma justa e eqüitativa, em pé de igualdade e com a mesma ênfase. As particularidades nacionais e regionais devem ser levadas em consideração assim como os diversos contextos históricos, culturais e religiosos, mas é dever dos Estados promover e proteger todos os direitos humanos e liberdades fundamentais, independentemente de seus sistemas políticos, econômicos e culturais.

Prossegue afirmando em seu art. 10 que a pessoa é "sujeito central do desenvolvimento", e, ainda, que "todas as pessoas têm direito de desfrutar

71. Durante a primeira Conferência da ONU, dois terços da humanidade vivia em territórios coloniais. Cf. Silva, Reinaldo Pereira e. *Op. cit.*, p. 206.

72. Alves, José Augusto Lindgren. "A declaração dos direitos humanos na pós-modernidade". In: Boucault, Carlos Eduardo de Abreu; Araújo, Nadia de (orgs.). *Os direitos humanos e o direito internacional*. Rio de Janeiro: Renovar, 1999. p. 144.

73. Art. 1º da aludida Conferência.

dos benefícios do progresso científico e de suas aplicações", ressalvando a posição já assumida pela Conferência Mundial sobre Direitos Humanos, que reconhece em "determinados avanços, principalmente na área das ciências biomédicas e biológicas, a capacidade de implicação de conseqüências, potencialmente adversas para a integridade, dignidade e os direitos humanos do indivíduo", solicitando, assim, a cooperação da comunidade internacional no sentido de garantir o "pleno respeito dos direitos humanos e à dignidade, nessa área de interesse universal", conforme art. 11; declara, ainda, no art. 13, *in verbis* que:

> Art. 13 – Como os direitos humanos e as liberdades fundamentais são indivisíveis, a plena realização dos direitos civis e políticos (direitos de liberdade) sem o gozo dos direitos econômicos, sociais e culturais (direitos de igualdade) é impossível. O alcance de progresso duradouro na implementação dos direitos humanos depende de políticas nacionais e internacionais saudáveis e eficazes de desenvolvimento econômico e social.

4.4. DA EXIGIBILIDADE DAS DECLARAÇÕES

Antes de tecer quaisquer considerações acerca da exigibilidade dos direitos afirmados no âmbito da legislação supranacional, cumpre esclarecer que, independentemente da designação adotada pelos documentos internacionais indicados no item anterior, inexiste diferença substancial no que diz respeito à conceituação que as tipificam. Desse modo, quer como tratado, quer como estatuto, carta, protocolo, ato, pacto, acordo, entre tantos outros termos adotados, todos eles são, para efeito dos arts. 49,[74] inciso I, e 84,[75] inciso VIII, da Constituição Federal de 1988, indistintos entre si.

Feita essa ressalva, uma vez que os tratados lançam suas considerações com base naqueles direitos clássicos, isto é, no direito à vida, à dignidade, à liberdade, à igualdade etc., cumpre esclarecer como se dá sua recepção no direito interno posto.

74. "Art. 49. É da competência exclusiva do Congresso Nacional:
I – resolver definitivamente sobre tratados, acordos ou atos internacionais que acarretem encargos ou compromissos gravosos ao patrimônio nacional."

75. "Art. 84. Compete privativamente ao Presidente da República:
VIII – celebrar tratados, convenções e atos internacionais, sujeitos a referendo do Congresso Nacional."

Para tanto, há necessidade de se cotejar o disposto no art. 5º, § 2º, da Constituição Federal de 1988, que estabelece, *in verbis*:

> § 2º - Os direitos e garantias fundamentais expressos nesta Constituição não excluem outros decorrentes do regime e dos princípios por ela adotados ou dos tratados internacionais em que a República Federativa do Brasil seja parte.

Sem deixar de considerar, ainda, o dispositivo que, com a Emenda Constitucional nº 45/2004, passou a integrar a Carta Política pátria, § 3º, *in verbis*:

> § 3º - Os tratados e convenções internacionais sobre direitos humanos que forem aprovados, em cada casa do Congresso nacional, em dois turnos, por três quintos dos votos dos respectivos membros, serão equivalentes às emendas constitucionais.[76]

Destarte, é possível inferir que a expressão "decorrentes do regime dos princípios" constante do § 2º evidencia a existência de direitos fundamentais não escritos, isto é, que não foram objeto de previsão expressa pelo Direito Positivo – seja ele constitucional seja internacional –, mas que estão ou podem ser contidos, via interpretação, naqueles já existentes implicitamente na Carta ou coerentes com seu regime democrático e princípios.[77]

---

76. "No que concerne ao § 3º do art. 5º da Constituição, acrescido por ocasião da Emenda Constitucional nº 45/2004, referido parágrafo teve o condão de regulamentar definitivamente a posição hierárquica dos tratados e convenções internacionais, guiando-os à categoria de emendas constitucionais desde que aprovados, em cada Casa do Congresso Nacional, em dois turnos, por três quintos dos votos dos respectivos membros. Dessa forma, pretende-se suplantar a atual miríade interpretativa instalada em torno do § 2º do texto constitucional, ratificando-se o entendimento daqueles que vislumbram o reconhecimento expresso dos tratados que versem sobre direitos humanos ao patamar constitucional ou, como preleciona Mazzuoli com 'índole e nível materialmente constitucionais. Os demais tratados, na forma preconizada pelo art. 102, III, *b*, da CF/1988, esses sim, equiparam-se às leis ordinárias federais. Pela utilização do contido no § 3º do texto, os tratados transformados em Emendas Constitucionais passariam a produzir efeitos mais amplos pois *reformariam* a Constituição e todos os seus textos conflitantes; além disso, não poderiam ser denunciados nem pelo Congresso Nacional sob pena de responsabilidade do Presidente da República –, nem pelo próprio presidente, de forma unilateral, pois as emendas constitucionais referentes aos direitos humanos constituem-se em *cláusulas pétreas* insculpidas no art. 60, § 4º, IV, da CF/1988." Vasconcelos, Cristiane Beuren. *Op. cit.*, p. 104.

77. "Também entre nós, não é a lei a única fonte do direito, porque o 'regime', quer dizer, a forma de associação política (Democracia Social), e os 'princípios' da Constituição (República Federal Presidencialista) geram direitos". Sarlet, Ingo Wolfgang. *Op. cit.*, p. 99.

É assim, pois, que a fórmula se constitui em conceito "materialmente aberto" e de uma "amplitude ímpar", por encerrar, expressa e simultaneamente, "a possibilidade de identificação e construção jurisprudencial de direitos materialmente fundamentais" ainda não positivados, além daqueles já dispostos em outras partes da Constituição Federal de 1988 e nos tratados internacionais.[78]

Já a parte final do preceito estabelecido no § 2º do art. 5º, que se refere aos tratados em que "a República Federativa do Brasil fizer parte", reforça a prevalência dos direitos humanos como um dos princípios pelo qual se rege o Brasil nas suas relações internacionais, conforme prevê o inciso II do art. 4º, *in verbis*:

> Art. 4º - A República Federativa do Brasil rege-se nas suas relações internacionais pelos seguintes princípios:
> (...)
> II - prevalência dos direitos humanos;

Assim, feitas essas considerações e estabelecidas essas premissas, o Brasil, enquanto signatário do Pacto de São José da Costa Rica – Convenção Americana de Direitos Humanos – e dos Direitos Civis, Políticos, Econômicos, Sociais e Culturais, pela ordem emanada do aludido § 2º, art. 5º, da Constituição Federal de 1988, deve contar como recepcionadas todas aquelas disposições ao seu catálogo.[79]

Ao analisar a questão, Helio Bicudo infere:[80]

> Se não compartilharmos da idéia de que tratados assinados são meros farrapos de papel, estamos na obrigação ética e moral de nortear a legislação ordinária no sentido por eles apontados.

78. Cf. Sarlet, Ingo Wolfgang. *Op. cit.*, p. 99.

79. Dentre os autores que não reconhecem o *status* constitucional dos tratados internacionais dos direitos humanos dos quais o Brasil é signatário, atribuindo-lhes, assim, força de lei ordinária federal, estão: Manuel Gonçalves Ferreira Filho, Ivo Dantas, Pinto Ferreira, Alcino Pinto Falcão e José Cretella Jr. Cf. Mello, Celso Albuquerque de. O § 2º do art. 5º da Constituição Federal. In: Torres, Ricardo Lobo (org.). *Teoria dos direitos fundamentais*. 2ª ed. Rio de Janeiro: Renovar, 2001, p. 17-18. Em sentido oposto, isto é, pelo reconhecimento do patamar constitucional desses direitos, dentre outros: Flavia Piovesan, Antonio Augusto Cançado Trindade, José Afonso da Silva, José Carlos de Magalhães, Christian Courtis, Vitor Abramowich, Hélio Bicudo e Valério de Oliveira Mazzuoli. Cf. Vasconcelos, Cristiane Beuren. *Op. cit.*, p. 101-102.

80. Bicudo, Helio. "Direitos humanos no Parlamento brasileiro". In: Penteado, Jacques de Camargo; Brandão Denirval da Silva; Marques, Ricardo Henry Dip *et. al. A vida dos direitos humanos:bioética médica e jurídica*. Porto Alegre: Sérgio Antonio Fabris, 1999, p. 88.

Com efeito, o Pacto de São José da Costa Rica, alheio ao estádio atual em que se discute o início da vida humana sob os primas biológico e jurídico, prevê a proteção da vida como "direito que deve ser protegido, em geral, desde o momento da concepção. Ninguém pode ser privado da vida arbitrariamente" (art. 4, § 1º). Não é demais, aqui, repetir a ordem expressa no art. 29, alínea *1* do mesmo diploma legal, que proíbe qualquer interpretação que tenha por finalidade limitar ou suprimir direitos e garantias previstos no pacto. Do mesmo modo, o art. 6º do Pacto Internacional de Direitos Civis, Políticos, Econômicos, Sociais e Culturais prevê a vida como um direito inerente à pessoa humana a ser protegido por lei e cuja privação arbitrária é terminantemente proibida. Ademais, a Constituição brasileira, além de catalogar, de forma expressa, o direito à vida, estabelece em seu art. 60, § 4º, inciso IV, *in verbis*:

> § 4º - não será objeto de deliberação a proposta de emenda tendente a abolir: (...) - os direitos e garantias individuais.[81]

Veja-se, a esse respeito, decisão emitida pelo Tribunal Criminal paulista:

> Em boa hora se vem invocando nos pretórios o Pacto de São José da Costa Rica (Convenção Americana de Direitos Humanos), que se fez

81. A exigibilidade das disposições constantes nos tratados e convenções internacionais encontra um complicador, contudo, naqueles intérpretes que reconhecem as decisões dos tribunais internacionais, competentes para receber e processar denúncias como meras declarações de princípios. Nesse sentido, Vasconcelos assevera que "os Estados subscritores dessas convenções, escoimados no princípio da soberania, não reconhecem nos tribunais internacionais essa competência contenciosa. É assim que o Pacto de São José da Costa Rica, ratificado e adotado no direito interno brasileiro, não o alcança do ponto de vista contencioso pelo simples motivo de que, para tanto, haveria necessidade de reconhecimento expresso dessas cláusulas, o que até hoje não aconteceu. O que há é o reconhecimento obrigatório pelos Estados subscritores da Convenção Americana da competência da Comissão Interamericana de Direitos Humanos para a consideração de queixas individuais. Nesse contexto, está em seu campo de atuação um amplo leque de atribuições, dentre as quais a de, primeiramente, buscar um acordo entre as partes, dando-se ao Estado, em seguida, um prazo razoável para o acatamento das medidas recomendadas. Se ele não as cumprir, a questão será encaminhada ao domínio público (na forma de resolução aí incluída no relatório anual). Tendo caráter quase judicial, são de cunho declaratório ou não de culpa, indicando medidas concretas de reparação (após efetivação de audiências individuais e investigações quando necessário)". Vasconcelos, Cristiane Beuren. *Op. cit.*, p. 103.

> direito interno brasileiro, e que, pois, já não configura, entre nós, simples meta ou ideal de lege ferenda. É mesmo reclamável seu cumprimento integral, porque essa Convenção foi acolhida sem reservas pelo Estado brasileiro. Parece que ainda não se compreendeu inteiramente o vultoso significado da adoção do Pacto entre nós: bastaria lembrar, a propósito, pela vistosidade de suas conseqüências, que seu art. 20 modificou até mesmo o conceito de pessoa anteriormente versado no art. 40 do Código Civil, já que atualmente, pessoa, para o direito posto brasileiro, é todo ser humano, sem distinção de sua vida extra ou intra-uterina.[82]

Conforme ensina Hélio Bicudo,[83] nítido é o posicionamento da Constituição brasileira, que recepciona o Pacto de São José da Costa Rica estabelecendo, definitivamente, a inviolabilidade do direito à vida a partir da concepção.

Destarte, uma análise, superficial que seja, da evolução histórica dos direitos humanos, das declarações que surgiram, geração após geração, bem como da disposição dos Estados em subscrevê-las, permite constatar que em comum essas iniciativas representam um esforço jurídico e político no sentido de proteger, amparar e tutelar um bem primacial, primordial, supremo, o bem da vida.

Assim considerada, a vida, antes de ser um direito humano, é pressuposto e fundamento de todos os demais direitos, não há que se falar em liberdade, em igualdade, em solidariedade, em segurança, em propriedade, em saúde, em educação, em dignidade da pessoa humana, entre outros direitos igualmente essenciais, se não houver o respeito ao direito à vida e é, no respeito a esse direito fundamental, que a atividade da pesquisa científica em células-tronco embrionárias devem encontrar o seu limite de atuação.

Em consonância com esse entendimento, François Ost[84] sublinha:

> O que é certo, em todo o caso, é que se quiser resistir ao reducionismo biológico e às potenciais ameaças (...), o direto deverá deixar de se pôr a reboque da norma tecnocientífica. Não assumirá o seu papel social senão quando conseguir impor as suas ficções, ou seja: uma ordem de realidade que, por estar deslocada em relação à evidência

82. (*Habeas Corpus* nº 323.998/6, TACrim-SP, 11ª Câm., v.u., Rel. Ricardo Henry Marques Dip, j. 29/06/98.)

83. Cf. Bicudo, Helio. *Op. cit.* p. 88.

84. Ost, François. *Op. cit.*, p. 100.

científica (para a qual, por exemplo, o homem é um conjunto de células), não será menos expressão de escolha de valores conscientes e democráticos. Deverá, por exemplo, estabelecer que o corpo humano e a informação genética que ele contém são patrimônio comum da humanidade e, a esse título, indisponíveis, mesmo com o consentimento do interessado. Deste modo, o Direito exercerá o papel que é necessariamente o seu: lembrar a existência de limites.

Capítulo 5

O DIREITO FUNDAMENTAL À VIDA COMO LIMITE À PESQUISA CIENTÍFICA EM CÉLULAS-TRONCO EMBRIONÁRIAS HUMANAS

Qualquer consideração que se pretenda tecer acerca do conhecimento científico e de seus limites deve partir do magistério de Maria Garcia[1] que, ao refletir acerca do conhecimento e dos caminhos percorridos pela Ciência, ensina:

> O problema do conhecimento, da ciência – demonstra-se, portanto, uma questão filosófica (a necessidade humana do saber), uma questão política (o fenômeno humano do poder, de dominação da realidade) e, por certo, uma questão jurídica: a liberdade do homem e suas limitações.

O tema da limitação do conhecimento científico é, no entanto, sempre muito polêmico. Isso porque, de um lado, encontram-se aqueles que consideram que estabelecer limites para o desenvolvimento da pesquisa científica consiste em admitir que a humanidade regresse ao obscurantismo. Os que assim se posicionam argumentam que "limitar a ciência pela legislação jamais vai dar certo".[2]

Em contrapartida, existem aqueles que, diante das avassaladoras técnicas que a biologia molecular associada à biotecnologia demonstrou-se capaz de fazer engendrar, aí incluída a diagnose genética para fins de seleção ou eugenia, a manipulação de células germinais e o risco de alteração definitiva do patrimônio genético da humanidade, a hiperestimulação hormonal femi-

1. Garcia, Maria. *Op. cit.*, p. 33-34.
2. Gleiser, Marcelo *apud* Garcia, Maria. *Op. cit.*, p. 248.

nina para produção de óvulos com a finalidade de comercialização, a produção de embriões e fetos utilizados como matéria-prima da indústria cosmética, enfim, diante da possibilidade de reificação do ser humano, afirmam que, "aquilo que devemos 'evitar' a todo o custo deve ser determinado por aquilo que devemos 'preservar' a qualquer preço",[3] isto é, a vida humana.

Determinar um limite seguro, que permita harmonizar essas realidades possibilitando que a ciência avance, sem que esse avanço configure uma ameaça para a vida e o futuro da espécie humana, constitui a missão à qual se destina o Biodireito.

5.1. O BIODIREITO: GUARDIÃO DA VIDA

Aspirando estabelecer um conceito acerca do Biodireito, Daury César Fabriz[4] enuncia:

> O Biodireito, um novo ramo do Direito que vem despontando, refere-se aos fatos e eventos que surgem a partir das pesquisas das ciências da vida; que nascem a partir do "aumento de poder do homem sobre o próprio homem – que acompanha inevitavelmente o progresso técnico, isto é, o progresso da capacidade do homem de dominar a natureza e os outros homens – ou criar novas ameaças à liberdade do indivíduo, ou permitir novos remédios para suas indigências". Caracteriza-se o Biodireito como o "ramo do Direito que trata da teoria, da legislação e da jurisprudência relativas às normas reguladoras da conduta humana, em face dos avanços da biologia, da biotecnologia e da medicina". O Biodireito concede tratamento ao homem não só como ser individual, mas acima de tudo como espécie a ser preservada.

Para que se apreenda a real amplitude dessa nova área da ciência jurídica, é necessário, pois, que se façam algumas considerações preliminares acerca da etimologia do termo *biós*.

Originário do vocabulário grego, *biós* significa *vida*. Contudo, não possui a mesma conotação de *vida* designada pela língua portuguesa. Isso porque, no uso corrente da língua portuguesa *vida* é a antítese de *morte* e, no vocabulário grego, a antítese de *morte* – *thanatos* – não é *biós*, e sim, *zoé*, ou seja, os

3. Garrafa, Volnei. "Crítica bioética a um nascimento anunciado". *Revista dos Centros de Estudos Judiciários da Justiça Federal*. Brasília, v. 6, nº 16, mar. 2002, p. 28.
4. Fabriz, Daury César. *Op. cit.*, p. 288.

gregos, por atribuírem dois sentidos à palavra vida, possuem duas expressões distintas para designá-los.

Assim, *biós* corresponde ao decurso da vida, ao seu período de duração, a sua continuidade, relaciona-se com o tempo, *chronos*,[5] apresenta-se interligada, portanto, à consideração dos meios e das condições nas quais a vida evolui, condições essas no sentido de posse, propriedade, opulência, recursos que a vida possui para desenvolver-se dignamente, abrangendo a vida, enquanto processo vital, a desenvolver-se em toda sua *oikos* – casa onde se vive – em todo seu meio ambiente. Para a civilização grega, *biós* está, desse modo, diretamente relacionado à ética, posto que enfatiza a condição, o *status* do ser.[6]

Fermim Roland Schramm,[7] também anota estas distinções informando que *vida*, enquanto *zoé*, é compreendida no sentido de *vida orgânica*, "como princípio vital, como natureza animada que contém um ímpeto (*tymós*) ou a alma (*psyche*), considerados princípios do movimento de cada ser vivo" e *biós*, "como modo que o homem vive na prática sua vida, conforme os melhores costumes e normas de convivência social".

O campo de atuação do Biodireito é demarcado, destarte, por uma tênue linha que divide o espaço reservado às recomendações éticas daquele destinado aos mandamentos jurídicos, que distingue aquilo que é posto daquilo que é imposto no que concerne ao respeito à vida, à sua proteção e a sua conservação.

Assim, se ao Direito é reservada a tarefa de tornar possível a vida em sociedade, lembrando a lição de Goffredo Telles Junior,[8] segundo a qual "viver é conviver", ao Biodireito cumpre a missão de guardar a vida humana, no sentido de proteger, de tutelar, de assegurá-la, tanto com relação ao ser humano individualmente considerado quanto com relação ao gênero humano, tanto com relação às presentes quanto às futuras gerações, em qualquer etapa

5. O vocabulário grego tem duas palavras para designar o tempo: *chronos* e *chairos*. *Chronos* é o tempo que transcorre; *Chairos* é o tempo como oportunidade.

6. Link, Hans-George. *O novo dicionário internacional de teologia do novo testamento*. São Paulo: Sociedade Religiosa Edições Vida Nova, 1983, p.748-749.

7. Schramm, Fermim Roland. "As diferentes abordagens da bioética". In: Pegoraro, Olinto (orgs.). *Ética, ciência e saúde: desafios da bioética*. Petrópolis: Vozes, 2001, p. 33.

8. Telles Jr., Goffredo. *A criação do direito*. 2ª ed. São Paulo: Juarez de Oliveira, 2004, p. 472.

de seu desenvolvimento, da concepção à morte, onde quer que se encontre, garantindo não só a vida, mas, sobretudo, vida digna, vida com dignidade.

Nesse sentido Francisco Vieira Lima Neto[9] ensina:

> O Direito fornece instrumentos formais a fim de que as normas éticas se transformem em documentos e procedimentos efetivos. Mas é a ética (que é também política) que vai questionar os valores e as práticas do Direito Positivo, introduzindo novos valores e procurando responder aos desafios que emergem da contemporaneidade.

Entre esses desafios certamente figura a questão da pesquisa científica em células-tronco embrionárias.

5.2. O DIREITO À VIDA NO DIREITO BRASILEIRO

Se no âmbito da legislação supranacional o direito à vida apresentava-se como visto, sob o prisma dos direitos humanos, em sede nacional é tido como direito fundamental previsto pela Constituição Federal de 1988 no título II Dos Direitos e Garantias Individuais.

No que diz respeito aos termos *direitos* e *garantias* ressalva-se a distinção entre os vocábulos, segundo a qual os direitos assumem nítido caráter enunciativo ou declaratório e, quando violados, deverão ser corrigidos pelos chamados remédios constitucionais, as garantias, por sua vez, têm caráter assecuratório ou instrumental consistente nas prescrições que vedam determinadas condutas do poder público, que buscam prevenir e não corrigir os direitos violados. Nesse sentido recorda-se que:

> a distinção entre direitos e garantias fundamentais, no Direito brasileiro, remonta a Rui Barbosa, ao separar as disposições meramente declaratórias, que são as que imprimem existência legal aos direitos reconhecidos, e as disposições assecuratórias, que são as que, em defesa dos direitos, limitam o poder. Aquelas, instituem os direitos; estas, as garantias; ocorrendo não raro, juntar-se, na mesma disposição constitucional, ou legal, a fixação da garantia, com a declaração do direito.[10]

Assim, a vida, além de ser tutelada pelo art. 5º da Constituição Federal de 1988, também o é em outros dispositivos constantes na Magna Carta de

9. Lima Neto, Francisco Vieira. *Responsabilidade civil das empresas de engenharia genética*. São Paulo: LED, 1997, p. 76-77.
10. Moraes, Alexandre de. *Op. cit.*, p. 251.

1988, tais como: o direito à saúde (arts. 194 e 196), a inadmissibilidade da pena de morte (art. 5º, XLVII, a), a proteção à criança e ao adolescente (art. 227, *caput* e § 1º, II), o direito de subsistência (art. 7º), o amparo aos idosos e a assistência àqueles que dela necessitem (arts. 230, 203, IV e 3º, IV), e ao meio ambiente ecologicamente equilibrado (art. 225).

No que concerne à tutela da vida humana na esfera infraconstitucional, o art. 2º do novo Código Civil resguarda os direitos do nascituro desde a concepção, prevê o direito à existência (CC, arts. 1.694 a 1.710, 948 e 950 e Leis nº 5.478/1968, nº 8.971/1994, art. 1º e parágrafo único, e nº 9.278/1996, art. 7º) e impõe responsabilidade civil ao lesante em razão de dano moral ou patrimonial por atentado à vida alheia.

Não bastassem a outorga da proteção constitucional e civil, a vida humana mereceu, outrossim, amparo jurídico-penal e, com esse escopo, foram tipificados como crimes pelo Código Penal brasileiro de 1940 o homicídio simples (CP, art. 121) e qualificado (art. 121, § 2º), o infanticídio (art. 123), o aborto (arts. 124 a 128), o induzimento, a instigação e o auxílio a suicídio (art. 122).[11]

Assim, a observação do esforço no sentido de tutelar a vida humana, não só com relação à instituição dos dispositivos acima assinalados, constitucionais e infraconstitucionais, como também por meio da ratificação de tratados, anteriormente analisados, remete a afirmação de Maria Helena Diniz[12] segundo a qual, "a vida tem prioridade sobre todas as coisas, uma vez que a dinâmica do mundo nela se contém e sem ela nada terá sentido".

É por essa razão que se afirma o direito fundamental à vida como fiel da balança, no que concerne à pesquisa científica em célula-tronco embrionária, como norte a orientar o ordenamento jurídico pátrio, exigindo-se, quando da aprovação de novas legislações e da interpretação daquelas em vigor, que por ele se orientem e que nele busquem sustentação.

5.3. A CONSTITUIÇÃO FEDERAL DE 1988 E O BIODIREITO: ARTS. 5º E 225

No que concerne à Constituição, Celso Bastos[13] ensina que ela deve ser entendida como:

11. "A vida é resguardada, salvo nas hipóteses de legítima defesa, estado de necessidade e exercício regular de um direito, que excluem a ilicitude, e de aborto legal (art. 128, I e II), que extingue a punibilidade." Diniz, Maria Helena. *Op. cit.*, p. 27.
12. *Ibid.*, p. 28.
13. Bastos, Celso Ribeiro. *Op. cit.*, p. 52.

conjunto de regras e princípios de maior força hierárquica dentro do ordenamento jurídico e que tem por fim organizar e estruturar o poder político, além de definir os seus limites, inclusive pela concessão de direitos fundamentais para o cidadão.

Para José Afonso da Silva:[14]

A Constituição é algo que tem *como forma*, um complexo de normas (escritas ou costumeiras); *como conteúdo*, a conduta humana motivada pelas relações sociais (econômicas, políticas, religiosas etc.); *como fim*, a realização de valores que apontam para o existir em comunidade; e, finalmente, *como causa* criadora ou recriadora, o poder, que emana do povo. Não pode ser compreendida e interpretada se não tiver em mente essa estrutura considerada como conexão de sentido, como é tudo aquilo que integra um conjunto de valores.

É de se ressaltar, todavia, que essa concepção[15] axiológica da Constituição, na qual o Direito passa a ser considerado um conjunto de normas – re-

14. Silva, José Afonso da. *Op. cit.*, p. 41.

15. Quando da análise do conceito da Constituição de um Estado, outras concepções, além dessa jurídico-pós-positivista, são possíveis de serem formuladas, tais como: a concepção sociológica, a política e a jurídica positivista. A concepção sociológica da Constituição, apregoada por Lassale, defende a necessidade do diálogo entre a realidade em que se encontra a sociedade – políticos, econômicos e religiosos – e a Constituição, sob pena desta tornar-se uma "folha de papel", desse modo, a essência da Constituição para o autor é "a soma dos fatores reais do poder que regem uma nação." Lassale, Ferdinand. *A essência da Constituição*. 4ª ed. Rio de Janeiro: Lúmen Júris, 1998, p. 32. Teixeira observa que a escola sociológica alerta para a necessidade de conhecer "... a realidade social, a conjuntura histórico-social, não apenas explicar os fenômenos políticos e jurídicos à luz desses conhecimentos, mas também orientar os legisladores e os aplicadores do Direito na tarefa incessante de uma concretização, cada vez mais perfeita, dos ideais de Justiça e Bem Comum." Teixeira, José Horácio Meirelles. *Curso de Direito Constitucional*. Rio de Janeiro: Forense Universitária, 1991, p. 53. A concepção política da Constituição é formulada por Carl Schmitt. O autor classifica as acepções da palavra "Constituição" em quatro grandes grupos, a saber, no sentido absoluto, a Constituição tomada como um todo unitário; no sentido relativo, a Constituição como pluralidade de leis particulares de diferentes alcance e valor; no sentido positivo, como decisão concreta, de conjunto, sobre o modo e a forma de organização política; e no sentido ideal, como expressão de um certo conteúdo ideal com o qual ela se identifica, e que, desde a Revolução Francesa, é o conteúdo liberal-democrático do Estado de Direito. Cf. Teixeira, José Horácio Meirelles. *Op. cit.*, p. 42. Por fim, há a concepção jurídica positivista da Constituição, que encontra em Kelsen seu expoente máximo e que nega qualquer influência sociológica, política, filosófica ou de Direito natural que possa haver sobre as normas

gras e princípios[16] – a regulamentar a vida em sociedade, pautado, sobretudo, em valores supremos como a vida, a dignidade e a liberdade, é fruto de uma consciência jurídica denominada, por muitos doutrinadores, de pós-positivista, e que resulta da superação da doutrina juspositivista, acrítica aos valores, e da doutrina jusnaturalista.

Acima restou anotado, no que concerne ao Biodireito, que é dele a missão de tutelar a vida em sua plenitude, isto é, *biós* e *zoé*. Maria Garcia,[17] por sua vez, informa que "... a Constituição trata, em caráter de supremacia, da pessoa, da vida e da liberdade". Desse modo, da intersecção da Constituição com o Biodireito resulta, para Oliveira Baracho,[18] a Bioconstituição, que o autor conceitua nos seguintes termos:

---

constitucionais. Por essa concepção, a Constituição assume, no sentido lógico-jurídico, o caráter de norma hipotética fundamental, a qual determina o cumprimento da própria Constituição, isto é, impõe a todos o dever de obediência às normas estabelecidas pelo poder constituinte e, no sentido jurídico positivo como "norma ou as normas positivas por meio das quais é regulada a produção de normas jurídicas gerais". Kelsen, Hans. *Teoria Pura do Direito*. 5ª ed. São Paulo: Martins Fontes, 1996, p. 247.

16. A esta altura, cumpre destacar a distinção que se faz entre regras e princípios. Assim, seguindo a lição de Willis Santiago Guerra Filho "... as regras trazem a descrição de estados-de-coisas formados por um fato ou um certo número deles, enquanto nos princípios há uma referência direta a valores. Daí dizer que as regras se fundam nos princípios, os quais não fundamentariam diretamente nenhuma ação, dependendo para isso da intermediação direta de uma regra concretizadora. Princípios, portanto, têm um alto grau de generalidade (...) e abstração". O autor acrescenta, ainda, que na ocorrência de conflito, quando este se verifica em relação às regras, resulta em antinomia, a ser resolvido pela perda de validade de uma das regras em colisão. Quando o conflito ocorre entre princípios, resolve-se pelo acatamento de um, sem que isso implique no desrespeito completo do outro. Por último, na hipótese de choque entre regra e princípio, é crucial que este prevaleça sobre aquela. Filho, Willis Santiago Guerra. *Op. cit.*, p. 43 e ss. Na clássica lição de Bandeira de Mello, princípio é o "mandamento nuclear de um sistema, verdadeiro alicerce dele, disposição fundamental que se irradia sobre diferentes normas compondo-lhes o espírito e servindo de critério para sua exata compreensão e inteligência, exatamente por definir a lógica e a racionalidade do sistema normativo, no que lhe confere a tônica e lhe dá sentido harmônico." Bandeira de Mello, Celso Antonio. *Curso de direito administrativo*. 11ª ed. São Paulo: Malheiros, 1999, p. 628-629.

17. Garcia, Maria. "Biodireito constitucional: uma introdução". *Revista de Direito Constitucional e Internacional,* ano 11, nº 42, janeiro-março de 2003, p. 106.

18. Baracho, José Alfredo de Oliveira. A identidade genética do ser humano. Bioconstituição: Bioética e Direito. *Revista de Direito Constitucional e Internacional.* São Paulo, v. 8, nº 32, julho-setembro 2000, p. 91.

conjunto de normas (princípios e regras) formal ou materialmente constitucionais, que tem por objetivo as ações ou omissões do Estado ou de entidades privadas, com base na tutela da vida, na identidade e na integridade das pessoas, na saúde do ser humano atual ou futuro, tendo em vista também as suas relações com a Biomedicina.

Com base nesse conceito, ficam consagrados como dispositivos medulares, sobre os quais se erige o Biodireito, os arts. 5º e 225 da Constituição Federal de 1998.

Individualmente considerada, a tutela da vida está prevista no art. 5º, *caput* da Constituição Federal de 1988, *in verbis*:

> Art. 5º - Todos são iguais perante a lei, sem distinção de qualquer natureza, garantindo-se aos brasileiros e aos estrangeiros residentes no país, a inviolabilidade do direito à vida, à liberdade, à segurança e à propriedade, nos termos seguintes:[19]

---

19. "Na Irlanda, o art. 40 de sua Constituição, com redação dada por *The Pro-Life Amendment*, reconhece claramente à criança por nascer o direito à vida. A constituição russa, de 1993, afirma que 'a Federação russa é um Estado Social, cuja política está dirigida à criação de condições que assegurem a vida digna e desenvolvimento livre ao homem'. O art. 17 da Lei Constitucional da República Popular da Angola, após impor ao Estado a proteção da pessoa humana e sua intrínseca dignidade, dispõe que 'a lei protegerá a vida de cada cidadão'. No seu art. 28, a Constituição da República da Bulgária prevê que 'todo indivíduo tem direito à vida', advertindo que 'atentar contra a vida humana se castiga como o crime mais grave'. O art. 31 da Constituição da República do Cabo Verde determina que 'todo cidadão tem direito à vida'. O art. 57 da Constituição da República Popular da Hungria prevê que 'na República os cidadãos têm direito à proteção de sua vida'. No seu art. 21, a Constituição Política da República da Costa Rica afirma que 'a vida humana é inviolável'. O art. 2º da Constituição da República de El Salvador assevera que 'toda pessoa tem direito à vida'. A Constituição Política da República do Equador, em seu art. 19, dispõe que, 'sem prejuízo de outros direitos necessários ao pleno desenvolvimento moral e material que se deriva da natureza da pessoa, o Estado lhe garante a inviolabilidade da vida'. O art. 15 da Constituição espanhola alega que 'todos têm direito à vida'. A lei Constitucional da Finlândia, em seu art. 6º, prevê que 'todo cidadão finlandês será protegido pela lei em sua vida'. O art. 19 da Constituição Política da República do Chile assegura a todas 'as pessoas o direito à vida', dispondo, além disso, que 'a lei protege a vida daquele que esta por nascer'. O art. 32 da Constituição da República de Guiné-Bissau dispõe que 'todo cidadão tem direito à vida'. A Constituição do Japão, após reconhecer, em seu art. 11, que 'os direitos fundamentais humanos assegurados por esta Constituição serão concedidos ao povo desta e das futuras gerações como direitos eternos e invioláveis', dispõe, em seu art. 13, que o

Ao refletir a respeito do alcance que é atribuído ao direito à vida, por meio do *caput* do art. 5º da Constituição de 1998, Sérgio Ferraz[20] acentua:

> ... além do princípio cardeal da igualdade, o artigo também refere o *direito à vida*. E o fez com muito mais ênfase que em 1967/69, quando o que se assegurava era a "inviolabilidade dos direitos concernentes à vida". Agora não: a inviolabilidade é do próprio direito à vida (inclusive células, tecidos etc.), vocacionando à vida, ainda quando incapaz de manter, por si só, sua existência.

O direito à vida protege, assim, o ser humano em qualquer etapa de seu desenvolvimento: zigoto, mórula, blástula, concepto, embrião, feto, recém-nascido, a criança, o adolescente, o homem adulto e o idoso, posto que o que há é sempre "um *continuum* do mesmo ser".[21]

Já a proteção da vida humana enquanto espécie a ser preservada restou elencada no art. 225, *in verbis*:

> Art. 225 - Todos têm direito ao meio ambiente ecologicamente equilibrado, bem de uso comum do povo e essencial à sadia qualidade de vida, impondo-se ao Poder Público e à coletividade o dever de defender e preservá-lo, para as presentes e futuras gerações.

Para Celeste Gomes e Sandra Sordi:[22]

> ... a espécie transcende ao indivíduo e à humanidade. É um *primus* antropológico e ético no que o homem se reconhece a si mesmo

'direito de todos à vida receberá a suprema consideração na legislação e em outros assuntos governamentais'. A Constituição da Nicarágua, em seu art. 23, assegura que "o direito à vida é inviolável e inerente à pessoa humana". A Constituição da República do Paraguai, em seu art. 50, prevê que 'toda pessoa tem o direito a ser protegida pelo Estado em sua vida'. Na Constituição Política do Peru, enquanto o seu art. 1º assevera que 'a pessoa humana é o fim supremo da sociedade e do Estado', o seu art. 2º dispõe que 'toda pessoa tem direito à vida' e que 'aquele que está por nascer, se considera nascido para tudo que lhe é favorável'. O art. 24 da Constituição de Portugal afirma que 'a vida humana é inviolável'. A Constituição da República do Suriname, em seu art. 14, alega que 'todos têm direito à vida. Este direito é protegido por lei'. O art. 7º da República Oriental do Uruguai prevê que 'os habitantes da República Oriental têm direito de ser protegidos no gozo de sua vida'. E o art. 58 da Constituição da República da Venezuela garante que 'o direito à vida é inviolável.'" Silva, Reinaldo Pereira e. *Op. cit.*, p. 201-203.

20. Ferraz, Sérgio. *Op. cit.*, p. 25.

21. Santos, Maria Celeste Cordeiro Leite dos. *Op. cit.*, p. 152.

22. Gomes, Celeste Leite dos Santos Pereira; Sordi, Sandra. *Op. cit.*, p. 173.

> pelo caráter transpessoal do genoma. À espécie humana pela sua própria dignidade convém a condição de sujeito de direito para preservar a identidade e a inviolabilidade da essência do humano. A espécie é o vínculo que permite proteger os direitos das gerações presentes e futuras.

Assim, em que pese a Constituição Federal de 1988 consagrar a primazia do direito à vida,[23] tanto em relação ao homem individual quanto em relação ao gênero humano, enunciando-o como um direito fundamental, superior, essencial, a ser observado com relação às gerações presentes e às futuras, conforme consta dos dispositivos referidos acima, foi sancionada, em março de 2005, a Lei nº 11.105, que autoriza a pesquisa científica em células-tronco embrionárias.

5.4. A LEI Nº 11.105 DE 24 DE MARÇO DE 2005

Conhecida como Lei de Biossegurança, a Lei nº 11.105, entre outras providências, visa a regulamentar o dispositivo constitucional que determina a todos os indivíduos o direito a um meio ambiente ecologicamente equilibrado (incisos II, IV e V, do § 1º, do art. 225, da CF/1988)[24] estabelecendo em seu art. 1º, *in verbis*:

---

23. No que concerne à colidência entre princípios, Diniz e Nery postulam o primado do direito à vida. Cf. Nery, Rosa Maria de Andrade. *Noções preliminares de direito civil.* São Paulo: Revista dos Tribunais, 2002, p. 111; Diniz, Maria Helena. *Op. cit.*, p. 25.

24. "Art. 225 Todos têm direito a um meio ambiente ecologicamente equilibrado, bem de uso comum do povo e essencial à sadia qualidade de vida, impondo-se ao Poder Público e à coletividade o dever de defendê-lo e preservá-lo para as presentes e futuras gerações.

§ 1º Para assegurar a efetividade desse direito, incumbe ao Poder Público:

I – (...)

II – preservar a integridade e diversidade do patrimônio genético do país e fiscalizar as entidades dedicadas à pesquisa e manipulação do material genético;

III – (...)

IV – exigir, na forma da lei, para a instalação, obra ou atividade potencialmente causadora de significativa degradação do meio ambiente, estudo prévio de impacto ambiental, a que se dará publicidade;

V – controlar a produção, a comercialização e o emprego de técnicas, métodos e substâncias que comportem risco para a vida, a qualidade de vida e o meio ambiente". Constituição da República Federativa de Brasil, promulgada em 5 de outubro de 1988.

... normas de segurança e mecanismos de fiscalização sobre a construção, o cultivo, a produção, a manipulação, o transporte, a transferência, a importação, a exportação, o armazenamento, a pesquisa, a comercialização, o consumo e a liberação no meio ambiente e o descarte de organismos geneticamente modificados - OGM e seus derivados, tendo como diretrizes o estímulo ao avanço científico na área da biossegurança e biotecnologia, a proteção à vida e à saúde humana, animal e vegetal, e a observância do princípio da precaução para a proteção do meio ambiente.

Antes de sua edição, os procedimentos relacionados a embriões humanos supranumerários, oriundos das técnicas de fertilização *in vitro*, eram regulamentados com base na Lei nº 8.974/1995.

Quanto à Lei nº 8.974/1995, cumpre consignar que se apresentava mais consoante com as tendências – internacionais e nacionais – das instituições engajadas na defesa dos princípios e das prerrogativas jurídicas e éticas essenciais aos seres humanos. Nesse sentido, a referida lei vedava expressamente a manipulação genética de células germinais, bem como a intervenção em material genético humano *in vivo* (art. 8º, incisos II e II) determinando, para o caso de inobservância do dispositivo, a pena de seis a vinte anos de reclusão (art. 13).

Na esteira do preconizado pela Lei nº 8.975/1995, o Conselho Nacional de Saúde elaborou, no ano de 1996, a Resolução nº 196, que disponibiliza no cenário normativo nacional um conjunto de elementos conceituais inclinados a obedecer ao mandamento constitucional do respeito à vida e à dignidade da pessoa humana. Embora a Resolução não tenha aprofundado o exame concernente à apropriação e uso dos produtos de pesquisa genética, prevê um rol principiológico de cunho ético que visa à proteção do ente pesquisado e que consiste: na autonomia (com especial menção à defesa dos seres humanos vulneráveis); na beneficência; na não-maleficência; e na justiça e eqüidade.[25]

25. Esse rol principiológico previsto pela Resolução nº 196 refere-se aos princípios informados pela bioética, entendida como "... a filosofia moral da investigação e da prática biomédica". Sgreccia, Elio. *Manual de Bioética: aspectos médicos e sociais*. São Paulo: Loyola, 1997, p. 27.

O princípio da autonomia impõe respeito à pessoa que não pode ser considerada objeto de pesquisa e de experiências, independentemente de seu estado. O princípio da beneficência enuncia a obrigatoriedade do profissional da saúde e do investigador de promover primeiramente o bem do paciente. Se baseia na regra da confiabilidade. Beneficência – de *bonum facere*, do latim, *fazer o bem* – e seu reverso, a *não maleficência, non nocere*, encontram suas raízes no juramento de Hipócrates: "*Juro,* por Apolo médico, Esculápio, Higía e Panacéia: (...) aplicarei os regimes para o bem dos doentes, segundo o meu saber e a minha razão, e nunca para prejudicar ou fazer o mal a quem quer que seja..." O princípio bioético da justiça estabelece, por sua vez, a imparcialidade na distribuição dos benefícios dos serviços de saúde. Maria Celeste Cordeiro Leite Santos assinala que é "o princípio da justiça que obriga a garantir a distribuição justa, eqüitativa e universal dos benefícios dos serviços de saúde. Impõe que todas as pessoas sejam tratadas de igual maneira, não obstante, suas diferenças". [26]

Assim dispõe a Resolução nº 196/1996:[27]

> Aspectos éticos da pesquisa envolvendo seres humanos. As pesquisas envolvendo seres humanos devem atender às exigências éticas e científicas fundamentais.
>
> (...)
>
> III - 1. A eticidade da pesquisa implica:
>
> a) O consentimento livre e esclarecido dos indivíduos-alvo e a proteção a grupos vulneráveis e aos legalmente incapazes (autonomia). Neste sentido, a pesquisa envolvendo seres humanos deverá sempre tratá-los em sua dignidade, respeitá-los em sua autonomia e defendê-los em sua vulnerabilidade.
>
> b) Ponderação entre riscos e benefícios, tanto atuais como potenciais, individuais ou coletivos (beneficência), comprometendo-se com o máximo de benefícios e o mínimo de danos e riscos.
>
> c) Garantia de que os danos previsíveis serão evitados (não-maleficência).

26. Cf. Santos, Maria Celeste Cordeiro Leite dos, *Op. cit.*, p. 42 e 45.

27. Conselho Nacional de Saúde. Resolução nº 196, de 10 de outubro de 1996. Regulamenta as pesquisas envolvendo seres humanos. Presidente: Adib D. Jatene. Rio de Janeiro: Fiocruz, 1997, p. 7.

> d) Relevância social da pesquisa com vantagens significativas para os sujeitos da pesquisa e minimização do ônus para os sujeitos vulneráveis, o que garante igual consideração dos interesses envolvidos, não perdendo o sentido de sua destinação sócio-humanitária (justiça e eqüidade).

Em março de 2005, dez anos após a edição da Lei nº 8.974/1995, foi sancionada pelo Presidente da República, após prévia aprovação da Câmara dos Deputados e do Senado Federal, a Lei nº 11.105.

Redigida com linguagem imprecisa, confusa, ambígua e de valor semântico demasiadamente amplo, a lei mescla temas extremamente relevantes, polêmicos, controversos e dissociados como a questão da produção de sementes transgênicas e a disponibilização de embriões humanos para fins de pesquisa e terapia, autorizando em seu art. 5º *in verbis*:

> Art. 5º - É permitida, para fins de pesquisa e terapia, a utilização de células-tronco embrionárias obtidas de embriões humanos produzidos por fertilização in vitro e não utilizados no respectivo procedimento, atendidas as seguintes condições:
>
> I - sejam embriões inviáveis; ou
>
> II - sejam embriões congelados há 3 (três) anos ou mais, na data da publicação desta Lei, ou que, já congelados na data da publicação desta Lei, depois de completarem 3 (três) anos, contados a partir da data do congelamento.

Digna de severas críticas, tanto por parte de representantes da comunidade médica científica, posto que conscientes do risco[28] que tais pesquisas representam aos seres humanos e da necessidade de pautarem suas atividades sempre em sólidos princípios éticos, quanto por parte de renomados juristas no que se refere à inobservância do respeito do direito à vida humana e da dignidade que lhe é inerente, revela-se, desse modo, um contra-senso jurídico e ético.

28. Embora os riscos reais e potenciais oriundos das pesquisas científicas em células-tronco embrionárias humanas já tenham sido objeto de discussão nos capítulos anteriores, cumpre registrar, ademais, a advertência feita por Herdegen e Dederer que recordam que a utilização das informações dos elementos genéticos humanos, contidos nos ácidos nucléicos e células adultas do corpo humano, pode apresentar resultados imprevisíveis para os pacientes como para seus descendentes, provocando mutações genéticas das células reprodutoras, assim como a possibilidade de multiplicação e surgimento de novos vírus. Cf. Herdegen, Matthias; Dederer, Hans-Georg. "Aspectos jurídicos de la terapia genética somática en humanos". In: *Contribuciones,* Buenos Aires, ano 14, nº 3, jul-set. 1997, p. 163-205.

Nesse sentido Ives Gandra Martins e Lílian Piñero Eça[29] asseveram:

> Do ponto de vista jurídico, dúvida não existe. Declara a Constituição que o direito à vida é inviolável. O tratado internacional sobre os direitos fundamentais da São José determina que a vida começa na concepção e que a pena de morte é condenável tanto para o nascituro quanto para o nascido. E o Código Civil impõe que todos os direitos do nascituro sejam garantidos desde a concepção. Seria, pois, ridículo, se todos os direitos estivessem garantidos, menos o direito à vida. A vida começa, portanto, na concepção, não se justificando que seres humanos sejam, como nos campos de concentração de Hitler, também no Brasil objeto de manipulação embrionária. A lei é manifestamente inconstitucional do ponto de vista jurídico. Do ponto de vista científico, a lei não merece melhor sorte.

Inconcebível, desse modo, emprestar legitimidade à Lei nº 11.105/2005, que à revelia da ordem jurídica interna posta e dos tratados internacionais dos quais o Brasil é signatário, permite a manipulação e a instrumentalização do embrião humano.

Acerca dos parâmetros fixados pela referida lei, em seus incisos I e II, que informam que os embriões humanos utilizados para fins de pesquisa e terapia devem ser considerados *inviáveis* ou estarem *congelados há três anos ou mais*, Cristiane Beuren Vasconcelos[30] indaga:

> Afinal, qual o exato sentido do termo *inviável* constante no normativo? Se no sentido literal a palavra inviável quer dizer "não executável", como então classificar a inviabilidade dos embriões? Por acaso seriam aqueles padecedores de anomalias genéticas ou defeitos congênitos resultantes da fertilização? Ou seriam aqueles que, já restando excluídos da chance de integração em projeto parental, por motivos econômicos, também restaram excluídos da possibilidade de criopreservação? Afinal, qual o alcance legal do termo? Pelo subjetivismo interpretativo que encerra, chega-se à conclusão de que qualquer hipótese poderia facilmente configurar uma invibialidade!

Quanto à observação do prazo de três anos determinado pela Lei de Biossegurança para a permissão do uso de embriões, a autora[31] acrescenta, ainda:

---

29. Martins, Ives Gandra da Silva; Piñero Eça, Lílian. "Verdade sobre células-tronco embrionárias. Tendências e debates". *Folha de S. Paulo*, 8 jun. 2005.

30. Vasconcelos, Cristiane Beuren. *Op. cit.*, p. 127.

31. *Ibid.*, p. 128.

> Referido normativo consegue ser ainda mais incongruente quando, em seu art. 6º, III, prescreve taxativamente a proibição de se promover engenharia genética em célula germinal, zigoto e embrião humanos (!); a respeito da proibição, leia-se: antes de expirado o seu prazo de validade!

Ofensiva, assim, aos direitos e às garantias relacionados à proteção da vida, expressos na Carta Constitucional Federal, dos quais o Biodireito vem se firmando na ordem jurídica – interna e externa – como guardião, há que se admitir que a referida lei apresenta-se, pois, eivada de vícios intrínsecos essenciais no plano da validade e da legitimidade, tornando-se, portanto, suscetível de denúncia por inconstitucionalidade tanto pela via do controle jurisdicional incidental quanto pela via direta.

Nesse sentido, a Lei de Biossegurança já é alvo de Ação Direita de Inconstitucionalidade interposta em 30 de maio de 2005 pelo então procurador-geral da República Cláudio Lemos Fonteles, que contesta especificamente a permissão ao uso de células-tronco embrionárias para fins de pesquisa e terapia. Protocolada sob o nº 3510-0 junto ao Supremo Tribunal Federal (tendo como relator o ministro Carlos Ayres Britto), defende com propriedade a inconstitucionalidade do art. 5º da Lei nº 11.105/2005 e seus incisos e parágrafos, alegando sua manifesta afronta ao art. 5º, *caput* e inciso III, da CF/1988. Referida ação continua pendente de julgamento. Em 20 de abril de 2007, o Supremo Tribunal Federal realizou a primeira audiência pública de sua história, no intuito de reunir informações científicas para julgar o processo. Contudo, a referida ação continua pendente de julgamento até a presente data.

Entretanto, se por um lado resta flagrante que a Lei nº 11.105/2005 atenta contra o direito fundamental à vida (art. 5º, *caput*, da CF/1988), conforme ficou demonstrado acima, por outro lado há que se recordar que a liberdade científica é, também, um direito fundamental de acordo com o próprio art. 5º, inciso IX, da CF/1988, *in verbis*:

> É livre a expressão da atividade intelectual, artística, científica e de comunicação, independentemente de censura ou licença;

Um equívoco, contudo, acreditar que essa liberdade, à qual se refere o inciso IX do art. 5º, por não explicitar um limite em seu próprio bojo, seja, portanto, ilimitada. Os limites a serem observados quando do exercício da liberdade científica são determinados pela própria Constituição, bem como pelo Biodireito e referem-se: ao princípio da dignidade da pessoa humana e à ética da responsabilidade.

Para Paulo Otero:[32]

> sempre que exista uma situação de concorrência aplicativa ou de tensão entre, por um lado, os valores da dignidade da pessoa humana e da inviolabilidade da vida humana, e, por outro lado, quaisquer outros princípios, tem sempre de prevalecer a solução dotada de maior conexão imediata ou directamente baseada na dignidade humana e na inviolabilidade dessa mesma vida.

No mesmo sentido Maria Helena Diniz:

> A Constituição Federal de 1988, em seu art. 5º, inciso IX, proclama a liberdade da atividade científica como um dos direitos fundamentais, mas isso não significa que ela seja absoluta e que não contenha qualquer limitação, pois há outros valores e bens jurídicos reconhecidos constitucionalmente, como a vida, a integridade física e psíquica, a privacidade etc., que poderiam ser gravemente afetados pelo mau uso da liberdade da pesquisa científica. Havendo conflito entre a livre expressão da atividade científica e outro direito fundamental da pessoa humana, a solução ou o ponto de equilíbrio deverá ser o respeito à dignidade humana, fundamento do Estado Democrático de Direito, previsto no art. 1º, inciso III, da Constituição Federal. Nenhuma liberdade de investigação científica poderá ser aceita se colocar em perigo a pessoa humana e a sua dignidade. A liberdade científica sofrerá as restrições que forem imprescindíveis para a preservação do ser humano em sua dignidade.[33]

Maria Garcia,[34] por sua vez, ao refletir acerca da liberdade jurídica frente à norma permissiva infere: "como agir, porém, no silêncio da lei é um outro problema de cada um e de todos." Nesses termos, a autora insere a responsabilidade como verdadeiro limite da liberdade, isto é, como um binômio "liberdade e responsabilidade" nivelado e mediado pelo Direito.

---

32. Otero, Paulo. *Op. cit.*, p. 99.

33. Cf. Diniz, Maria Helena. *Op. cit.*, p. 8-9.

34. Garcia, Maria. "Considerações sobre a relação entre a liberdade jurídica e a norma permissiva". *Cadernos de Direito Constitucional e Ciência Política*, ano 3, nº 12, julho-setembro de 1995, p. 60.

Maria Celeste Cordeiro Leite Santos[35] sintetiza:

> Sendo ordenadas pelo homem (ciência e técnica), de quem recebem origem e incremento, é na pessoa e em seus valores que vão buscar a indicação de sua finalidade e a consciência de seus limites.

Tarefa do Biodireito, nesse contexto, é mediar a tensão dialética entre a liberdade científica e o direito fundamental à vida, fixando pautas que permitam compatibilizar os valores essenciais assegurados a cada indivíduo e a necessidade humana legítima de buscar novos conhecimentos.

5.5. O DIREITO FUNDAMENTAL À VIDA E OS LIMITES À PESQUISA CIENTÍFICA EM CÉLULAS-TRONCO EMBRIONÁRIAS HUMANAS: A DIGNIDADE DA PESSOA HUMANA E A ÉTICA DA RESPONSABILIDADE

O primeiro diploma jurídico internacional a proclamar a dignidade da pessoa humana foi a Carta das Nações Unidas de 26 de junho de 1945, que em seu preâmbulo enuncia:

> o reconhecimento da dignidade inerente a todos os membros da família humana e de seus direitos iguais e inalienáveis é o fundamento da liberdade, da justiça e da paz no mundo.

Da sua proclamação em âmbito internacional à sua previsão como um dos princípios fundamentais a estruturar a República Federativa do Brasil passaram-se apenas 43 anos. Assim, a Constituição Federal de 1988 estabelece em seu art. 1º, inciso III, *in verbis*:

> Art. 1º - A República Federativa do Brasil, formada pela união indissolúvel dos Estados e Municípios e do Distrito Federal, constitui-se em Estado Democrático de Direito e tem como fundamentos:
> I - (...)
> II - (...)
> III - a dignidade da pessoa humana...

Para melhor elucidar a expressão que permeia todo o ordenamento jurídico brasileiro e sobre a qual se funda o Estado Democrático de Direito, exige-se precisar o sentido e o alcance da expressão *dignidade da pessoa*

35. Santos, Maria Celeste Cordeiro Leite. *Imaculada concepção: nascendo* in vitro *e morrendo* in machina: *aspectos históricos e bioéticos da reprodução humana assistida no direito penal comparado*. São Paulo: Acadêmica, 1993, p. 189.

humana, tanto no que lhe designa a concepção filosófica, quanto no que lhe reserva a concepção jurídica.[36]

Assim, em sua concepção filosófica, *dignidade* termo originário do latim *dignitas* (merecimento, nobreza, valor), designa a qualidade moral que infunde respeito; consciência do próprio valor; honra, autoridade, nobreza; qualidade do que é grande, elevado. E ainda, quer significar o "modo de alguém proceder ou de se apresentar que inspira respeito, solenidade, gravidade, brio, distinção, prerrogativa, título, honraria, função ou cargo de alta graduação". Na esfera eclesiástica, designa o "benefício vinculado a cargo proeminente ou a alto título em um cabido".[37]

Tanto no Antigo quanto no Novo Testamento podemos encontrar referências no sentido de que o homem foi criado à imagem e semelhança de Deus, premissa da qual o cristianismo extraiu a conseqüência de que o ser humano é dotado de um valor próprio e que lhe é intrínseco, não podendo ser transformado em mero objeto ou instrumento.[38]

A dignidade da pessoa humana, no âmbito do pensamento clássico, correspondia à posição ocupada pelo indivíduo na sociedade, bem como no seu grau de reconhecimento pelos demais membros da comunidade, de tal sorte que era possível falar em maior ou menor grau de dignidade. Por outro lado, a dignidade era tida também como qualidade que, pelo fato de ser inerente aos seres humanos, os distinguia das demais criaturas.

> Esta noção de dignidade, sustentada de modo especial no âmbito da filosofia estóica, encontra-se, por sua vez, imediatamente vincula-

36. O princípio da dignidade da pessoa humana encontra-se inserido no texto Constitucional "entre os valores superiores que fundamentam o Estado" Cf. leciona Garcia, Maria. *Op. cit.*, p. 207. Surge como critério de resolução de conflitos. Nesse sentido também Cleber Francisco Alves reflete a respeito do princípio da dignidade humana e questiona se se trata de um princípio (dimensão normativa) ou valor (dimensão axiológica ou teleológica). Concluindo todavia que, quer como princípio, quer como valor, o sentido que se dá é unívoco, pois os doutrinadores de uma e de outra posição, quase de modo uniforme, propugnam pela sua força vinculante e cogente. Assim, a idéia da dignidade da pessoa humana não é cláusula retórica ou de estilo, mas "verdadeira força vinculante, de caráter jurídico, apta a disciplinar as relações sociais pertinentes". Alves, Cleber Francisco. *O princípio constitucional da dignidade da pessoa humana: o enfoque da doutrina social da Igreja*. Rio de Janeiro: Renovar, 2001, p. 119-125.

37. *Dicionário Houaiss da língua portuguesa*. Instituto Antonio Houaiss. Rio de Janeiro: Objetiva, 2004, p. 1.040.

38. Cf. Sarlet, Ingo Wolfgang. *Op. cit.*, p. 113.

> da à noção de liberdade pessoal de cada indivíduo (o homem como ser livre e responsável por seus atos e seu destino), bem como à idéia de que todos os homens, no que tange à sua natureza, são iguais em dignidade.[39]

Ingo Wolfgang Sarlet partindo dessa noção encontra no cristianismo medieval e na filosofia estóica as origens dessa concepção, indicando que teria sido Tomás de Aquino quem expressamente utilizou a expressão "*dignitas* humana".[40]

Em seguida, Pico Della Mirandola, "centrando sua reflexão acerca do homem na liberdade, retrata a sua condição específica no mundo e a sua dignidade humana, que "o eleva acima de todas as criaturas".[41]

> Ó Adão, não te demos um lugar determinado, nem um aspecto que te seja próprio, nem tarefa alguma específica, a fim de que obtenhas e possuas aquele lugar, aquele aspecto, aquela tarefa que tu seguramente desejares, tudo segundo o teu parecer e a tua decisão. A natureza bem definida dos outros seres é refreada por leis por nós prescritas. Tu, pelo contrário, não constrangido por nenhuma limitação, determiná-la hás para ti, segundo o teu arbítrio, a cujo poder te entreguei. Coloquei-te no meio do mundo para que daí possas olhar melhor tudo o que há no mundo. Não te fizemos celeste nem terreno, nem mortal nem imortal, afim de que tu, árbitro e sobre artífice de ti mesmo, te plasmasses e te informasses, na forma que tivesses seguramente escolhido. Poderás degenerar até os seres que são as

---

39. *Ibid.*, p. 113.

40. "Em que pese a existência de diversos autores de renome, tais como Marx, Merleau-Ponty e Skinner, que tenham negado qualquer tentativa de fundamentação religiosa ou metafísica da dignidade da pessoa humana, e apesar das desastrosas experiências pelas quais tem passado a humanidade, de modo especial neste século, o fato é que esta continua, talvez mais do que nunca, a ocupar um lugar central no pensamento filosófico, político e jurídico, do que dá conta sua qualificação como valor fundamental da ordem jurídica por parte de um expressivo número de Constituições. Da concepção jusnaturalista remanesce, sem dúvida, a constatação de que uma Constituição que – de forma direta ou indireta " consagra a idéia da dignidade da pessoa humana justamente parte do pressuposto de que o homem, em virtude tão-somente de sua condição biológica humana e independentemente de qualquer outra circunstância, é titular de direitos que devem ser reconhecidos e respeitados pelo seus semelhantes e pelo Estado". *Ibid.*, p. 114-115.

41. Cf. Garcia, Maria. *Op. cit.*, p. 194.

> bestas, poderás regenerar-te até às realidades superiores que são divinas, por decisão do teu ânimo.[42]

Na esteira desses conceitos, no âmbito do pensamento jusnaturalista dos séculos XVII e XVIII, a concepção de dignidade da pessoa humana, assim como a idéia do direito natural em si, sofreu um processo de laicização e de racionalização, conservando, no entanto, a noção fundamental da igualdade substancial de todos os homens em dignidade e liberdade.

De acordo com Ingo Wolfgang Sarlet,[43] firma-se, definitivamente, a partir desse período, o pensamento de Immanuel Kant e com ele a noção da autonomia ética do ser humano, *auto – nómos* – capacidade de determinar normas a si mesmo – a autonomia assim concebida, além de ser considerada o fundamento da dignidade do homem, conduz ao imperativo categórico[44] de que o ser humano não pode ser tratado, nem mesmo por ele próprio, como mero objeto, posto que, ao contrário do que ocorre com os outros seres, no homem sua natureza racional reserva-lhe o reino dos fins, e não o dos meios.

De grande valia nesse ponto o conceito de autonomia formulado por Ernst Cassirer,[45] segundo o qual:

> A autonomia é aquela vinculação da razão teórica e da razão moral em que esta tem a consciência de vincular-se a si mesma. A vontade não se submete nela a outra regra senão a que ela mesmo estabelece e acata como norma geral. Somente entramos no *campo problemático da ética* ali onde se alcança esta forma, onde as apetências e os desejos individuais se sabem submetidos a uma lei válida, sem exceção, para todos os sujeitos éticos e onde, ao mesmo tempo e por outro lado, o sujeito compreende e afirma esta lei como "sua própria".

Nicola Abbagnano[46] elucida:

---

42. Pico Della Mirandola,Giovanni. *Discurso sobre a dignidade do homem*. Lisboa: Edições 70, 1989, p. 38-39.

43. Sarlet, Ingo Wolfgang. *Op. cit.*, p. 114.

44. "Um imperativo se denomina hipotético quando se limita a indicar quais os meios deve empregar-se ou querer-se para realizar *outra* coisa que se pressupõe como fim; e se denomina categórico quando constitui um postulado incondicional cuja vigência não tem por que derivar-se nem se deriva da de outro fim, senão que vai implícita dentro de si mesma, na afirmação de um valor último e certo por si mesmo." *Ibid.*, p. 289.

45. Cassirer, Ernst. *Kant, vida y doctrina*. México: Fondo de Cultura Econômica, 1993, p. 287 (tradução livre da autora).

46. Abbagnano, Nicola. *Dicionário de Filosofia*. São Paulo. Martins Fontes, 2003, p. 276.

> Por princípio da dignidade humana entende-se a exigência enunciada por Kant como segunda fórmula do seu imperativo categórico: "age de tal forma que trates a humanidade tanto na tua pessoa como na pessoa de qualquer outro, sempre também como um fim e nunca unicamente como meio". Esse imperativo estabelece que todo homem, aliás, todo ser racional, como fim em si mesmo, possui um valor não relativo (como é, p. ex., um preço), mas intrínseco, ou seja, a dignidade. "O que tem preço pode ser substituído por outra coisa equivalente; o que é superior a qualquer preço, e por isso não permite nenhuma equivalência, tem dignidade". Substancialmente, a dignidade de um ser racional consiste no fato de ele "não obedecer a nenhuma lei que não seja também instituída por ele mesmo".

Nas palavras de Immanuel Kant:[47]

> Age de tal maneira que uses a humanidade, tanto na tua pessoa como na pessoa de qualquer outro, sempre e simultaneamente como fim e nunca simplesmente como meio.

Do plano filosófico, à esfera jurídica José Afonso da Silva[48] refere-se à dignidade da pessoa humana como "um valor supremo que atrai o conteúdo de todos os direitos fundamentais do homem, desde o direito à vida".

Celso Bastos[49] anota igualmente que a referência à dignidade da pessoa humana "parece englobar em si todos aqueles direitos fundamentais, quer sejam os individuais clássicos, quer sejam os de fundo econômico e social".

Maria Garcia[50] considera que "a dignidade da pessoa humana corresponde à compreensão do ser humano na sua integridade física e psíquica, como autodeterminação consciente, garantida moral e juridicamente."

Alexandre de Moraes[51] informa:

> A dignidade da pessoa humana é um valor espiritual e moral inerente à pessoa, que se manifesta singularmente na autodeterminação

47. Kant, Immanuel. *Op. cit.*,69.

48. Silva, José Afonso da. *Op. cit.*, p. 105, 197 e 198.

49. "Em última análise, a dignidade tem uma dimensão também moral (...) o Estado se erige sob a noção da dignidade da pessoa humana." Bastos, Celso; Martins, Ives Gandra da Silva. *Comentários à Constituição do Brasil*: *promulgada em 05 de outubro de 1988*. São Paulo: Saraiva, 1988, v. 1, p. 425.

50. Garcia, Maria. *Op. cit.*, p. 211.

51. Moraes. Alexandre de. *Constituição do Brasil interpretada*. São Paulo: Atlas, 2002, p. 128-129.

> consciente e responsável da própria vida e que traz consigo a pretensão ao respeito por parte das demais pessoas, constituindo-se em um mínimo invulnerável que todo estatuto jurídico deve assegurar...

José Alfredo de Oliveira Baracho[52] conceitua:

> A dignidade humana é um valor intrínseco, originariamente reconhecido a cada ser humano, fundado na sua autonomia ética, tendo como base uma obrigação geral de respeito da pessoa, traduzida num elenco de direitos e deveres correlatos.

Ingo Wolfgang Sarlet[53] declara que:

> temos por dignidade da pessoa humana a qualidade intrínseca e distintiva de cada ser humano que o faz merecedor do mesmo respeito e consideração por parte do Estado e da comunidade, implicando, nesse sentido, um complexo de direitos e deveres fundamentais que assegurem a pessoa contra todo e qualquer ato de cunho degradante e desumano, como venham a lhe garantir as condições existenciais mínimas para uma vida saudável, além de propiciar e promover sua participação ativa e co-responsável nos direitos da própria existência e da vida em comunhão com os demais seres humanos.

A concepção jurídica da dignidade da pessoa humana, como visto, fundamenta-se na ética kantiana e em sua conseqüente noção de autonomia, considerada a capacidade de saber o que a moral exige do homem. Assim formulada, a autonomia não funciona como a liberdade irrestrita para atingir determinados fins, mas como o poder que tem um agente de se comportar segundo regras de conduta universalmente válidas e objetivas, avalizadas apenas pela razão. A dignidade humana que dela se retira, por não admitir um equivalente, assume um valor incondicional, incomparável, para a qual somente a palavra *respeito* designa-lhe a real dimensão.

A propósito a reflexão de Maria Garcia:[54]

> Conceito fundamental concernente ao indivíduo é o da autonomia (autodeterminação que envolve a questão da conduta moral) e, por conseqüência, da responsabilidade: campo normativo, pelo que, diante do risco decorrente do potencial técnico da ciência e da tecnologia, há exigência de uma ética da responsabilidade solidária

52. Baracho, José Alfredo de Oliveira. *Op. cit.*, p. 89.

53. Sarlet, Ingo Wolfgang. *Dignidade da pessoa humana e direitos fundamentais na Constituição Federal de 1988*. Porto Alegre: Livraria do Advogado, 2001, p. 60.

54. Garcia, Maria. *Op. cit.*, p. 334-335.

(Apel) do homem-no-mundo e, portanto, do cientista. A ética da responsabilidade implica que todos os que detemos o poder de agir somos igualmente responsáveis pelas "previsíveis conseqüências de nossos atos" (Weber). Razão, consciência, moral, responsabilidade são, portanto, características básicas do ser humano.

Tem-se, então, a responsabilidade como a outra face da autonomia, como o reverso da liberdade, sendo impreterível admitir a necessidade de se forjar uma ciência que se fundamente não apenas no compromisso que o cientista tem para com ele mesmo, mas, principalmente, com tudo aquilo que possa significar vida.

Oportuna a reflexão de Celso Furtado[55] nesse contexto:

> Cabe a nós, intelectuais e cientistas, balizar os caminhos que percorrerão as futuras gerações. O domínio avassalador da razão técnica limita cada vez mais o espaço de ação das criaturas. A história, insisto, é um processo aberto, e o homem é alimentado por um gênio criativo que sempre nos surpreenderá. Resta-nos velar para que a chama criativa se mantenha acesa e ilumine as áreas mais nobres do espírito humano.

A ciência pode e deve adotar a postura acima referida, de modo a afirmar um compromisso do cientista para com o todo circundante, já que o mundo científico não é um mundo separado, mas construído junto com os outros.[56]

Assim preceitua Maria Celeste Cordeiro Leite Santos:[57]

> O princípio da dignidade (...) nos obriga a um compromisso inafastável: o do absoluto e irrestrito respeito à identidade e à integridade de todo ser humano. Isso porque o homem é sujeito de diretos; não é, jamais, objeto de direito e muito menos objeto mais ou menos livremente manipulável.

No entanto, não é essa a tendência que vem se firmando atualmente. Diante da possibilidade das pesquisas em células-tronco embrionárias, o que se verifica é que se tem, de um lado, uma ciência que, alheia aos potenciais

---

55. Furtado, Celso. "A responsabilidade dos cientistas". *Folha de S. Paulo*, 13 jun. 2003, p. 3.

56. Maturana, Humberto R; Varela, Francisco J. *A árvore do conhecimento: as bases biológicas da compreensão humana*. São Paulo: Palas Athena, 2001, p. 22.

57. Santos. Maria Celeste Cordeiro Leite dos. *Imaculada concepção: nascendo* in vitro *e morrendo* in machina*: aspectos históricos e bioéticos da procriação humana assistida no Direito Penal Comparado*. São Paulo: Acadêmica, 1993, p. 199.

riscos (formação de tumores, surgimento de novos vírus, alteração do patrimônio genético) e aos reais e irreparáveis danos (destruição do embrião humano) que a referida pesquisa pode causar ao homem (presente e futuro), vem fazendo uso regular desse procedimento e, de outro lado, tem-se a vida humana, vocacionando proteção. Urge atender a esse chamado, sob pena de se ver constituir uma sociedade inumana.

Cabe aqui trazer à cola a argumentação de Reinaldo Pereira e Silva:[58]

> Em verdade, apenas a "certeza" científica de que a individualidade humana não se firma desde a concepção e a "certeza" filosófica de que existem seres humanos com diferentes graus de dignidade autorizariam, juridicamente falando, a manipulação do zigoto e das células decorrentes de sua clivagem. Caso contrário, a proteção que se lhes é deferida não pode distinguir-se daquela que é conferida a qualquer ser humano. Em outras palavras, apenas a certeza de que os indivíduos humanos ainda não nascidos, porém já concebidos, não são pessoas humanas, justifica o pouco caso com a sua morte.

Inobstante, a "certeza científica" à qual se refere o autor leva justamente à direção oposta, fazendo concluir pela impossibilidade da pesquisa científica em células-tronco embrionárias conforme preleciona Márcia Mattos Gonçalves:[59]

> Embora, no final do século XX, muitos processos biológicos ainda se apresentem como um enigma para os cientistas, a Biologia como Ciência possui leis e princípios que não podem ser modificados. No que diz respeito ao momento em que tem início a vida humana, alguns fatos biológicos são incontestáveis. [Entre eles] O primeiro passo para a formação de um novo indivíduo é a fusão de duas células altamente especializadas chamadas gametas... [a partir desta fusão] tem início um processo contínuo de multiplicação e diferenciação celular, até que, ao tornar-se adulto, o indivíduo terá cerca de 100 milhões de células... É no momento exato da fusão dos gametas que o número cromossômico da espécie é recomposto (46 cromossomos)... O zigoto, portanto, começa a existir e a operar como unidade desde o momento da fecundação. É a expressão dos seus genes que controla-

58. Silva, Reinaldo Pereira e. *Op. cit.*, p. 205.

59. Pimentel, Márcia Mattos Gonçalves. Médica Ph.D em Genética Humana da Universidade do Estado do Rio de Janeiro, *apud* Vasconcelos, Cristiane Beuren. *Op. cit.*, p. 111.

rá todos os aspectos da embriogênese, de seu desenvolvimento, crescimento e metabolismo... Cada embrião é uma combinação gênica singular. Nunca ocorreu nem ocorrerá outro genoma igual.

Estabelecida essa premissa e partindo-se do preceito biológico de que todas as pessoas humanas nascidas foram já embriões e, em um futuro não muito distante, em número bem significativo, poderão ter sido embriões *in vitro*, a identidade entre aquelas e esses conduz ao entendimento de que toda e qualquer prática agressiva dirigida ao ser humano, sobretudo aquelas relacionadas à diferenciação de células-tronco embrionárias, que implicam a destruição de embriões e a sua instrumentalização, atingem, por via de conseqüência, o direito fundamental à vida e o princípio da dignidade da pessoa humana.

Ernst Benda[60] informa que "*no está em juego una mera imagem abstracta del hombre, sino el destino de futuras geraciones respecto del que somos responsables*".

Em sentido similar, Rosa Nery[61] esclarece que o princípio da dignidade da pessoa humana "é a razão de ser da proteção fundamental do valor da pessoa e, por conseguinte, da humanidade do ser e da *responsabilidade que cada homem tem pelo outro*".

Matura e Varela[62] dispõem que "... toda ação humana tem sentido ético. Essa ligação do humano ao humano é, em última instância, o fundamento de toda ética como reflexão sobre a legitimidade da presença do outro". Assim, o dever para com o *futuro* e a responsabilidade para com o *outro* constitui a base de uma sociedade que se pretenda humana.

Em termos similares Hans Jonas:[63]

> A responsabilidade é princípio primordial e norteador deste momento da história de utopias caídas e novos paradigmas levantados, no qual o ser humano busca desesperadamente categorias que o ajudem a continuar vivendo uma vida digna e que continue merecendo o nome de humana.

---

60. Benda, Ernst. *Dignidad humana y derechos de la persona. Manual de derecho constitucional.* Madrid: Instituto Vasco de Administración Pública Marcial Pons Ediciones Jurídicas y Sociales, 1996, p. 135.

61. Nery, Rosa Maira de Andrade, *Op. cit.*, p. 113.

62. Maturana, Humberto R. Varela, Francisco J. *Op. cit.*, p 269.

63. Jonas, Hans. *O princípio da responsabilidade: ensaio de uma ética para a civilização tecnológica.* Rio de Janeiro: PUC-Rio, 2006, p. 19.

Para Hans Jonas, filósofo da *heurística do temor* (*heuristik der furcht*) como ficou conhecida sua doutrina filosófica, a responsabilidade decorre da liberdade de escolha que só o ente humano possui. Chama a atenção nesse ponto a escolha feita por um legítimo representante da biomedicina que, considerando o desenfreado avanço nessa área do conhecimento humano, e, ciente da responsabilidade que essa atividade reclama, propõe a ética da não-pesquisa. Trata-se, pois, de Jacques Testart[64], cientista responsável pelo nascimento do primeiro bebê de proveta em território francês, que analisa a questão nos seguintes termos:

> Creio que chegou o momento de fazer uma pausa, o momento da autolimitação do pesquisador. O pesquisador não é o executor de todo projeto surgido na lógica própria da técnica. Colocado no cadinho do espiral dos possíveis, ele adivinha, antes de qualquer outra pessoa, para onde tende a curva, o que ela vem apaziguar, e também o que vem abolir, censurar, renegar. Eu, "pesquisador de procriação humana assistida", decidi parar. Não a pesquisa para fazer melhor o que já fazemos, mas a que opera uma mudança radical da pessoa humana no ponto de encontro da medicina procriativa e da medicina preditiva (...) Reivindico também uma lógica da não-descoberta, uma ética da não pesquisa.

Contudo, não se pode esperar que esse comportamento responsável, norteado por princípios éticos que visam a salvaguardar valores humanos, resulte pura e simplesmente da consciência de cada um, ou mesmo, de preceitos meramente declaratórios, cabe ao Direito assegurar sua efetiva observância.

Assim, para Maria Garcia:[65]

> ... somente a recondução do Direito e do Estado, para a sua finalidade precípua, o ser humano e a sua compreensão, como valor preponderante e razão última, numa concepção realista, portanto, sob uma ética que se quer universal, a ética da responsabilidade, complementar ao que vem alertando Miguel Reale, de que "o homem contemporâneo se acha ameaçado em sua individualidade pessoal por uma série de estruturas tecnológicas ou políticas, por ele mesmo criadas, e que se voltam contra seu próprio criador, atingindo o que ele tem de mais íntimo e reservado".

---

64. Testart, Jacques. *O ovo transparente*. São Paulo: Edusp, 1995, p. 25-26.
65. Garcia, Maria. *Op. cit.*, p. 320.

A partir daí, há a necessidade de se reconhecer a relação de complementaridade entre o direito e a moral racional, conforme assinala Jürgen Habermas:[66]

> Segundo Kant refere, o conceito do direito não se refere primeiramente à vontade livre, mas ao *arbítrio* dos destinatários; abrange a *relação externa* de uma pessoa com outra; e recebe a *autorização para a coerção*, que está autorizado a usar contra o outro, em caso de abuso. O princípio do direito limita o princípio da moral sob esses três pontos de vista. A partir dessa limitação, a legislação moral *reflete-se* na jurídica, a moralidade na legalidade, os deveres éticos nos deveres jurídicos etc. (...) Uma ordem jurídica só pode ser legítima quando não contrariar princípios morais. (...) A moral autônoma e o Direito Positivo, que depende da fundamentação, encontram-se numa *relação de complementação recíproca*.

Assim, admitir que se realizem pesquisas em células-tronco embrionárias humanas, mesmo sabendo que essa prática implica a destruição do embrião, que o reduz a um meio e que conduz à reificação do ser humano, que lhe nega o direito fundamental à vida e o respeito à dignidade da pessoa humana, que desrespeita valores intrínsecos ao homem e comum a toda humanidade, valores esses que, como visto, há muito foram declarados pelo Estado, e que a esse cabe, apenas e tão-somente, reconhecer a existência e assegurar proteção, é negar guarida a um bem que é pressuposto de outros direitos, a saber, a vida; é consentir que o ser humano seja tratado como *coisa*, não como *pessoa*; é retirar os fundamentos sobre os quais se ergueu, ao longo dos últimos três séculos, a ciência jurídica moderna;[67] é, pois,

---

66. Habermas, Jürgen. *Direito e democracia: entre a faticidade e validade*. Rio de Janeiro: Tempo Brasileiro, 1997, p. 140 e ss.

67. Eberhard Schockenhoff, em um artigo intitulado Quem é um embrião?, informa que "a questão de momento em que a vida humana se inicia não faz parte dos problemas públicos da cosmovisão sobre os quais democratas livres possam ter o mesmo direito a esta ou aquela opinião. Também não é uma questão de fé religiosa, como insinuam todos aqueles que querem atribuir um posicionamento católico à exigência de proteção à vida desde o início. Seria possível, do mesmo modo, ver nesse postulado uma questão de interesse de uma política de direitos liberal, porque deve sua existência ao afastamento das teorias animistas aristotélico-escolásticas da teologia medieval e da mentalidade de direitos humanos do Iluminismo. Foi ninguém menos que Immanuel Kant que, em sua *Metafísica dos Costumes*, publicada em 1797, forneceu a fundamentação filosófica a um decreto do Direito Geral Prussiano (DGP) promulgado três anos antes, segundo o qual 'os direitos da humanidade cabem inclusive às crianças ainda em gestação a partir do momento da sua concepção' (parágrafo 10 I, I)". Schockenhoff, Eberhard. In: "Bioética", *Cadernos Adenauer*, ano III, nº 1, 2002, p. 35-38.

desconsiderar os alicerces sobre os quais se edifica o Estado Democrático de Direito.

Oportuno recordar o ensinamento de Ingo Wolfgang Sarlet, para quem:

> o reconhecimento expresso, no título dos princípios fundamentais, da dignidade da pessoa humana como um dos fundamentos do nosso Estado Democrático (e Social) de Direito (art. 1o, inciso III, da CF) o Constituinte de 1987/88, além de ter tomado uma decisão fundamental a respeito do sentido, da finalidade e da justificação do exercício do poder estatal e do próprio Estado, reconheceu que é o Estado que existe em função da pessoa humana, e não o contrário, já que o homem constitui a finalidade precípua, e não meio da atividade estatal. [68]

No mesmo sentido, Ernst Cassirer:[69]

> Os seres cuja existência não responde à nossa vontade, senão à natureza, somente têm, se são seres irracionais, um valor puramente relativo, como meios e se chama, portanto, *coisas*; enquanto os seres racionais recebem o nome de *pessoas* porque sua natureza caracteriza-os como fins em si mesmos, é dizer, como algo que não pode ser empregado como meio e que, portanto, põe termo a todo capricho.

Esse é o entendimento que deve prevalecer no que concerne ao emprego de embriões humanos como fonte de células-tronco, como matéria-prima de pesquisa científica. Não sendo possível, pois, refutar sua natureza eminentemente humana, não é possível, do mesmo modo, refutar-lhe respeito, valor, reverência. Com o fim de assegurar-lhe esse tratamento, o Biodireito – *zoé* e *biós* – consagra o direito fundamental à vida, o princípio da dignidade e a ética da responsabilidade, como inelutáveis limites a serem observados no âmbito das pesquisas científica em células-tronco embrionárias humanas.

---

68. Sarlet, Ingo Wolfgang. *Op. cit.*, p. 112-113.

69. Cassirer, Ernst. *Op. cit.* p. 292.

CONCLUSÕES

1) Restou demonstrado no presente estudo que a busca pelo conhecimento – busca esta que acompanha a humanidade desde os primórdios de sua existência, e que conduziu o homem do mito à ciência (Ernst Cassirer) – constitui uma tendência natural do ser humano (Aristóteles).
2) Que na modernidade o homem encontrou em si (*ratio*) o meio para conhecer (*logos*) o mundo e colocá-lo a seu serviço (*tékhné*). Consagrando, então, a *razão* que lhe é inerente e que o singulariza entre as espécies vivas, como único instrumento capaz de fazê-lo compreender e dominar o Universo que o envolve.
3) Ao fazer uso do conhecimento racional, o homem partilhou o saber e engendrou as ciências conforme a conhecemos atualmente. Reservando à química a observação das substâncias; à biologia, os estudos dos seres vivos e das leis gerais da vida, resvalando por intermédio dessa fragmentação do saber no que se denomina *superespecialização*.
4) Esses saberes segmentados revelaram, de um lado (biológico), o conhecimento do *gene*, componente responsável pela transmissão da informação hereditária; e do outro (químico), o DNA, a informação propriamente dita, "o segredo bioquímico da vida" (Maria Garcia). Unidos, esses saberes deram origem à Biotecnologia, "ciência da engenharia genética" (Maria Helena Diniz), conhecimento capaz de produzir e de modificar artificialmente seres vivos.
5) A medicina, de posse desses conhecimentos, passou a conceber a vida humana em laboratório – fertilização *in vitro* – técnica que, além de realizar o projeto parental de casais inférteis, fez surgir a questão dos embriões excedentes, nos quais a ciência, sob o argumento de que serão descartados e de que as células que os constituem (células-tronco embrionárias) possuem grande potencial terapêutico, pleiteia pesquisar.

6) O dilema jurídico e ético se apresenta quando se informa que as retiradas de células-tronco embrionárias diferenciadas nos primeiros estágios do desenvolvimento embrionário (cinco a sete dias após a fecundação) provoca a destruição do embrião, acarreta a reificação do ser humano e implica riscos às presentes e às futuras gerações.
7) Alheia a esses contra-argumentos, a ciência tem considerado que no estágio em que as células-tronco são retiradas do embrião humano (trofoblasto) não há que se falar em ser humano, em vida humana, tampouco em dignidade, o que há é somente um "amontoado disforme de células" (Eberhard Schockenhoff).
8) Diante dessa realidade, o Direito, enquanto ciência que regula a vida em sociedade – "sua finalidade é reger as relações oriundas da convivência humana" (Carlos Alberto da Mota Pinto) – é chamado a balizar essa questão. Para tanto, deve fixar parâmetros que permitam determinar quando tem início a vida humana e a partir de que momento o respeito a ela se impõe frente a qualquer outro. "Deste modo, o Direito exercerá o papel que é necessariamente o seu: lembrar a existência de limites" (François Ost).
9) Contudo, por ser a vida um termo exógeno à ciência jurídica (Celso Bastos), o Direito, para determinar seu início, busca auxílio em outras ciências, encontrando, na afirmação de um ilustre representante da medicina, Jérôme Lejeune, cientista responsável pela descoberta da causa da Síndrome de Down, a seguinte afirmação:

   > Não quero repetir o óbvio, mas na verdade, a vida começa na fecundação. Quando os 23 cromossomos masculinos se encontram com os 23 cromossomos femininos, todos os dados genéticos que definem um novo ser humano já estão presentes. A fecundação é o marco da vida.

10) Essa afirmação constitui o substrato da *teoria concepcionista*, de acordo com a qual a vida humana se inicia a partir da fecundação do óvulo pelo espermatozóide. Essa união dá origem ao zigoto, primeira célula de um novo ser, que já possui, desde esse momento, toda a dotação genética que irá acompanhar o ente humano por toda a sua vida. "O ponto inicial é a formação do zigoto" (Elaine Azevêdo).
11) A par da *teoria concepcionista*, outras teorias foram elaboradas no intuito de determinar o início vital do ser humano. Lapsos temporais

arbitrários (*teoria do pré-embrião – 14 dias*) e eventos que decorrem de uma evolução natural do processo de desenvolvimento embrionário (*teoria do surgimento dos rudimentos do sistema nervoso* e *teoria da nidação*) são fixados com o desiderato de justificar a pesquisa em células-tronco embrionárias. Essas tentativas de desvincular o embrião do instante inicial da concepção não são, no entanto, motivadas com fim único e altruístico de promover a saúde humana.

12) Fato é que 90% das novas descobertas relacionadas ao setor farmacêutico são atualmente da responsabilidade de empresas, clínicas e laboratórios ligados ao setor privado; células-tronco têm sido produzidas (clonagem) e comercializadas por US$ 3.000 o frasco no mercado internacional; embriões e fetos humanos vêm sendo utilizados como fonte de células-tronco em clínicas de estética e como matéria-prima da indústria cosmética. "Alguns analistas econômicos, inicialmente, projetaram para 2010 um mercado de US$ 10 bilhões para as tecnologias de células-tronco" (Marília Bernardes Marques).

13) Um outro mercado que despontou com a possibilidade de manipulação das células-tronco embrionárias refere-se à eugenia dita positiva, no qual os pais, além de poderem realizar o projeto parental pelas vias naturais, recorrem à fertilização *in vitro* para, assim, predeterminar atributos físicos aos bebês "*designers babies*" (Marília Bernardes Marques).

14) Nesse cenário, o Biodireito, ramo específico do Direito Público que tem por objetivo a proteção da vida – *zoé e biós* – existência e subsistência – (arts. 5º e 225 da CF/1988), passa a determinar as fronteiras a serem observadas quando da prática da pesquisa científica em células-tronco embrionárias. Para isso pauta-se: na compreensão da *vida* como um "processo vital" (José Afonso da Silva), na necessidade de lhe assegurar tutela "onde quer que se encontre" (Maria Garcia), no entendimento do embrião humano como um "*continuum do mesmo ser*" (Maria Celeste Cordeiro dos Santos) e na consideração do embrião humano como valor pré-normativo "a criatura humana (...) vale de *per si*" (Miguel Reale).

15) A vida, por ser um "valor inerente à condição humana" (Dalmo de Abreu Dallari) pressuposto e fundamento de todos os demais direitos, certo que sem ela não há que se falar em liberdade, em igualdade, em segurança, em propriedade, em educação etc., assume, conforme o Biodireito, condição de "primado" (Maria Helena Diniz), de direito fundamental

(art. 5º, *caput*, CF/1988), personalíssimo, essencial, irrenunciável, inviolável, imprescritível e intangível e passa a constituir o primeiro óbice às pesquisas em células-tronco embrionárias.

16) O princípio da dignidade da pessoa humana, "fundamento do Estado Democrático e (Social) de Direito" (Ingo Wolfgang Sarlet) alicerçado na ética kantiana, estabelece que a todas as *coisas* pode-se atribuir um *preço*, o *ser humano*, ao contrário, por possuir *autonomia* – capacidade de autodeterminação – possui *valor* – devendo, por essa razão, ser considerado sempre fim em si mesmo e nunca meio. É, portanto, a dignidade da pessoa humana que assegura ao embrião humano o direito de não ser instrumentalizado, reificado, manipulado como mera fonte de onde se retiram as células-tronco embrionárias. Configura, pois, a dignidade, o segundo obstáculo à referida pesquisa.

    Um outro aspecto que reafirma a dignidade como limite é o aparente conflito entre o direito fundamental à vida (art. 5º, *caput*, CF/1988) e o direito fundamental à liberdade científica (art. 5º, inciso IX, CF/1988). "Havendo conflito entre a livre expressão da atividade científica e outro direito fundamental da pessoa humana, a solução ou o ponto de equilíbrio deverá ser o respeito à dignidade humana, fundamento do Estado Democrático de Direito, previsto no art. 1º, inciso III, da Constituição Federal." (Maria Helena Diniz).

17) Na ética da responsabilidade encontramos – "todos os que detemos o poder de agir somos igualmente responsáveis pelas previsíveis conseqüências de nossos atos" (Weber) – o terceiro impedimento à pesquisa científica em células-tronco embrionárias. Isso porque a *responsabilidade* configura a outra face da *liberdade*. Assim, se de um lado temos o direito à liberdade científica (art. 5º, inciso IX, da CF/1988), de outro lado temos o dever para com a vida, não só das presentes (art. 5º, *caput*, CF/1988) como também das futuras gerações, não só o dever de promover a vida, mas, sobretudo, de promover uma vida com *qualidade*, uma vida digna (art. 225 da CF/1988). Assim, pelos riscos que representam, como "alteração do patrimônio genético, formação de tecidos cancerígenos, práticas eugênicas, produção de seres híbridos" (Marília Bernardes Marques), entre outros, impossível não impor limites a tais pesquisas.

18) Por tais razões, bem como pelo fato de "inexistir até o presente, qualquer relato de sucesso terapêutico baseado nas células-tronco embrionárias" (Marília Bernardes Marques) e, afinal, por constituírem as células-tronco adultas uma alternativa segura e eficaz uma vez que "pesquisas recentes têm confirmado a habilidade de as células-tronco adultas se especializarem em diferentes tecidos" (Wilmar Luiz Barth) incumbe ao Biodireito: a) impedir a retirada de células-tronco embrionárias; b) proibir a manipulação do embrião humano e de células germinativas; c) estabelecer normas jurídicas que impeçam o excesso de embriões humanos, determinando que somente seja fecundado o número de óvulos suficientes para a utilização imediata, a exemplo do que já ocorre na Alemanha; d) proibir o comércio de embriões e de células-tronco; e) proibir a terapia gênica em células embrionárias; f) autorizar a terapia gênica em células somáticas; g) proibir tanto a clonagem reprodutiva quanto a clonagem terapêutica; h) autorizar a diagnose genética somente no caso de fundadas suspeitas de doenças graves e para as quais haja terapia; i) incentivar a pesquisa científica em células-tronco adultas por consubstanciar uma alternativa que se coaduna com as exigências jurídicas e éticas.
19) Com relação à Lei nº 11.105/2005 que autoriza, em sede nacional, a pesquisa científica em célula-tronco embrionária, "do ponto de vista jurídico, dúvida não existe" (Ives Gandra Martins), deve ter declarada sua inconstitucionalidade pelo Supremo Tribunal Federal posto que eivada de vícios intrínsecos essenciais no plano da validade e da legitimidade.
20) Assim, é permitido inferir que o direito fundamental à vida, o princípio da dignidade da pessoa humana e a ética da responsabilidade erguem-se como fronteiras intransponíveis diante da pesquisa científica em células-tronco embrionárias humanas. Por detrás dessas fronteiras encontramos o embrião, ser humano a ser protegido, gênero humano a ser preservado. Zelar para que essas divisas não sejam violadas, constitui o fim a que se destina o Biodireito.

BIBLIOGRAFIA

Abbagnano, Nicola. *Dicionário de filosofia*. São Paulo: Martins Fontes, 2003.

Abdelmassih, Roger. "Aspectos gerais da Reprodução Assistida". In: *Bioética*. Revista publicada pelo Conselho de Medicina. Brasília, v. 9, nº 2, 2001.

_____. "Clonagem reprodutiva e clonagem terapêutica: significado clínico e implicações biotecnológicas". *Revista do Centro de Estudos Judiciários da Justiça Federal*. Brasília, v. 6, nº 16, mar. 2002.

Agamben, Giorgio. *Homo Sacer: o poder soberano e a vida nua*. Belo Horizonte: UFMG, 2002.

Almeida, Silmara Juny de Abreu Chinelato e. *Tutela civil do nascituro*. São Paulo: Saraiva, 2000.

_____. "Proteção civil do nascituro e as novas técnicas médicas". Opinião. *Folha de S. Paulo*, 24 mai. 1992.

Alves, Cleber Francisco. *O princípio constitucional da dignidade da pessoa humana: o enfoque da doutrina social da Igreja*. Rio de Janeiro: Renovar, 2001.

Alves, José Augusto Lindgren. "A declaração dos direitos humanos na pósmodernidade". In: Boucault, Carlos Eduardo de Abreu; Araújo, Nadia de (orgs.). *Os direitos humanos e o direito internacional*. Rio de Janeiro: Renovar, 1999.

Andorno, Roberto. "El derecho argentino ante los riesgos de coisificación de la persona em la fecundación in vitro". In: Andorno, Roberto (org.). *El derecho frente a la procriación artificial*. Buenos Aires: Editorial Ábaco de Rodolfo de Palma, 1997.

Aranha, Maria Lúcia Arruda; Martins, Maria Helena Pires. *Filosofando: introdução à filosofia*. 2ª ed. São Paulo: Moderna, 2002.

Arendt, Hannah. *A condição humana*. 10ª ed. Rio de Janeiro: Forense Universitária, 2003.

Aristóteles. *Metafísica*. São Paulo: Edipro, 2006.

Azevêdo, Elaine S. "Aborto". In: Garrafa, Volnei; Costa, Sérgio Ibiapina (orgs.). *A bioética no século XXI*. Brasília: UnB. 2000.

Bandeira de Mello, Celso Antonio. *Curso de direito administrativo*. 11ª ed. São Paulo: Malheiros, 1999.

Baracho, José Alfredo de Oliveira. A identidade genética do ser humano. Bioconstituição: bioética e direito. *Revista de Direito Constitucional e Internacional*. São Paulo, v. 8, nº 32, jul-set 2000.

Barbas, Stela Marcos de Almeida Neves. *Direito ao patrimônio genético*. Coimbra: Almedina, 1998.

Barboza, Heloisa Helena. "Proteção jurídica do embrião humano". In: Romeo Casabona, Carlos María; Queiroz, Juliane Fernandes (orgs.). *Biotecnologia e suas implicações ético-jurídicas*. Belo Horizonte: Del Rey, 2004.

Casabona, Carlos María; Meirelles, Jussara Maria Leal de; Barreto, Vicente de Paulo (orgs.). *Novos temas de bioética e biodireito*. Rio de Janeiro: Renovar, 2003.

Barchifontaine, Christian de Paul de. "Genoma humano e bioética". In: Barchifontaine, Christian de Paul de; Pessini, Léo (orgs.). *Bioética: alguns desafios*. 2ª ed. São Paulo: Loyola, 2002.

Barth, Wilmar Luiz. *Células-tronco e bioética: o progresso biomédico e os desafios éticos*. Porto Alegre: Edipucrs, 2006.

Bastos, Celso. *Curso de direito constitucional*. São Paulo: Saraiva, 2001.

Bastos, Celso; Martins, Ives Gandra da Silva. *Comentários à Constituição do Brasil: promulgada em 5 de outubro de 1988*. São Paulo: Saraiva, 1988.

Benda, Ernst. *Dignidad humana y derechos de la persona. Manual de derecho constitucional*. Madrid: Instituto Vasco de Administración Pública Marcial Pons Ediciones Jurídicas y Sociales, 1996.

Bergel, Salvador Dario. "Genoma humano e patentes". In: Garrafa, Volnei; Pessini, Léo (orgs.). *Bioética: poder e injustiça*. São Paulo: Loyola, 2003.

Beriain, Íñigo de Miguel. *El embrión y la biotecnología: un análisis ético-jurídico*. Granada: Comares, 2004.

Berlinguer, Giovanni. "Corpo humano: mercadoria ou valor?", *Revista de Estudos Avançados*. USP, v. 7, nº 19, dez. 1993.

Berlinguer, Giovanni; Garrafa, Volnei. *O mercado humano: estudo bioético da compra e venda de partes do corpo*. Brasília: UnB, 1996.

Bernard, Jean. *Da biologia à ética*. Campinas: PSY, 1994.

_____. *A bioética*. São Paulo: Ática, 1998.

Bíblia Sagrada. São Paulo: Paulus, 2003.

Bicudo, Hélio Pereira. *Direitos humanos e sua proteção*. São Paulo: FTD, 1997.

______. "Direitos humanos no parlamento brasileiro". In: Penteado, Jacques de Camargo; Brandão, Denirval da Silva; Marques, Ricardo Henry Dip *et al*. *A vida dos direitos humanos:bioética médica e jurídica*. Porto Alegre: Sérgio Antonio Fabris, 1999.

Bielefeldt, Heiner. *Filosofia dos direitos humanos: fundamentos de um ethos de liberdade universal*. São Leopoldo: Unisinos, 2003.

Bittar, Carlos Alberto. *Os direitos da personalidade*. 4ª ed. Rio de Janeiro: Forense, 2000.

Bittar, Eduardo Carlos Bianca. *O direito na pós-modernidade*. Rio de Janeiro: Forense, 2005.

Bobbio, Norberto. *A era dos direitos*. Rio de Janeiro: Campus, 1992.

Böhmer, Maria. "Pesquisa com células-tronco humanas com responsabilidade política". In: *Bioética*. Rio de Janeiro: Cadernos Adenauer, ano III, nº 1, 2002.

Bonavides. Paulo. *Curso de direito constitucional*. São Paulo: Malheiros, 1993.

______. Prefácio. In: Silva, Reinaldo Pereira e. *Introdução ao biodireito: investigações político-jurídicas sobre o estatuto da concepção humana*. São Paulo: LTr, 2002.

Bornheim, Gerd. Sobre o estatuto da razão. In: Novaes, Adauto (org.). *A crise da razão*. São Paulo: Companhia das Letras, 1996.

Brandão, Denirval da Silva. "O embrião e os direitos humanos". In: Brandão, Denirval da Silva; Penteado, Jaques Camargo; Marques, Ricardo Henry *et al*. *A vida dos direitos humanos: bioética médica e jurídica*. Porto Alegre: Sérgio Antonio Fabris, 1999.

Brody, David Eliot; Brody, Arnold. *As sete maiores descobertas científicas da história*. São Paulo: Companhia da Letras, 1999.

Calgaro, Gerson Amauri. "Patrimônio Genético: comércio e proteção de substância do corpo humano". São Paulo: *Revista do Direito Privado*, nº 16, 2003.

Camargo, Juliana Frozel de. *Reprodução humana: ética e direito*. Campinas: Edicamp, 2003.

Cassirer, Ernst. *Ensaio sobre o homem: introdução a uma filosofia da cultura humana*. São Paulo: Martins Fontes, 2001.

______. *Kant, vida y doctrina*. México: Fondo de Cultura Económica, 1993.

Cavalcanti Filho, Teóphilo. *O problema da segurança no direito*. São Paulo: Revista dos Tribunais, 1964.

Chalita, Gabriel. *Vivendo a filosofia*. São Paulo: Atual, 2002.

Chardin, Pierre Teilhard de. *O fenômeno humano*. São Paulo: Cultrix, 1995.

Chauí, Marilena. "Contingência e necessidade". In: Novaes, Adauto (org.). *A crise da razão*. São Paulo: Companhia das Letras, 1996.

Coelho, Fábio Ulhoa. *Manual de Direito Comercial*. 9ª ed. São Paulo: Saraiva, 1997.

Comparato, Fabio Konder. *A afirmação histórica dos direitos humanos*. 4ª ed. São Paulo: Saraiva, 2005.

_____. *Ética: direito, moral e religião no mundo moderno*. São Paulo: Companhia da Letras, 2006.

Dallari, Dalmo de Abreu. *Elementos da teoria geral do estado*. 25ª ed. São Paulo: Saraiva, 2005.

_____. "Bioética e direitos humanos: a vida como valor ético". In: Garrafa, Volnei; Ferreira, Sergio Ibiapina. (orgs.). *Iniciação à bioética*. Brasília: Conselho Federal de Medicina, 1998.

Dicionário Houaiss da língua portuguesa. Instituto Antonio Houaiss. Rio de Janeiro: Objetiva, 2004.

Diniz, Maria Helena. *O estado atual do biodireito*. 3ª ed. São Paulo: Saraiva, 2006.

Dupas, Gilberto. *O mito do progresso ou progresso como ideologia*. São Paulo: Unesp, 2006.

Encarta Enciclopédia. São Paulo: Microsoft Corporation, 1993-2001.

Fabriz, Daury César. *Bioética e direitos fundamentais*. Belo Horizonte: Mandamentos, 2003.

França, Rubens Limongi. *Manual de direito civil*. São Paulo: Revista dos Tribunais, 1966.

Ferraz, Sergio. *Manipulações biológicas e princípios constitucionais: uma introdução*. Porto Alegre: Fabris, 1991.

Foucault, Michel. *As palavras e ascCoisas*. 8ª ed. São Paulo: Martins Fontes, 2002.

_____. *Microfísica do poder*. 20ª ed., Rio de Janeiro: Graal, 2004.

_____. *Vigiar e punir*, 24ª ed., São Paulo: Vozes, 2001.

_____. *Em defesa da sociedade*. São Paulo: Martins Fontes, 2005.

Furtado, Celso. "A responsabilidade dos cientistas". *Folha de S. Paulo*, 13 jun. 2003.

Gafo, Javier. *Problemas éticos de la manipulación genética*. Madrid: Paulinas, 1992.

Garcia, Maria. *Limites da ciência: a dignidade da pessoa humana: a ética da responsabilidade*. São Paulo: Revista dos Tribunais, 2004.

_____. "Biodireito constitucional: uma introdução". São Paulo: *Revista de Direito Constitucional e Internacional*, ano 11, nº 42, jan-mar 2003.

_____. "Considerações sobre a relação entre a liberdade jurídica e a norma permissiva". São Paulo: *Cadernos de Direito Constitucional e Ciência Política*, ano 3, nº 12, jul-set 1995.

Garrafa, Volnei; Costa, Sergio Ibiapina (orgs.). *A bioética do século XXI*. Brasília: UnB, 2000.

_____. "Crítica bioetica a um nascimento anunciado". *Revista dos Centros de Estudos Judiciários da Justiça Federal*. Brasília, v. 6, nº 16, mar. 2002.

Garrafa, Volnei; Berlinguer, Giovanni. *O mercado humano: estudo bioético da compra e venda de partes do corpo*. Brasília: UnB, 1996.

Garrafa, Volnei; Pessini, Léo (orgs.). *Bioética: poder e injustiça*. São Paulo: Loyola, 2003.

Garrafa, Volnei; Costa, Sergio Ibiapina (orgs.). *Iniciação à bioética*. Brasília: Conselho Federal de Medicina, 1998.

Gleiser, Marcelo. *A dança do Universo*. 2ª ed. *Dos mitos de criação ao big-bang*. São Paulo: Companhia da Letras, 2003.

Gomes, Celeste Leite dos Santos Pereira; Sordi, Sandra. "Aspectos Atuais do Projeto Genoma Humano". In: Santos, Maria Celeste Cordeiro Leite dos. (org.). *Biodireito: ciência da vida, novos desafios*. São Paulo: Revista dos Tribunais, 2001.

Gomes, Orlando. *Introdução ao direito civil*. 3ª ed. Rio de Janeiro: Forense, 1971.

Guerra Filho, Willis Santiago. *Processo constitucional e direitos fundamentais*. 3ª ed. São Paulo: Celso Bastos, 2003.

Habermas, Jürgen. *O futuro da natureza humana*. São Paulo: Martins Fontes, 2004.

_____. *Direito e democracia: entre faticidade e validade*. Rio de Janeiro: Tempo Brasileiro, 1997.

Herdegen, Matthias; Dederer, Hans-Georg. "Aspectos jurídicos de la terapia genética somática en humanos". In: *Contribuciones*, Buenos Aires, ano 14, nº 3, jul.-set. 1997.

Hobbes, Thomas. *Leviatã ou matéria, forma e poder de um estado eclesiástico e civil*. São Paulo: Nova Cultural, 2000.

Japiassu, Hilton. *Ciência e destino humano*. Rio de Janeiro: Imago, 2005.

_____. *As paixões da ciência: estudos de história das ciências*. São Paulo: Letras & Letras, 1991.

Jiménez, Pilar Nicolás. A regulamentação da clonagem humana no Conselho da Europa: o Protocolo de 12 de janeiro de 1998. In: Romeo Casabona, Carlos María; Queiroz, Juliane Fernandes (orgs.). *Biotecnologia e suas implicações técnico-jurídicas*. Belo Horizonte: Del Rey, 2005.

Jonas, Hans. *O princípio da responsabilidade: ensaio de uma ética para a civilização tecnológica*. Rio de Janeiro: PUC-Rio, 2006.

José, Lluís Montoliu. "Células-tronco humanas: aspectos científicos". In: Martínez, Julio Luis (org.). *Células-tronco humanas: aspectos científicos, éticos e jurídicos*. São Paulo: Loyola, 2005.

Kant, Immanuel. *Fundamentação da metafísica dos costumes*. Lisboa: Edições 70, 2005.

Kelsen, Hans. *Teoria pura do Direito*. 5ª ed. São Paulo: Martins Fontes, 1996.

Lacadena, Juan Ramón. "Experimentação com embriões: o dilema ético dos embriões excedentes, os embriões somáticos e os embriões partenogenéticos. In: Martínez, Julio Luis (org.). *Células-tronco humanas: aspectos científicos, éticos e jurídicos*. São Paulo: Loyola, 2005.

Lachtermacher-triunfol, Márcia. *Os Clones*. São Paulo: Publifolha, 2003.

Lafer, Celso. *A reconstrução dos direitos humanos: um diálogo com o pensamento de Hannah Arendt*. São Paulo: Companhia da Letras, 2003.

Lassale, Ferdinand. *A essência da Constituição*. 4ª ed. Rio de Janeiro: Lúmen Júris, 1998.

Leite, Eduardo de Oliveira. "O direito do embrião humano: mito ou realidade?" In: *Revista de Ciências Jurídicas*. São Paulo, ano 1, nº 1, 1997.

Leite, Marcelo. *O DNA*. São Paulo: Publifolha, 2003.

_____. "Embriões éticos". Caderno Mais! *Folha de S. Paulo*, 27 ago. 2006.

_____. "Fuga de células". Caderno Mais! *Folha de S. Paulo*, 20 ago. 2006.

Lenoble, Robert. *História da idéia da natureza*. Lisboa: Edições 70, 1990.

Leoleli, Camargo. "A solução no início da vida". São Paulo: Revista *Veja*, nº 37, 20 nov. 2006.

Lima Neto, Francisco Vieira. *Responsabilidade civil das empresas de engenharia genética*. São Paulo: LED, 1997.

Link, Hans-George. *O novo dicionário internacional de teologia do novo testamento*. São Paulo: Sociedade Religiosa Edições Vida Nova, 1983.

Locke, John. *Segundo tratado sobre o governo civil: ensaio sobre a origem, os limites e os fins verdadeiros do governo civil*. Rio de Janeiro: Vozes, 1994.

Lopes, Miguel Maria de Serpa. *Curso de direito civil: introdução, parte geral e teoria dos negócios jurídicos*. Rio de Janeiro: Freitas Bastos, 1953.

Lorenzetti, Ricardo Luís. *Fundamentos do direito privado*. São Paulo: Revista dos Tribunais, 1998.

Madeira, Paulo. "Crianças 'alimentam' negócio florescente". *Correio da Manhã*, 13 dez. 2006.

Mantovani, Fernando. "Uso de gametas, embriões e fetos na pesquisa genética sobre cosméticos e produtos industriais". In: Romeo Casabona, Carlos María (org.). *Biotecnologia: direito e bioética*. Belo Horizonte: Del Rey, 2002.

Marques, Marília Bernardes. *O que é célula-tronco*. São Paulo: Brasiliense, 2006.

Martínez, Julio Luis (org.). *Células-tronco humanas: aspectos científicos, éticos e jurídicos*. São Paulo: Loyola, 2005.

Martínez, Stella Maris. *Manipulação genética e Direito Penal*. São Paulo: Ibccrim Instituto Brasileiro de Ciências Criminais, 1998.

Martins, Ives Gandra da Silva; Bastos, Celso. *Comentários à Constituição do Brasil: promulgada em 5 de outubro de 1988*. São Paulo: Saraiva, v. 1, 1988.

Martins, Ives Gandra da Silva; Piñero Eça, Lílian. "Verdade sobre células-tronco embrionárias. Tendências e debates". *Folha de S. Paulo*, 8 jun. 2005.

Mattei, Jean François. *Le genome humanin*. Strasbourg: Éd. du Conseil de l'Europe, 2001.

Maturana, Humberto R; Varela, Francisco J. *A árvore do conhecimento: as bases biológicas da compreensão humana*. São Paulo: Palas Athena, 2001.

Meirelles, Jussara Maria Leal de. *A vida humana embrionária e a sua proteção jurídica*. Rio de Janeiro: Renovar, 2000.

_____. "Os embriões humanos mantidos em laboratórios e a proteção da pessoa: o novo Código Civil brasileiro e o Texto Constitucional". In: Meirelles, Jussara Maria Leal de; Barboza, Heloisa Helena; Barreto, Vicente de Paulo (orgs.). *Novos temas de bioética e biodireito*. Rio de Janeiro: Renovar, 2003.

Mello, Celso Albuquerque de. "O § 2º do art. 5º da Constituição Federal". In: Torres, Ricardo Lobo (org.) *Teoria dos direitos fundamentais*. 2ª ed. Rio de Janeiro: Renovar, 2001.

Miranda, Jorge. *Manual de direito constitucional*. 3ª ed. Coimbra: Coimbra Ed., 1996.

_____. *Teoria do Estado e da Constituição*. Rio de Janeiro: Forense, 2003.

Mondin, Battista. *Curso de filosofia*. 12ª ed. São Paulo: Paulus. 2003.

_____. *O homem, quem é ele? Elementos de antropologia filosófica.* 8ª ed. São Paulo: Paulus, 1980.

_____. *Introdução à filosofia.* 14ª ed. São Paulo: Paulus, 2003.

Montesquieu, Charles-Louis de Secondat. *O espírito das leis.* São Paulo: Saraiva, 1998.

Moraes, Alexandre de. *Direito Constitucional.* 3ª ed. São Paulo: Atlas, 1998.

_____. *Constituição do Brasil interpretada.* São Paulo: Atlas, 2002.

Morin, Edgar. *Ciência com consciência.* 7ª ed. Rio de Janeiro: Bertrand Brasil, 2003.

Morin, Edgar; Cyrulnik, Boris. *Diálogo sobre a natureza humana.* Lisboa: Instituo Piaget, 2004.

Muniz, Francisco José Ferreira; Oliveira, José Lamartine Corrêa de. "O estado de direito e os direitos da personalidade". *Revista dos Tribunais*, São Paulo, v. 69, nº 532, fev. 1980.

Neiva, Paula. "As biofábricas". Revista *Veja*, 31 ago. 2005.

Neri, Demetrio. *Filosofia moral: manual introdutivo.* São Paulo: Loyola, 2004.

Nery, Rosa Maria de Andrade. *Noções preliminares de direito civil.* São Paulo: Revista dos Tribunais, 2002.

Novaes, Adauto (org.). *A crise da razão.* São Paulo: Companhia das Letras, 1996.

Oliveira, Fátima. *Engenharia genética: o sétimo dia da criação.* 2ª ed. São Paulo: Moderna, 2004.

Ost, François. *A natureza à margem da lei: a ecologia à prova do direito* Lisboa: Instituto Piaget. 1995.

Otero, Paulo. *Personalidade e identidade pessoal e genética do ser humano: um perfil constitucional da bioética.* Coimbra: Almedina, 1999.

Pegoraro, Olinto (orgs.). *Ética, ciência e saúde: desafios da bioética.* Petrópolis: Vozes, 2001.

Pessini, Léo; Garrafa, Volnei. *Bioética: poder e injustiça.* São Paulo: Loyola, 2003.

Pessini, Léo; Barchifontaine, Christian de Paul de (orgs.). *Bioética: alguns desafios.* 2ª ed. São Paulo: Loyola, 2002.

Pico Della Mirandola, Giovanni. *Discurso sobre a dignidade do homem.* Lisboa: Edições 70, 1989.

Pinto, Carlos Alberto da Mota. *Teoria geral do direito civil.* 3ª ed. Coimbra: Coimbra Ed., 1992.

Reale, Miguel. *Lições preliminares de direito.* 27ª ed., São Paulo, Saraiva, 2002.

_____. *Paradigmas da cultura contemporânea.* 2ª ed., São Paulo: Saraiva, 2005.

Rifkin, Jeremy. *O século da biotecnologia: a valorização dos genes e a reconstrução do mundo*. São Paulo: Makron Books, 1999.

Romeo Casabona, Carlos Maria. *Do gene ao direito*. São Paulo: Instituto Brasileiro de Ciências Criminais, 1999.

_____. *Biotecnologia: direito e bioética*. Belo Horizonte: Del Rey, 2002.

Romeo Casabona, Carlos Maria; Queiroz, Juliane Fernandes (orgs.). *Biotecnologia e suas implicações ético-jurídicas*. Belo Horizonte: Del Rey, 2004.

Rousseau, Jean-Jacques. *Do contrato social: princípios do direito político*. São Paulo: Edipro, 2000.

Santos, Maria Celeste Cordeiro Leite dos. *Imaculada concepção: nascendo* in vitro *e morrendo* in machina: *aspectos históricos e bioéticos da reprodução humana assistida no direito penal comparado*. São Paulo: Acadêmica, 1993.

_____. *O equilíbrio do pêndulo: bioética e a lei: implicações médico-legais*. São Paulo: Ícone, 1998.

_____. *Biodireito: ciência da vida, os novos desafios*. São Paulo: Revista dos Tribunais, 2001.

Sarlet, Ingo Wolfgang. *A eficácia dos direitos fundamentais*. 5ª ed. Porto Alegre: Livraria do Advogado, 2005.

_____. *Dignidade da pessoa humana e direitos fundamentais na Constituição Federal de 1988*. Porto Alegre: Livraria do Advogado, 2001.

Schockenhoff, Eberhard. "Quem é um embrião?" In: *Bioética*. Rio de Janeiro: Cadernos Adenauer, ano III, nº 1, 2002.

Schooyans, Michel. *Dominando a vida, manipulando os homens*. São Paulo: Ibrasa, 1993.

Schramm, Fermim Roland. "As diferentes abordagens da bioética". In: Pegoraro, Olinto (orgs.). *Ética, ciência e saúde: desafios da bioética*. Petrópolis: Vozes, 2001.

Sève, Lucien. *Para uma crítica da razão bioética*. Lisboa: Instituto Piaget, 1994.

Sgreccia, Elio. *Manual de Bioética: fundamentos e ética biomédica*. São Paulo: Loyola, 1996.

Shattuck, Roger. *Conhecimento proibido*. São Paulo: Companhia das Letras, 1998.

Silva, Franklin Leopoldo e. "Ética e razão". In: Novaes, Adauto (org.). *A crise da razão*. São Paulo: Companhia das Letras, 1996.

Silva, José Afonso da. *Direito ambiental constitucional*. São Paulo: Malheiros, 1994.

_____. *Curso de direito constitucional positivo*. 16ª ed. São Paulo: Malheiros, 1999.

Silva, Reinaldo Pereira e. "Bioética e biodireito: as implicações de um retorno". In: *Acta Bioethica*. Revista publicada pelo Programa Regional de Bioética da Organização Panamericana de Saúde/Organização Mundial de Saúde (OPS/OMS), Santiago, v. 8, nº 2, 2002.

______. *Introdução ao biodireito: investigações político-jurídicas sobre o estatuto da concepção humana*. São Paulo: LTr, 2002.

Teixeira, José Horácio Meirelles. *Curso de direito constitucional*. Rio de Janeiro: Forense Universitária, 1991.

Telles Jr., Goffredo. *Iniciação na ciência do direito*. São Paulo: Saraiva, 2001.

______. *A criação do direito*. 2ª ed. São Paulo: Juarez de Oliveira, 2004.

Testart, Jacques. *O ovo transparente*. São Paulo: Edusp, 1995.

Tognolli, Cláudio. *A falácia genética: a ideologia do DNA na imprensa*. São Paulo: Escrituras, 2003.

Varella, Drauzio. "Ilustrada". *Folha de S. Paulo*, 25 jan. 2003.

Vasconcelos, Cristiane Beuren. *A proteção jurídica do ser humano* in vitro *na era da biotecnologia*. São Paulo: Atlas, 2006.

Zats, Mayana. "Genética e Ética". *Revista do Centro de Estudos Judiciários da Justiça Federal*. Brasília, v. 6, nº 16, mar. 2002.

JORNAIS E REVISTAS

O Globo. "Islândia vende DNA da população à empresa", 5 fev. 2000.

Veja. "Rumo à fronteira final", 3 nov. 1999.

Anexo 1

CONVENÇÃO AMERICANA DE DIREITOS HUMANOS (1969) (PACTO DE SAN JOSÉ DA COSTA RICA)

PREÂMBULO

Os Estados Americanos signatários da presente Convenção,

Reafirmando seu propósito de consolidar neste Continente, dentro do quadro das instituições democráticas, um regime de liberdade pessoal e de justiça social, fundado no respeito dos direitos humanos essenciais;

Reconhecendo que os direitos essenciais da pessoa humana não derivam do fato de ser ela nacional de determinado Estado, mas sim do fato de ter como fundamento os atributos da pessoa humana, razão por que justificam uma proteção internacional, de natureza convencional, coadjuvante ou complementar da que oferece o direito interno dos Estados americanos;

Considerando que esses princípios foram consagrados na Carta da Organização dos Estados Americanos, na Declaração Americana dos Direitos e Deveres do Homem e na Declaração Universal dos Direitos do Homem, e que foram reafirmados e desenvolvidos em outros instrumentos internacionais, tanto de âmbito mundial como regional;

Reiterando que, de acordo com a Declaração Universal dos Direitos Humanos, só pode ser realizado o ideal do ser humano livre, isento do temor e da miséria, se forem criadas condições que permitam a cada pessoa gozar dos seus direitos econômicos, sociais e culturais, bem como dos seus direitos civis e políticos; e

Considerando que a Terceira Conferência Interamericana Extraordinária (Buenos Aires, 1967) aprovou a incorporação à própria Carta da Organização de normas mais amplas sobre os direitos econômicos, sociais e educacionais e resolveu que uma Convenção Interamericana sobre Direitos Humanos determinasse a estrutura, competência e processo dos órgãos encarregados dessa matéria;

Convieram no seguinte:

PARTE I – DEVERES DOS ESTADOS E DIREITOS PROTEGIDOS

Capítulo I – ENUMERAÇÃO DOS DEVERES

Artigo 1º – Obrigação de respeitar os direitos

1. Os Estados-partes nesta Convenção comprometem-se a respeitar os direitos e liberdades nela reconhecidos e a garantir seu livre e pleno exercício a toda pessoa que esteja sujeita à sua jurisdição, sem discriminação alguma, por motivo de raça, cor, sexo, idioma, religião, opiniões políticas ou de qualquer outra natureza, origem nacional ou social, posição econômica, nascimento ou qualquer outra condição social.
2. Para efeitos desta Convenção, pessoa é todo ser humano.
Artigo 2º – Dever de adotar disposições de direito interno
Se o exercício dos direitos e liberdades mencionados no artigo 1 ainda não estiver garantido por disposições legislativas ou de outra natureza, os Estados-partes comprometem-se a adotar, de acordo com as suas normas constitucionais e com as disposições desta Convenção, as medidas legislativas ou de outra natureza que forem necessárias para tornar efetivos tais direitos e liberdades.

Capítulo II – DIREITOS CIVIS E POLÍTICOS
Artigo 3º – Direito ao reconhecimento da personalidade jurídica
Toda pessoa tem direito ao reconhecimento de sua personalidade jurídica.
Artigo 4º – Direito à vida
1. Toda pessoa tem o direito de que se respeite sua vida. Esse direito deve ser protegido pela lei e, em geral, desde o momento da concepção. Ninguém pode ser privado da vida arbitrariamente.
2. Nos países que não houverem abolido a pena de morte, esta só poderá ser imposta pelos delitos mais graves, em cumprimento de sentença final de tribunal competente e em conformidade com a lei que estabeleça tal pena, promulgada antes de haver o delito sido cometido. Tampouco se estenderá sua aplicação a delitos aos quais não se aplique atualmente.
3. Não se pode restabelecer a pena de morte nos Estados que a hajam abolido.
4. Em nenhum caso pode a pena de morte ser aplicada a delitos políticos, nem a delitos comuns conexos com delitos políticos.
5. Não se deve impor a pena de morte a pessoa que, no momento da perpetração do delito, for menor de dezoito anos, ou maior de setenta, nem aplicá-la a mulher em estado de gravidez.
6. Toda pessoa condenada à morte tem direito a solicitar anistia, indulto ou comutação da pena, os quais podem ser concedidos em todos os casos. Não se pode executar a pena de morte enquanto o pedido estiver pendente de decisão ante a autoridade competente.
Artigo 5º – Direito à integridade pessoal
1. Toda pessoa tem direito a que se respeite sua integridade física, psíquica e moral.

2. Ninguém deve ser submetido a torturas, nem a penas ou tratos cruéis, desumanos ou degradantes. Toda pessoa privada de liberdade deve ser tratada com o respeito devido à dignidade inerente ao ser humano.

3. A pena não pode passar da pessoa do delinqüente.

4. Os processados devem ficar separados dos condenados, salvo em circunstâncias excepcionais, e devem ser submetidos a tratamento adequado à sua condição de pessoas não condenadas.

5. Os menores, quando puderem ser processados, devem ser separados dos adultos e conduzidos a tribunal especializado, com a maior rapidez possível, para seu tratamento.

6. As penas privativas de liberdade devem ter por finalidade essencial a reforma e a readaptação social dos condenados.

Artigo 6º – Proibição da escravidão e da servidão

1. Ninguém poderá ser submetido a escravidão ou servidão e tanto estas como o tráfico de escravos e o tráfico de mulheres são proibidos em todas as suas formas.

2. Ninguém deve ser constrangido a executar trabalho forçado ou obrigatório. Nos países em que se prescreve, para certos delitos, pena privativa de liberdade acompanhada de trabalhos forçados, esta disposição não pode ser interpretada no sentido de proibir o cumprimento da dita pena, imposta por um juiz ou tribunal competente. O trabalho forçado não deve afetar a dignidade, nem a capacidade física e intelectual do recluso.

3. Não constituem trabalhos forçados ou obrigatórios para os efeitos deste artigo:

a) os trabalhos ou serviços normalmente exigidos de pessoa reclusa em cumprimento de sentença ou resolução formal expedida pela autoridade judiciária competente. Tais trabalhos ou serviços devem ser executados sob a vigilância e controle das autoridades públicas, e os indivíduos que os executarem não devem ser postos à disposição de particulares, companhias ou pessoas jurídicas de caráter privado;

b) serviço militar e, nos países em que se admite a isenção por motivo de consciência, qualquer serviço nacional que a lei estabelecer em lugar daquele;

c) o serviço exigido em casos de perigo ou de calamidade que ameacem a existência ou o bem-estar da comunidade;

d) o trabalho ou serviço que faça parte das obrigações cívicas normais.

Artigo 7º – Direito à liberdade pessoal

1. Toda pessoa tem direito à liberdade e à segurança pessoais.

2. Ninguém pode ser privado de sua liberdade física, salvo pelas causas e nas condições previamente fixadas pelas Constituições políticas dos Estados-partes ou pelas leis de acordo com elas promulgadas.

3. Ninguém pode ser submetido a detenção ou encarceramento arbitrários.

4. Toda pessoa detida ou retida deve ser informada das razões da detenção e notificada, sem demora, da acusação ou das acusações formuladas contra ela.
5. Toda pessoa presa, detida ou retida deve ser conduzida, sem demora, à presença de um juiz ou outra autoridade autorizada por lei a exercer funções judiciais e tem o direito de ser julgada em prazo razoável ou de ser posta em liberdade, sem prejuízo de que prossiga o processo. Sua liberdade pode ser condicionada a garantias que assegurem o seu comparecimento em juízo.
6. Toda pessoa privada da liberdade tem direito a recorrer a um juiz ou tribunal competente, a fim de que este decida, sem demora, sobre a legalidade de sua prisão ou detenção e ordene sua soltura, se a prisão ou a detenção forem ilegais. Nos Estados-partes cujas leis prevêem que toda pessoa que se vir ameaçada de ser privada de sua liberdade tem direito a recorrer a um juiz ou tribunal competente, a fim de que este decida sobre a legalidade de tal ameaça, tal recurso não pode ser restringido nem abolido. O recurso pode ser interposto pela própria pessoa ou por outra pessoa.
7. Ninguém deve ser detido por dívidas. Este princípio não limita os mandados de autoridade judiciária competente expedidos em virtude de inadimplemento de obrigação alimentar.

Artigo 8º – Garantias judiciais

1. Toda pessoa terá o direito de ser ouvida, com as devidas garantias e dentro de um prazo razoável, por um juiz ou Tribunal competente, independente e imparcial, estabelecido anteriormente por lei, na apuração de qualquer acusação penal formulada contra ela, ou na determinação de seus direitos e obrigações de caráter civil, trabalhista, fiscal ou de qualquer outra natureza.
2. Toda pessoa acusada de um delito tem direito a que se presuma sua inocência, enquanto não for legalmente comprovada sua culpa. Durante o processo, toda pessoa tem direito, em plena igualdade, às seguintes garantias mínimas:

a) direito do acusado de ser assistido gratuitamente por um tradutor ou intérprete, caso não compreenda ou não fale a língua do juízo ou tribunal;
b) comunicação prévia e pormenorizada ao acusado da acusação formulada;
c) concessão ao acusado do tempo e dos meios necessários à preparação de sua defesa;
d) direito do acusado de defender-se pessoalmente ou de ser assistido por um defensor de sua escolha e de comunicar-se, livremente e em particular, com seu defensor;
e) direito irrenunciável de ser assistido por um defensor proporcionado pelo Estado, remunerado ou não, segundo a legislação interna, se o acusado não se defender ele próprio, nem nomear defensor dentro do prazo estabelecido pela lei;
f) direito da defesa de inquirir as testemunhas presentes no tribunal e de obter o comparecimento, como testemunhas ou peritos, de outras pessoas que possam lançar luz sobre os fatos;

g) direito de não ser obrigada a depor contra si mesma, nem a confessar-se culpada; e

h) direito de recorrer da sentença a juiz ou tribunal superior.

3. A confissão do acusado só é válida se feita sem coação de nenhuma natureza.

4. O acusado absolvido por sentença transitada em julgado não poderá ser submetido a novo processo pelos mesmos fatos.

5. O processo penal deve ser público, salvo no que for necessário para preservar os interesses da justiça.

Artigo 9º – Princípio da legalidade e da retroatividade

Ninguém poderá ser condenado por atos ou omissões que, no momento em que foram cometidos, não constituam delito, de acordo com o direito aplicável. Tampouco poder-se-á impor pena mais grave do que a aplicável no momento da ocorrência do delito. Se, depois de perpetrado o delito, a lei estipular a imposição de pena mais leve, o deliqüente deverá dela beneficiar-se.

Artigo 10 – Direito à indenização

Toda pessoa tem direito de ser indenizada conforme a lei, no caso de haver sido condenada em sentença transitada em julgado, por erro judiciário.

Artigo 11 – Proteção da honra e da dignidade

1. Toda pessoa tem direito ao respeito da sua honra e ao reconhecimento de sua dignidade.

2. Ninguém pode ser objeto de ingerências arbitrárias ou abusivas em sua vida privada, em sua família, em seu domicílio ou em sua correspondência, nem de ofensas ilegais à sua honra ou reputação.

3. Toda pessoa tem direito à proteção da lei contra tais ingerências ou tais ofensas.

Artigo 12 – Liberdade de consciência e de religião

1. Toda pessoa tem direito à liberdade de consciência e de religião. Esse direito implica a liberdade de conservar sua religião ou suas crenças, ou de mudar de religião ou de crenças, bem como a liberdade de professar e divulgar sua religião ou suas crenças, individual ou coletivamente, tanto em público como em privado.

2. Ninguém pode ser submetido a medidas restritivas que possam limitar sua liberdade de conservar sua religião ou suas crenças, ou de mudar de religião ou de crenças.

3. A liberdade de manifestar a própria religião e as próprias crenças está sujeita apenas às limitações previstas em lei e que se façam necessárias para proteger a segurança, a ordem, a saúde ou a moral públicas ou os direitos e as liberdades das demais pessoas.

4. Os pais e, quando for o caso, os tutores, têm direito a que seus filhos e pupilos recebam a educação religiosa e moral que esteja de acordo com suas próprias convicções.

Artigo 13 – Liberdade de pensamento e de expressão

1. Toda pessoa tem o direito à liberdade de pensamento e de expressão. Esse direito inclui a liberdade de procurar, receber e difundir informações e idéias de qualquer natureza, sem considerações de fronteiras, verbalmente ou por escrito, ou em forma impressa ou artística, ou por qualquer meio de sua escolha.

2. O exercício do direito previsto no inciso precedente não pode estar sujeito à censura prévia, mas a responsabilidades ulteriores, que devem ser expressamente previstas em lei e que se façam necessárias para assegurar:

a) o respeito dos direitos e da reputação das demais pessoas;

b) a proteção da segurança nacional, da ordem pública, ou da saúde ou da moral públicas.

3. Não se pode restringir o direito de expressão por vias e meios indiretos, tais como o abuso de controles oficiais ou particulares de papel de imprensa, de freqüências radioelétricas ou de equipamentos e aparelhos usados na difusão de informação, nem por quaisquer outros meios destinados a obstar a comunicação e a circulação de idéias e opiniões.

4. A lei pode submeter os espetáculos públicos a censura prévia, com o objetivo exclusivo de regular o acesso a eles, para proteção moral da infância e da adolescência, sem prejuízo do disposto no inciso 2.

5. A lei deve proibir toda propaganda a favor da guerra, bem como toda apologia ao ódio nacional, racial ou religioso que constitua incitamento à discriminação, à hostilidade, ao crime ou à violência.

Artigo 14 – Direito de retificação ou resposta

1. Toda pessoa, atingida por informações inexatas ou ofensivas emitidas em seu prejuízo por meios de difusão legalmente regulamentados e que se dirijam ao público em geral, tem direito a fazer, pelo mesmo órgão de difusão, sua retificação ou resposta, nas condições que estabeleça a lei.

2. Em nenhum caso a retificação ou a resposta eximirão das outras responsabilidades legais em que se houver incorrido.

3. Para a efetiva proteção da honra e da reputação, toda publicação ou empresa jornalística, cinematográfica, de rádio ou televisão, deve ter uma pessoa responsável, que não seja protegida por imunidades, nem goze de foro especial.

Artigo 15 – Direito de reunião

É reconhecido o direito de reunião pacífica e sem armas. O exercício desse direito só pode estar sujeito às restrições previstas em lei e que se façam necessárias, em uma sociedade democrática, ao interesse da segurança nacional, da segurança ou ordem públicas, ou para proteger a saúde ou a moral públicas ou os direitos e as liberdades das demais pessoas.

Artigo 16 – Liberdade de associação

1. Todas as pessoas têm o direito de associar-se livremente com fins ideológicos, religiosos, políticos, econômicos, trabalhistas, sociais, culturais, desportivos ou de qualquer outra natureza.

2. O exercício desse direito só pode estar sujeito às restrições previstas em lei e que se façam necessárias, em uma sociedade democrática, ao interesse da segurança nacional, da segurança e da ordem públicas, ou para proteger a saúde ou a moral públicas ou os direitos e as liberdades das demais pessoas.

3. O presente artigo não impede a imposição de restrições legais, e mesmo a privação do exercício do direito de associação, aos membros das forças armadas e da polícia.

Artigo 17 – Proteção da família

1. A família é o núcleo natural e fundamental da sociedade e deve ser protegida pela sociedade e pelo Estado.

2. É reconhecido o direito do homem e da mulher de contraírem casamento e de constituírem uma família, se tiverem a idade e as condições para isso exigidas pelas leis internas, na medida em que não afetem estas o princípio da não-discriminação estabelecido nesta Convenção.

3. O casamento não pode ser celebrado sem o consentimento livre e pleno dos contraentes.

4. Os Estados-partes devem adotar as medidas apropriadas para assegurar a igualdade de direitos e a adequada equivalência de responsabilidades dos cônjuges quanto ao casamento, durante o mesmo e por ocasião de sua dissolução. Em caso de dissolução, serão adotadas as disposições que assegurem a proteção necessária aos filhos, com base unicamente no interesse e conveniência dos mesmos.

5. A lei deve reconhecer iguais direitos tanto aos filhos nascidos fora do casamento, como aos nascidos dentro do casamento.

Artigo 18 – Direito ao nome

Toda pessoa tem direito a um prenome e aos nomes de seus pais ou ao de um destes. A lei deve regular a forma de assegurar a todos esse direito, mediante nomes fictícios, se for necessário.

Artigo 19 – Direitos da criança

Toda criança terá direito às medidas de proteção que a sua condição de menor requer, por parte da sua família, da sociedade e do Estado.

Artigo 20 – Direito à nacionalidade

1. Toda pessoa tem direito a uma nacionalidade.

2. Toda pessoa tem direito à nacionalidade do Estado em cujo território houver nascido, se não tiver direito a outra.

3. A ninguém se deve privar arbitrariamente de sua nacionalidade, nem do direito de mudá-la.

Artigo 21 – Direito à propriedade privada

1. Toda pessoa tem direito ao uso e gozo de seus bens. A lei pode subordinar esse uso e gozo ao interesse social.

2. Nenhuma pessoa pode ser privada de seus bens, salvo mediante o pagamento de indenização justa, por motivo de utilidade pública ou de interesse social e nos casos e na forma estabelecidos pela lei.

3. Tanto a usura, como qualquer outra forma de exploração do homem pelo homem, devem ser reprimidas pela lei.

Artigo 22 – Direito de circulação e de residência

1. Toda pessoa que se encontre legalmente no território de um Estado tem o direito de nele livremente circular e de nele residir, em conformidade com as disposições legais.

2. Toda pessoa terá o direito de sair livremente de qualquer país, inclusive de seu próprio país.

3. O exercício dos direitos supracitados não pode ser restringido, senão em virtude de lei, na medida indispensável, em uma sociedade democrática, para prevenir infrações penais ou para proteger a segurança nacional, a segurança ou a ordem públicas, a moral ou a saúde públicas, ou os direitos e liberdades das demais pessoas.

4. O exercício dos direitos reconhecidos no inciso 1 pode também ser restringido pela lei, em zonas determinadas, por motivo de interesse público.

5. Ninguém pode ser expulso do território do Estado do qual for nacional e nem ser privado do direito de nele entrar.

6. O estrangeiro que se encontre legalmente no território de um Estado-parte na presente Convenção só poderá dele ser expulso em decorrência de decisão adotada em conformidade com a lei.

7. Toda pessoa tem o direito de buscar e receber asilo em território estrangeiro, em caso de perseguição por delitos políticos ou comuns conexos com delitos políticos, de acordo com a legislação de cada Estado e com as Convenções internacionais.

8. Em nenhum caso o estrangeiro pode ser expulso ou entregue a outro país, seja ou não de origem, onde seu direito à vida ou à liberdade pessoal esteja em risco de violação em virtude de sua raça, nacionalidade, religião, condição social ou de suas opiniões políticas.

9. É proibida a expulsão coletiva de estrangeiros.

Artigo 23 – Direitos políticos

1. Todos os cidadãos devem gozar dos seguintes direitos e oportunidades:

a) de participar da condução dos assuntos públicos, diretamente ou por meio de representantes livremente eleitos;

b) de votar e ser eleito em eleições periódicas, autênticas, realizadas por sufrágio universal e igualitário e por voto secreto, que garantam a livre expressão da vontade dos eleitores; e

c) de ter acesso, em condições gerais de igualdade, às funções públicas de seu país.

2. A lei pode regular o exercício dos direitos e oportunidades, a que se refere o inciso anterior, exclusivamente por motivo de idade, nacionalidade, residência, idioma, instrução, capacidade civil ou mental, ou condenação, por juiz competente, em processo penal.

Artigo 24 – Igualdade perante a lei

Todas as pessoas são iguais perante a lei. Por conseguinte, têm direito, sem discriminação alguma, à igual proteção da lei.

Artigo 25 – Proteção judicial

1. Toda pessoa tem direito a um recurso simples e rápido ou a qualquer outro recurso efetivo, perante os juízes ou tribunais competentes, que a proteja contra atos que violem seus direitos fundamentais reconhecidos pela Constituição, pela lei ou pela presente Convenção, mesmo quando tal violação seja cometida por pessoas que estejam atuando no exercício de suas funções oficiais.

2. Os Estados-partes comprometem-se:

a) a assegurar que a autoridade competente prevista pelo sistema legal do Estado decida sobre os direitos de toda pessoa que interpuser tal recurso;

b) a desenvolver as possibilidades de recurso judicial; e

c) a assegurar o cumprimento, pelas autoridades competentes, de toda decisão em que se tenha considerado procedente o recurso.

Capítulo III – DIREITOS ECONÔMICOS, SOCIAIS E CULTURAIS

Artigo 26 – Desenvolvimento progressivo

Os Estados-partes comprometem-se a adotar as providências, tanto no âmbito interno, como mediante cooperação internacional, especialmente econômica e técnica, a fim de conseguir progressivamente a plena efetividade dos direitos que decorrem das normas econômicas, sociais e sobre educação, ciência e cultura, constantes da Carta da Organização dos Estados Americanos, reformada pelo Protocolo de Buenos Aires, na medida dos recursos disponíveis, por via legislativa ou por outros meios apropriados.

Capítulo IV – SUSPENSÃO DE GARANTIAS, INTERPRETAÇÃO E APLICAÇÃO

Artigo 27 – Suspensão de garantias

1. Em caso de guerra, de perigo público, ou de outra emergência que ameace a independência ou segurança do Estado-parte, este poderá adotar as disposições que, na medida e pelo tempo estritamente limitados às exigências da situação, suspendam as obrigações contraídas em virtude desta Convenção, desde que tais disposições não sejam incompatíveis com as demais obrigações que lhe impõe o Direito Internacional e não encerrem discriminação alguma fundada em motivos de raça, cor, sexo, idioma, religião ou origem social.

2. A disposição precedente não autoriza a suspensão dos direitos determinados nos seguintes artigos: 3 (direito ao reconhecimento da personalidade jurídica), 4 (direito à vida), 5 (direito à integridade pessoal), 6 (proibição da escravidão e da servidão), 9 (princípio da legalidade e da retroatividade), 12 (liberdade de consciência e religião), 17 (proteção da família), 18 (direito ao nome), 19 (direitos da criança), 20 (direito à nacionalidade) e 23 (direitos políticos), nem das garantias indispensáveis para a proteção de tais direitos.
3. Todo Estado-parte no presente Pacto que fizer uso do direito de suspensão deverá comunicar imediatamente aos outros Estados-partes na presente Convenção, por intermédio do Secretário-Geral da Organização dos Estados Americanos, as disposições cuja aplicação haja suspendido, os motivos determinantes da suspensão e a data em que haja dado por terminada tal suspensão.
Artigo 28 – Cláusula federal
1. Quando se tratar de um Estado-parte constituído como Estado federal, o governo nacional do aludido Estado-parte cumprirá todas as disposições da presente Convenção, relacionadas com as matérias sobre as quais exerce competência legislativa e judicial.
2. No tocante às disposições relativas às matérias que correspondem à competência das entidades componentes da federação, o governo nacional deve tomar imediatamente as medidas pertinentes, em conformidade com sua Constituição e com suas leis, a fim de que as autoridades competentes das referidas entidades possam adotar as disposições cabíveis para o cumprimento desta Convenção.
3. Quando dois ou mais Estados-partes decidirem constituir entre eles uma federação ou outro tipo de associação, diligenciarão no sentido de que o pacto comunitário respectivo contenha as disposições necessárias para que continuem sendo efetivas no novo Estado, assim organizado, as normas da presente Convenção.
Artigo 29 – Normas de interpretação
Nenhuma disposição da presente Convenção pode ser interpretada no sentido de:
a) permitir a qualquer dos Estados-partes, grupo ou indivíduo, suprimir o gozo e o exercício dos direitos e liberdades reconhecidos na Convenção ou limitá-los em maior medida do que a nela prevista;
b) limitar o gozo e exercício de qualquer direito ou liberdade que possam ser reconhecidos em virtude de leis de qualquer dos Estados-partes ou em virtude de Convenções em que seja parte um dos referidos Estados;
c) excluir outros direitos e garantias que são inerentes ao ser humano ou que decorrem da forma democrática representativa de governo;
d) excluir ou limitar o efeito que possam produzir a Declaração Americana dos Direitos e Deveres do Homem e outros atos internacionais da mesma natureza.

Artigo 30 – Alcance das restrições

As restrições permitidas, de acordo com esta Convenção, ao gozo e exercício dos direitos e liberdades nela reconhecidos, não podem ser aplicadas senão de acordo com leis que forem promulgadas por motivo de interesse geral e com o propósito para o qual houverem sido estabelecidas.

Artigo 31 – Reconhecimento de outros direitos

Poderão ser incluídos, no regime de proteção desta Convenção, outros direitos e liberdades que forem reconhecidos de acordo com os processos estabelecidos nos artigos 69 e 70.

Capítulo V – DEVERES DAS PESSOAS

Artigo 32 – Correlação entre deveres e direitos

1. Toda pessoa tem deveres para com a família, a comunidade e a humanidade.
2. Os direitos de cada pessoa são limitados pelos direitos dos demais, pela segurança de todos e pelas justas exigências do bem comum, em uma sociedade democrática.

PARTE II – MEIOS DE PROTEÇÃO

Capítulo VI – ÓRGÃOS COMPETENTES

Artigo 33 – São competentes para conhecer de assuntos relacionados com o cumprimento dos compromissos assumidos pelos Estados-partes nesta Convenção:

a) a Comissão Interamericana de Direitos Humanos, doravante denominada a Comissão; e

b) a Corte Interamericana de Direitos Humanos, doravante denominada a Corte.

Capítulo VII – COMISSÃO INTERAMERICANA DE DIREITOS HUMANOS

Seção 1 – Organização

Artigo 34 – A Comissão Interamericana de Direitos Humanos compor-se-á de sete membros, que deverão ser pessoas de alta autoridade moral e de reconhecido saber em matéria de direitos humanos.

Artigo 35 – A Comissão representa todos os Membros da Organização dos Estados Americanos.

Artigo 36 – 1. Os membros da Comissão serão eleitos a título pessoal, pela Assembléia-Geral da Organização, a partir de uma lista de candidatos propostos pelos governos dos Estados-membros.

2. Cada um dos referidos governos pode propor até três candidatos, nacionais do Estado que os propuser ou de qualquer outro Estado-membro da Organização dos Estados Americanos. Quando for proposta uma lista de três candidatos, pelo menos um deles deverá ser nacional de Estado diferente do proponente.

Artigo 37 – 1. Os membros da Comissão serão eleitos por quatro anos e só poderão ser reeleitos um vez, porém o mandato de três dos membros designados na primeira eleição expirará ao cabo de dois anos. Logo depois da referida eleição, serão determinados por sorteio, na Assembléia-Geral, os nomes desses três membros.
2. Não pode fazer parte da Comissão mais de um nacional de um mesmo país.
Artigo 38 – As vagas que ocorrerem na Comissão, que não se devam à expiração normal do mandato, serão preenchidas pelo Conselho Permanente da Organização, de acordo com o que dispuser o Estatuto da Comissão.
Artigo 39 – A Comissão elaborará seu estatuto e submetê-lo-á à aprovação da Assembléia Geral e expedirá seu próprio Regulamento.
Artigo 40 – Os serviços da Secretaria da Comissão devem ser desempenhados pela unidade funcional especializada que faz parte da Secretaria-Geral da Organização e deve dispor dos recursos necessários para cumprir as tarefas que lhe forem confiadas pela Comissão.

Seção 2 – Funções

Artigo 41 – A Comissão tem a função principal de promover a observância e a defesa dos direitos humanos e, no exercício de seu mandato, tem as seguintes funções e atribuições:
a) estimular a consciência dos direitos humanos nos povos da América;
b) formular recomendações aos governos dos Estados-membros, quando considerar conveniente, no sentido de que adotem medidas progressivas em prol dos direitos humanos no âmbito de suas leis internas e seus preceitos constitucionais, bem como disposições apropriadas para promover o devido respeito a esses direitos;
c) preparar estudos ou relatórios que considerar convenientes para o desempenho de suas funções;
d) solicitar aos governos dos Estados-membros que lhe proporcionem informações sobre as medidas que adotarem em matéria de direitos humanos;
e) atender às consultas que, por meio da Secretaria-Geral da Organização dos Estados Americanos, lhe formularem os Estados-membros sobre questões relacionadas com os direitos humanos e, dentro de suas possibilidades, prestar-lhes o assessoramento que lhes solicitarem;
f) atuar com respeito às petições e outras comunicações, no exercício de sua autoridade, de conformidade com o disposto nos artigos 44 a 51 desta Convenção; e
g) apresentar um relatório anual à Assembléia-Geral da Organização dos Estados Americanos.
Artigo 42 – Os Estados-partes devem submeter à Comissão cópia dos relatórios e estudos que, em seus respectivos campos, submetem anualmente às Comissões

Executivas do Conselho Interamericano Econômico e Social e do Conselho Interamericano de Educação, Ciência e Cultura, a fim de que aquela zele para que se promovam os direitos decorrentes das normas econômicas, sociais e sobre educação, ciência e cultura, constantes da Carta da Organização dos Estados Americanos, reformada pelo Protocolo de Buenos Aires.

Artigo 43 – Os Estados-partes obrigam-se a proporcionar à Comissão as informações que esta lhes solicitar sobre a maneira pela qual seu direito interno assegura a aplicação efetiva de quaisquer disposições desta Convenção.

Seção 3 – Competência

Artigo 44 – Qualquer pessoa ou grupo de pessoas, ou entidade não-governamental legalmente reconhecida em um ou mais Estados-membros da Organização, pode apresentar à Comissão petições que contenham denúncias ou queixas de violação desta Convenção por um Estado-parte.

Artigo 45 – 1. Todo Estado-parte pode, no momento do depósito do seu instrumento de ratificação desta Convenção, ou de adesão a ela, ou em qualquer momento posterior, declarar que reconhece a competência da Comissão para receber e examinar as comunicações em que um Estado-parte alegue haver outro Estado-parte incorrido em violações dos direitos humanos estabelecidos nesta Convenção.

2. As comunicações feitas em virtude deste artigo só podem ser admitidas e examinadas se forem apresentadas por um Estado-parte que haja feito uma declaração pela qual reconheça a referida competência da Comissão. A Comissão não admitirá nenhuma comunicação contra um Estado-parte que não haja feito tal declaração.

3. As declarações sobre reconhecimento de competência podem ser feitas para que esta vigore por tempo indefinido, por período determinado ou para casos específicos.

4. As declarações serão depositadas na Secretaria-Geral da Organização dos Estados Americanos, a qual encaminhará cópia das mesmas aos Estados-membros da referida Organização.

Artigo 46 – Para que uma petição ou comunicação apresentada de acordo com os artigos 44 ou 45 seja admitida pela Comissão, será necessário:

a) que hajam sido interpostos e esgotados os recursos da jurisdição interna, de acordo com os princípios de Direito Internacional geralmente reconhecidos;

b) que seja apresentada dentro do prazo de seis meses, a partir da data em que o presumido prejudicado em seus direitos tenha sido notificado da decisão definitiva;

c) que a matéria da petição ou comunicação não esteja pendente de outro processo de solução internacional; e

d) que, no caso do artigo 44, a petição contenha o nome, a nacionalidade, a profissão, o domicílio e a assinatura da pessoa ou pessoas ou do representante legal da entidade que submeter a petição.

2. As disposições das alíneas "a" e "b" do inciso 1 deste artigo não se aplicarão quando:

a) não existir, na legislação interna do Estado de que se tratar, o devido processo legal para a proteção do direito ou direitos que se alegue tenham sido violados;

b) não se houver permitido ao presumido prejudicado em seus direitos o acesso aos recursos da jurisdição interna, ou houver sido ele impedido de esgotá-los; e

c) houver demora injustificada na decisão sobre os mencionados recursos.

Artigo 47 – A Comissão declarará inadmissível toda petição ou comunicação apresentada de acordo com os artigos 44 ou 45 quando:

a) não preencher algum dos requisitos estabelecidos no artigo 46;

b) não expuser fatos que caracterizem violação dos direitos garantidos por esta Convenção;

c) pela exposição do próprio peticionário ou do Estado, for manifestamente infundada a petição ou comunicação ou for evidente sua total improcedência; ou

d) for substancialmente reprodução de petição ou comunicação anterior, já examinada pela Comissão ou por outro organismo internacional.

Seção 4 – Processo

Artigo 48 – 1. A Comissão, ao receber uma petição ou comunicação na qual se alegue a violação de qualquer dos direitos consagrados nesta Convenção, procederá da seguinte maneira:

a) se reconhecer a admissibilidade da petição ou comunicação, solicitará informações ao Governo do Estado ao qual pertença a autoridade apontada como responsável pela violação alegada e transcreverá as partes pertinentes da petição ou comunicação. As referidas informações devem ser enviadas dentro de um prazo razoável, fixado pela Comissão ao considerar as circunstâncias de cada caso;

b) recebidas as informações, ou transcorrido o prazo fixado sem que sejam elas recebidas, verificará se existem ou subsistem os motivos da petição ou comunicação. No caso de não existirem ou não subsistirem, mandará arquivar o expediente;

c) poderá também declarar a inadmissibilidade ou a improcedência da petição ou comunicação, com base em informação ou prova supervenientes;

d) se o expediente não houver sido arquivado, e com o fim de comprovar os fatos, a Comissão procederá, com conhecimento das partes, a um exame do assunto exposto na petição ou comunicação. Se for necessário e conveniente, a Comissão procederá a uma investigação para cuja eficaz realização solicitará, e os Estados interessados lhe proporcionarão, todas as facilidades necessárias;

e) poderá pedir aos Estados interessados qualquer informação pertinente e receberá, se isso for solicitado, as exposições verbais ou escritas que apresentarem os interessados; e

f) pôr-se-á à disposição das partes interessadas, a fim de chegar a uma solução amistosa do assunto, fundada no respeito aos direitos reconhecidos nesta Convenção.

2. Entretanto, em casos graves e urgentes, pode ser realizada uma investigação, mediante prévio consentimento do Estado em cujo território se alegue houver sido cometida a violação, tão-somente com a apresentação de uma petição ou comunicação que reúna todos os requisitos formais de admissibilidade.

Artigo 49 – Se se houver chegado a uma solução amistosa de acordo com as disposições do inciso 1, "f", do artigo 48, a Comissão redigirá um relatório que será encaminhado ao peticionário e aos Estados-partes nesta Convenção e posteriormente transmitido, para sua publicação, ao Secretário-Geral da Organização dos Estados Americanos. O referido relatório conterá uma breve exposição dos fatos e da solução alcançada. Se qualquer das partes no caso o solicitar, ser-lhe-á proporcionada a mais ampla informação possível.

Artigo 50 – 1. Se não se chegar a uma solução, e dentro do prazo que for fixado pelo Estatuto da Comissão, esta redigirá um relatório no qual exporá os fatos e suas conclusões. Se o relatório não representar, no todo ou em parte, o acordo unânime dos membros da Comissão, qualquer deles poderá agregar ao referido relatório seu voto em separado. Também se agregarão ao relatório as exposições verbais ou escritas que houverem sido feitas pelos interessados em virtude do inciso 1, "e", do artigo 48.

2. O relatório será encaminhado aos Estados interessados, aos quais não será facultado publicá-lo.

3. Ao encaminhar o relatório, a Comissão pode formular as proposições e recomendações que julgar adequadas.

Artigo 51 – 1. Se no prazo de três meses, a partir da remessa aos Estados interessados do relatório da Comissão, o assunto não houver sido solucionado ou submetido à decisão da Corte pela Comissão ou pelo Estado interessado, aceitando sua competência, a Comissão poderá emitir, pelo voto da maioria absoluta dos seus membros, sua opinião e conclusões sobre a questão submetida à sua consideração.

2. A Comissão fará as recomendações pertinentes e fixará um prazo dentro do qual o Estado deve tomar as medidas que lhe competir para remediar a situação examinada.

3. Transcorrido o prazo fixado, a Comissão decidirá, pelo voto da maioria absoluta dos seus membros, se o Estado tomou ou não as medidas adequadas e se publica ou não seu relatório.

Capítulo VIII – CORTE INTERAMERICANA DE DIREITOS HUMANOS

Seção 1 – Organização

Artigo 52 – 1. A Corte compor-se-á de sete juízes, nacionais dos Estados-membros da Organização, eleitos a título pessoal dentre juristas da mais alta autoridade moral, de reconhecida competência em matéria de direitos humanos, que reúnam as condições requeridas para o exercício das mais elevadas funções judiciais, de acordo com a lei do Estado do qual sejam nacionais, ou do Estado que os propuser como candidatos.

2. Não deve haver dois juízes da mesma nacionalidade.

Artigo 53 – 1. Os juízes da Corte serão eleitos, em votação secreta e pelo voto da maioria absoluta dos Estados-partes na Convenção, na Assembléia-Geral da Organização, a partir de uma lista de candidatos propostos pelos mesmos Estados.

2. Cada um dos Estados-partes pode propor até três candidatos, nacionais do Estado que os propuser ou de qualquer outro Estado-membro da Organização dos Estados Americanos. Quando se propuser um lista de três candidatos, pelo menos um deles deverá ser nacional do Estado diferente do proponente.

Artigo 54 – 1. Os juízes da Corte serão eleitos por um período de seis anos e só poderão ser reeleitos uma vez. O mandato de três dos juízes designados na primeira eleição expirará ao cabo de três anos. Imediatamente depois da referida eleição, determinar-se-ão por sorteio, na Assembléia-Geral, os nomes desse três juízes.

2. O juiz eleito para substituir outro, cujo mandato não haja expirado, completará o período deste.

3. Os juízes permanecerão em suas funções até o término dos seus mandatos. Entretanto, continuarão funcionando nos casos de que já houverem tomado conhecimento e que se encontrem em fase de sentença e, para tais efeitos, não serão substituídos pelos novos juízes eleitos.

Artigo 55 – 1. O juiz, que for nacional de algum dos Estados-partes em caso submetido à Corte, conservará o seu direito de conhecer do mesmo.

2. Se um dos juízes chamados a conhecer do caso for de nacionalidade de um dos Estados-partes, outro Estado-parte no caso poderá designar uma pessoa de sua escolha para integrar a Corte, na qualidade de juiz *ad hoc*.

3. Se, dentre os juízes chamados a conhecer do caso, nenhum for da nacionalidade dos Estados-partes, cada um destes poderá designar um juiz *ad hoc*.

4. O juiz *ad hoc* deve reunir os requisitos indicados no artigo 52.

5. Se vários Estados-partes na Convenção tiverem o mesmo interesse no caso, serão considerados como uma só parte, para os fins das disposições anteriores. Em caso de dúvida, a Corte decidirá.

Artigo 56 – O quórum para as deliberações da Corte é constituído por cinco juízes.

Artigo 57 – A Comissão comparecerá em todos os casos perante a Corte.

Artigo 58 – 1. A Corte terá sua sede no lugar que for determinado, na Assembléia-Geral da Organização, pelos Estados-partes na Convenção, mas poderá realizar reuniões no território de qualquer Estado-membro da Organização dos Estados Americanos em que considerar conveniente, pela maioria dos seus membros e mediante prévia aquiescência do Estado respectivo. Os Estados-partes na Convenção podem, na Assembléia-Geral, por dois terços dos seus votos, mudar a sede da Corte.

2. A Corte designará seu Secretário.

3. O Secretário residirá na sede da Corte e deverá assistir às reuniões que ela realizar fora da mesma.

Artigo 59 – A Secretaria da Corte será por esta estabelecida e funcionará sob a direção do Secretário-Geral da Organização em tudo o que não for incompatível com a independência da Corte. Seus funcionários serão nomeados pelo Secretário Geral da Organização, em consulta com o Secretário da Corte.

Artigo 60 – A Corte elaborará seu Estatuto e submetê-lo-á à aprovação da Assembléia-Geral e expedirá seu Regimento.

Seção 2 – Competência e funções

Artigo 61 – 1. Somente os Estados-partes e a Comissão têm direito de submeter um caso à decisão da Corte.

2. Para que a Corte possa conhecer de qualquer caso, é necessário que sejam esgotados os processos previstos nos artigos 48 a 50.

Artigo 62 – 1. Todo Estado-parte pode, no momento do depósito do seu instrumento de ratificação desta Convenção ou de adesão a ela, ou em qualquer momento posterior, declarar que reconhece como obrigatória, de pleno direito e sem convenção especial, a competência da Corte em todos os casos relativos à interpretação ou aplicação desta Convenção.

2. A declaração pode ser feita incondicionalmente, ou sob condição de reciprocidade, por prazo determinado ou para casos específicos. Deverá ser apresentada ao Secretário-Geral da Organização, que encaminhará cópias da mesma a outros Estados-membros da Organização e ao Secretário da Corte.

3. A Corte tem competência para conhecer de qualquer caso, relativo à interpretação e aplicação das disposições desta Convenção, que lhe seja submetido, desde que os Estados-partes no caso tenham reconhecido ou reconheçam a referida competência, seja por declaração especial, como prevêem os incisos anteriores, seja por convenção especial.

Artigo 63 – 1. Quando decidir que houve violação de um direito ou liberdade protegidos nesta Convenção, a Corte determinará que se assegure ao prejudicado o gozo do seu direito ou liberdade violados. Determinará também, se isso for procedente, que sejam reparadas as conseqüências da medida ou situação que haja configurado a violação desses direitos, bem como o pagamento de indenização justa à parte lesada.

2. Em casos de extrema gravidade e urgência, e quando se fizer necessário evitar danos irreparáveis às pessoas, a Corte, nos assuntos de que estiver conhecendo, poderá tomar as medidas provisórias que considerar pertinentes. Se se tratar de assuntos que ainda não estiverem submetidos ao seu conhecimento, poderá atuar a pedido da Comissão.

Artigo 64 – 1. Os Estados-membros da Organização poderão consultar a Corte sobre a interpretação desta Convenção ou de outros tratados concernentes à proteção dos direitos humanos nos Estados americanos. Também poderão consultá-la, no que lhes compete, os órgãos enumerados no capítulo X da Carta da Organização dos Estados Americanos, reformada pelo Protocolo de Buenos Aires.

2. A Corte, a pedido de um Estado-membro da Organização, poderá emitir pareceres sobre a compatibilidade entre qualquer de suas leis internas e os mencionados instrumentos internacionais.

Artigo 65 – A Corte submeterá à consideração da Assembléia-Geral da Organização, em cada período ordinário de sessões, um relatório sobre as suas atividades no ano anterior. De maneira especial, e com as recomendações pertinentes, indicará os casos em que um Estado não tenha dado cumprimento a suas sentenças.

Seção 3 – Processo

Artigo 66 – 1. A sentença da Corte deve ser fundamentada.

2. Se a sentença não expressar no todo ou em parte a opinião unânime dos juízes, qualquer deles terá direito a que se agregue à sentença o seu voto dissidente ou individual.

Artigo 67 – A sentença da Corte será definitiva e inapelável. Em caso de divergência sobre o sentido ou alcance da sentença, a Corte interpretá-la-á, a pedido de qualquer das partes, desde que o pedido seja apresentado dentro de noventa dias a partir da data da notificação da sentença.

Artigo 68 – 1. Os Estados-partes na Convenção comprometem-se a cumprir a decisão da Corte em todo caso em que forem partes.

2. A parte da sentença que determinar indenização compensatória poderá ser executada no país respectivo pelo processo interno vigente para a execução de sentenças contra o Estado.

Artigo 69 – A sentença da Corte deve ser notificada às partes no caso e transmitida aos Estados-partes na Convenção.

Capítulo IX – DISPOSIÇÕES COMUNS

Artigo 70 – 1. Os juízes da Corte e os membros da Comissão gozam, desde o momento da eleição e enquanto durar o seu mandato, das imunidades reconhecidas aos agentes diplomáticos pelo Direito Internacional. Durante o exercício dos seus cargos gozam, além disso, dos privilégios diplomáticos necessários para o desempenho de suas funções.

2. Não se poderá exigir responsabilidade em tempo algum dos juízes da Corte, nem dos membros da Comissão, por votos e opiniões emitidos no exercício de suas funções.

Artigo 71 – Os cargos de juiz da Corte ou de membro da Comissão são incompatíveis com outras atividades que possam afetar sua independência ou imparcialidade, conforme o que for determinado nos respectivos Estatutos.

Artigo 72 – Os juízes da Corte e os membros da Comissão perceberão honorários e despesas de viagem na forma e nas condições que determinarem os seus Estatutos, levando em conta a importância e independência de suas funções. Tais honorários e despesas de viagem serão fixados no orçamento-programa da Organização dos Estados Americanos, no qual devem ser incluídas, além disso, as despesas da Corte e da sua Secretaria. Para tais efeitos, a Corte elaborará o seu próprio projeto de orçamento e submetê-lo-á à aprovação da Assembléia-Geral, por intermédio da Secretaria-Geral. Esta última não poderá nele introduzir modificações.

Artigo 73 – Somente por solicitação da Comissão ou da Corte, conforme o caso, cabe à Assembléia-Geral da Organização resolver sobre as sanções aplicáveis aos membros da Comissão ou aos juízes da Corte que incorrerem nos casos previstos nos respectivos Estatutos. Para expedir uma resolução, será necessária maioria de dois terços dos votos dos Estados-membros da Organização, no caso dos membros da Comissão; e, além disso, de dois terços dos votos dos Estados-partes na Convenção, se se tratar dos juízes da Corte.

PARTE III – DISPOSIÇÕES GERAIS E TRANSITÓRIAS

Capítulo X – ASSINATURA, RATIFICAÇÃO, RESERVA, EMENDA, PROTOCOLO E DENÚNCIA

Artigo 74 – 1. Esta Convenção está aberta à assinatura e à ratificação de todos os Estados-membros da Organização dos Estados Americanos.

2. A ratificação desta Convenção ou a adesão a ela efetuar-se-á mediante depósito de um instrumento de ratificação ou adesão na Secretaria-Geral da Organização dos Estados Americanos. Esta Convenção entrará em vigor logo que onze Estados houverem depositado os seus respectivos instrumentos de ratificação ou de adesão. Com referência a qualquer outro Estado que a ratificar ou que a ela aderir ulteriormente, a Convenção entrará em vigor na data do depósito do seu instrumento de ratificação ou adesão.

3. O Secretário-Geral comunicará todos os Estados-membros da Organização sobre a entrada em vigor da Convenção.

Artigo 75 – Esta Convenção só pode ser objeto de reservas em conformidade com as disposições da Convenção de Viena sobre o Direito dos Tratados, assinada em 23 de maio de 1969.

Artigo 76 – 1. Qualquer Estado-parte, diretamente, e a Comissão e a Corte, por intermédio do Secretário-Geral, podem submeter à Assembléia-Geral, para o que julgarem conveniente, proposta de emendas a esta Convenção.

2. Tais emendas entrarão em vigor para os Estados que as ratificarem, na data em que houver sido depositado o respectivo instrumento de ratificação, por dois terços dos Estados-partes nesta Convenção. Quanto aos outros Estados-partes, entrarão em vigor na data em que eles depositarem os seus respectivos instrumentos de ratificação.

Artigo 77 – 1. De acordo com a faculdade estabelecida no artigo 31, qualquer Estado-parte e a Comissão podem submeter à consideração dos Estados-partes reunidos por ocasião da Assembléia-Geral projetos de Protocolos adicionais a esta Convenção, com a finalidade de incluir progressivamente, no regime de proteção da mesma, outros direitos e liberdades.

2. Cada Protocolo deve estabelecer as modalidades de sua entrada em vigor e será aplicado somente entre os Estados-partes no mesmo.

Artigo 78 – 1. Os Estados-partes poderão denunciar esta Convenção depois de expirado o prazo de cinco anos, a partir da data em vigor da mesma e mediante aviso prévio de um ano, notificando o Secretário-Geral da Organização, o qual deve informar as outras partes.

2. Tal denúncia não terá o efeito de desligar o Estado-parte interessado das obrigações contidas nesta Convenção, no que diz respeito a qualquer ato que, podendo constituir violação dessas obrigações, houver sido cometido por ele anteriormente à data na qual a denúncia produzir efeito.

Capítulo XI – DISPOSIÇÕES TRANSITÓRIAS

Seção 1 – Comissão Interamericana de Direitos Humanos

Artigo 79 – Ao entrar em vigor esta Convenção, o Secretário-Geral pedirá por escrito a cada Estado-membro da Organização que apresente, dentro de um prazo de noventa dias, seus candidatos a membro da Comissão Interamericana de Direitos Humanos. O Secretário-Geral preparará uma lista por ordem alfabética dos candidatos apresentados e a encaminhará aos Estados-membros da Organização, pelo menos trinta dias antes da Assembléia-Geral seguinte.

Artigo 80 – A eleição dos membros da Comissão far-se-á dentre os candidatos que figurem na lista a que se refere o artigo 79, por votação secreta da Assembléia-

Geral, e serão declarados eleitos os candidatos que obtiverem maior número de votos e a maioria absoluta dos votos dos representantes dos Estados-membros. Se, para eleger todos os membros da Comissão, for necessário realizar várias votações, serão eliminados sucessivamente, na forma que for determinada pela Assembléia-Geral, os candidatos que receberem maior número de votos.

Seção 2 – Corte Interamericana de Direitos Humanos

Artigo 81 – Ao entrar em vigor esta Convenção, o Secretário-Geral pedirá a cada Estado-parte que apresente, dentro de um prazo de noventa dias, seus candidatos a juiz da Corte Interamericana de Direitos Humanos. O Secretário Geral preparará uma lista por ordem alfabética dos candidatos apresentados e a encaminhará aos Estados-partes pelo menos trinta dias antes da Assembléia-Geral seguinte.

Artigo 82 – A eleição dos juízes da Corte far-se-á dentre os candidatos que figurem na lista a que se refere o artigo 81, por votação secreta dos Estados-partes, na Assembléia-Geral, e serão declarados eleitos os candidatos que obtiverem o maior número de votos e a maioria absoluta dos votos dos representantes dos Estados-partes. Se, para eleger todos os juízes da Corte, for necessário realizar várias votações, serão eliminados sucessivamente, na forma que for determinada pelos Estados-partes, os candidatos que receberem menor número de votos.

Anexo 2

DECLARAÇÃO UNIVERSAL SOBRE O GENOMA HUMANO E OS DIREITOS HUMANOS

A Conferência Geral,

Lembrando que o Preâmbulo da Carta da Unesco refere-se a "os princípios democráticos de dignidade, igualdade e respeito mútuo entre os homens", rejeita qualquer "doutrina de desigualdade entre homens e raças", estipula "que a ampla difusão da cultura, e a educação da humanidade para a justiça e liberdade e a paz são indispensáveis à dignidade dos homens e constituem um dever sagrado que todas as nações devem cumprir em espírito de assistência e preocupação mútuas", proclama que "a paz deve ser alicerçada na solidariedade intelectual e moral da humanidade" e afirma que a Organização procura avançar "através das relações educacionais, científicas e culturais entre os povos do mundo, os objetivos de paz internacional e bem-estar comum da humanidade pelos quais a Organização das Nações Unidas foi estabelecida e cuja Carta proclama".

Lembrando solenemente sua ligação com os princípios universais dos direitos humanos, em particular com a Declaração Universal dos Direitos Humanos, de 10 de dezembro de 1948; as Convenções Internacionais das Nações Unidas sobre Direitos Econômicos, Sociais e Culturais e Direitos Civis e Políticos, de 16 de dezembro de 1966; a Convenção das Nações Unidas sobre Prevenção e Punição do Crime de Genocídio, de 9 de dezembro de 1948; a Convenção das Nações Unidas sobre Eliminação de Todas as Formas de Discriminação Racial, de 21 de dezembro de 1965; a Declaração das Nações Unidas sobre os Direitos dos Portadores de Deficiência Mental, de 20 de dezembro de 1971; a Declaração das Nações Unidas sobre os Direitos dos Portadores de Incapacidade Física, de 9 de dezembro de 1975; a Convenção das Nações Unidas sobre Eliminação de Todas as Formas de Discriminação contra as Mulheres, de 18 de dezembro de 1979; a Declaração das Nações Unidas dos Princípios Básicos de Justiça para as Vítimas de Crimes e Abuso de Poder, de 29 de novembro de 1985; a Convenção das Nações Unidas sobre os Direitos da Criança, de 20 de novembro de 1989; as Regras Padronizadas das Nações Unidas sobre Igualdade de Oportunidade para Portadores de Incapacidade Física, de 20 de dezembro de 1993; a Convenção das Nações Unidas sobre a Proibição do Desenvolvimento, da Produção e da Acumulação de Armas Bacteriológicas (Biológicas) e

Toxinas e sobre sua Destruição, de 16 de dezembro de 1971; a Convenção da Unesco sobre Discriminação na Educação, de 14 de dezembro de 1960; a Declaração da Unesco dos Princípios de Cooperação Cultural Internacional, de 4 de novembro de 1966; a Recomendação da Unesco sobre a Situação dos Pesquisadores, de 20 de novembro de 1974; da Declaração da Unesco sobre Raça e Preconceito Racial, de 27 de novembro de 1978; a Convenção da OIT (Nº 111) sobre Discriminação em Matéria de Emprego e Profissão, de 25 de junho de 1958 e a Convenção da OIT (Nº 169) sobre Povos Indígenas e Tribais em Países Independentes, de 27 de junho de 1989,

Levando em consideração, e sem prejuízo de, os instrumentos internacionais que possam incidir na aplicação da genética no campo da propriedade intelectual, entre outros, a Convenção de Berna sobre a Proteção de Obras Literárias e Artísticas, de 9 de setembro de 1886, e a Convenção da Unesco sobre Direitos Autorais Internacionais, de 6 de setembro de 1952, na última versão revisada, de 24 de julho de 1967, em Paris; a Convenção de Paris de Proteção da Propriedade Industrial, de 20 de março de 1983, na última versão revisada, de 14 de julho, em Estocolmo; o Tratado de Budapeste da Organização Mundial de Propriedade Intelectual sobre Reconhecimento do Depósito de Microorganismos para Fins de Solicitação de Patente, de 28 de abril de 1977, e os Aspectos Relacionados ao Comércio dos Acordos de Direitos de Propriedade Intelectual (TRIPS), anexados ao Acordo que estabelece a Organização Mundial do Comércio, em vigor a partir de 10 de janeiro de 1995,

Levando também em consideração a Convenção das Nações Unidas sobre Diversidade Biológica, de 5 de junho de 1992, e *enfatizando,* nesse respeito, que o reconhecimento da diversidade genética da humanidade não deve levar a qualquer interpretação de natureza social ou política que possa questionar "a dignidade inerente a todos os membros da família humana e (...) seus direitos iguais e inalienáveis", de acordo com o Preâmbulo da Declaração Universal dos Direitos Humanos,

Lembrando os textos da 22 C/Resolução 13.1, 23 C/Resolução 13.1, 24 C/Resolução 13.1, 25 C/Resoluções 5.2 e 7.3, 27 C/Resolução 5.15 e 28 C/Resoluções 0.12, 2.1 e 2.2, instando a Unesco a promover e desenvolver estudos sobre a ética das implicações do progresso científico e tecnológico nos campos de biologia e genética, no marco do respeito aos direitos humanos e às liberdades fundamentais, bem como a empreender as conseguintes ações.

Reconhecendo que a pesquisa do genoma humano e das aplicações resultantes abrem vastas perspectivas para o progresso no aprimoramento da saúde das pessoas e da humanidade como um todo, mas *enfatizando* que essa pesquisa deve respeitar plenamente a dignidade humana, a liberdade e os direitos humanos, assim como a proibição de toda forma de discriminação baseada em características genéticas,

Proclama os seguintes princípios e *adota* a presente Declaração Universal sobre o Genoma Humano e os Direitos Humanos.

A. DIGNIDADE HUMANA E GENOMA HUMANO

Artigo 1

O genoma humano constitui a base da unidade fundamental de todos os membros da família humana, assim como do reconhecimento de sua inerente dignidade e diversidade. Em sentido simbólico, é o legado da humanidade.

Artigo 2

a) Toda pessoa tem o direito de respeito a sua dignidade e seus direitos, independentemente de suas características genéticas.
b) Essa dignidade torna imperativo que nenhuma pessoa seja reduzida a suas características genéticas e que sua singularidade e diversidade sejam respeitadas.

Artigo 3

O genoma humano, que por natureza evolui, é sujeito a mutações. Contém potenciais que são expressados diferentemente, de acordo com os ambientes natural e social de cada pessoa, incluindo seu estado de saúde, suas condições de vida, sua nutrição e sua educação.

Artigo 4

O genoma humano no seu estado natural não deve levar a lucro financeiro.

B. DIREITOS DAS PESSOAS

Artigo 5

a) Qualquer pesquisa, tratamento ou diagnóstico que afete o genoma de uma pessoa só será realizado após uma avaliação rigorosa dos riscos e benefícios associados a essa ação e em conformidade com as normas e os princípios legais no país.
b) Obter-se-á, sempre, o consentimento livre e esclarecido da pessoa. Se essa pessoa não tiver capacidade de autodeterminação, obter-se-á consentimento ou autorização conforme a legislação vigente e com base nos interesses da pessoa.
c) Respeitar-se-á o direito de cada pessoa de decidir se quer, ou não, ser informada sobre os resultados do exame genético e de suas conseqüências.
d) No caso de pesquisa, submeter-se-ão, antecipadamente, os protocolos para revisão à luz das normas e diretrizes de pesquisa nacionais e internacionais pertinentes.
e) Se, de acordo com a legislação, a pessoa tiver capacidade de autodeterminação, a pesquisa relativa ao seu genoma só poderá ser realizada em benefício direto de sua saúde, sempre que previamente autorizada e sujeita às condições de proteção estabelecidas na legislação vigente. Pesquisa que não se espera traga benefício direto à saúde só poderá ser realizada excepcionalmente, com o maior controle, expondo a pessoa a risco e ônus mínimos, sempre que essa pesquisa traga benefícios

de saúde a outras pessoas na mesma faixa etária ou com a mesma condição genética, dentro das condições estabelecidas na lei, e contanto que essa pesquisa seja compatível com a proteção dos direitos humanos da pessoa.

Artigo 6

Ninguém poderá ser discriminado com base nas suas características genéticas de forma que viole ou tenha o efeito de violar os direitos humanos, as liberdades fundamentais e a dignidade humana.

Artigo 7

Os dados genéticos relativos a pessoa identificável, armazenados ou processados para efeitos de pesquisa ou qualquer outro propósito de pesquisa, deverão ser mantidos confidenciais nos termos estabelecidos na legislação.

Artigo 8

Toda pessoa tem direito, em conformidade com as normas de direito nacional e internacional, a reparação justa de qualquer dano havido como resultado direto e efetivo de uma intervenção que afete seu genoma.

Artigo 9

Com vistas a proteger os direitos humanos e as liberdades fundamentais, qualquer restrição aos princípios de consentimento e confidencialidade só poderá ser estabelecida mediante lei, por razões imperiosas, dentro dos limites estabelecidos no direito público internacional e a convenção internacional de direitos humanos.

C. PESQUISA SOBRE O GENOMA HUMANO

Artigo 10

Nenhuma pesquisa do genoma humano ou das suas aplicações, em especial nos campos da biologia, genética e medicina, deverá prevalecer sobre o respeito aos direitos humanos, às liberdades fundamentais e à dignidade humana de pessoas ou, quando aplicável, de grupos de pessoas.

Artigo 11

Não é permitida qualquer prática contrária à dignidade humana, como a clonagem reprodutiva de seres humanos. Os Estados e as organizações internacionais pertinentes são convidados a cooperar na identificação dessas práticas e na implementação, em níveis nacional ou internacional, das medidas necessárias para assegurar o respeito aos princípios estabelecidos na presente Declaração.

Artigo 12

a) Os benefícios resultantes de progresso em biologia, genética e medicina, relacionados com o genoma humano, deverão ser disponibilizados a todos, com as devidas salvaguardas à dignidade e aos direitos humanos de cada pessoa.

b) liberdade de pesquisar, necessária ao avanço do conhecimento, é parte da liberdade de pensamento. As aplicações da pesquisa, incluindo as aplicações nos campos de biologia, genética e medicina, relativas ao genoma humano, deverão visar ao alívio do sofrimento e à melhoria da saúde das pessoas e da humanidade como um todo.

D. CONDIÇÕES PARA O EXERCÍCIO DE ATIVIDADES CIENTÍFICAS

Artigo 13

Dar-se-á atenção especial às responsabilidades inerentes às atividades dos pesquisadores, incluindo meticulosidade, cautela, honestidade intelectual e integridade na realização de pesquisa, bem como na apresentação e utilização de achados de pesquisa, no âmbito da pesquisa do genoma humano, devido a suas implicações éticas e sociais. As pessoas responsáveis pela elaboração de políticas públicas e privadas no campo das ciências também têm responsabilidade especial nesse respeito.

Artigo 14

Os Estados deverão tomar medidas apropriadas para promover condições intelectuais e materiais favoráveis à liberdade de pesquisar o genoma humano e considerar as implicações éticas, jurídicas, sociais e econômicas dessa pesquisa, com base nos princípios estabelecidos na presente Declaração.

Artigo 15

Os Estados deverão tomar as medidas necessárias ao estabelecimento de um ambiente adequado ao livre exercício da pesquisa sobre o genoma humano, respeitando-se os princípios estabelecidos na presente Declaração, a fim de salvaguardar os direitos humanos, as liberdades fundamentais e a dignidade humana e proteger a saúde pública. Os Estados deverão procurar assegurar que os resultados das pesquisas não são utilizados para propósitos não pacíficos.

Artigo 16

Os Estados deverão reconhecer o valor de promover, nos vários níveis, conforme apropriado, o estabelecimento de comitês de ética pluralistas, multidisciplinares e independentes, com o propósito de avaliar as questões éticas, legais e sociais levantadas pela pesquisa do genoma humano e de suas aplicações

E. SOLIDARIEDADE E COOPERAÇÃO INTERNACIONAIS

Artigo 17

Os Estados deverão respeitar e promover a prática da solidariedade em relação a pessoas, famílias e grupos populacionais particularmente vulneráveis a doença ou incapacidade de natureza genética, ou por elas afetados. Os Estados deverão promover, entre outros, pesquisa visando à identificação, à prevenção e ao tratamento de doenças de base genética ou influenciadas pela genética, em especial doenças raras e endêmicas que afetem grande número de pessoas na população mundial.

Artigo 18

Os Estados deverão envidar esforços, com devida e apropriada atenção aos princípios estabelecidos na presente Declaração, para continuar a promover a divulgação internacional de conhecimentos relativos ao genoma humano, à diversidade humana e à pesquisa genética e, nesse respeito, promover a cooperação científica e cultural, em especial entre países industrializados e países em desenvolvimento.

Artigo 19

a) No marco da cooperação internacional com países em desenvolvimento, os Estados deverão procurar incentivar medidas que permitam:

1. realizar uma avaliação dos riscos e benefícios da pesquisa sobre o genoma humano e prevenir abusos;
2. desenvolver e fortalecer a capacidade dos países em desenvolvimento de realizar pesquisa em biologia e genética humanas, levando em consideração os problemas específicos de cada país;
3. beneficiar os países em desenvolvimento, como resultado das realizações da pesquisa científica e tecnológica, de maneira que seu uso, em prol do progresso econômica e social, possa beneficiar a todos;
4. promover o livre intercâmbio de conhecimentos e informações científicas nas áreas de biologia, genética e medicina.

b) As organizações internacionais pertinentes deverão apoiar e promover as iniciativas dos Estados visando aos objetivos antes relacionados.

F. PROMOÇÃO DOS PRINCÍPIOS ESTABELECIDOS NA DECLARAÇÃO

Artigo 20

Os Estados deverão tomar as medidas necessárias para promover os princípios estabelecidos na presente Declaração, mediante intervenções educacionais e de outra natureza, como a realização de pesquisa e treinamento em campos interdisciplinares e a promoção de capacitação em bioética, em todos os níveis, em especial para os responsáveis pela política científica.

Artigo 21

Os Estados deverão tomar medidas apropriadas para incentivar outras formas de pesquisa, capacitação e divulgação de informações que promovam a conscientização da sociedade e de todos seus membros acerca de sua responsabilidade em questões fundamentais relativas à proteção da dignidade humana, que possam ser levantadas por pesquisa nos campos da biologia, genética e medicina, e por suas aplicações. Os Estados também deverão facilitar a discussão aberta desse assunto, assegurando a liberdade de expressão das diversas opiniões socioculturais, religiosas e filosóficas.

G. IMPLEMENTAÇÃO DA DECLARAÇÃO

Artigo 22

Os Estados deverão envidar esforços para promover os princípios estabelecidos na presente Declaração e facilitar sua implementação através de medidas apropriadas.

Artigo 23

Os Estados deverão tomar medidas apropriadas para promover, por meio de treinamento, capacitação e divulgação de informações, o respeito aos princípios antes mencionados, assim como incentivar seu reconhecimento e sua efetiva aplicação. Os Estados também deverão encorajar o intercâmbio e a articulação entre comitês de ética independentes, à medida que forem estabelecidos, de maneira a promover sua plena colaboração.

Artigo 24

O Comitê Internacional de Bioética da Unesco deverá contribuir à divulgação dos princípios estabelecidos na presente Declaração e aprofundar o estudo das questões levantadas por sua aplicação e pela evolução dessas tecnologias. Deverá organizar consultas com as partes interessadas, como os grupos vulneráveis. Em conformidade com os procedimentos estatutários, deverá formular recomendações para a Conferência-Geral da Unesco e prover assessoria relativa ao acompanhamento desta Declaração, em especial quanto à identificação de práticas que possam ir de encontro à dignidade humana, como as intervenções em linhas de germes.

Artigo 25

Nenhuma disposição da presente Declaração poderá ser interpretada como o reconhecimento a qualquer Estado, grupo, ou pessoa, do direito de exercer qualquer atividade ou praticar qualquer ato contrário aos direitos humanos e às liberdades fundamentais, incluindo os princípios aqui estabelecidos.

Anexo 3

LEI Nº 11.105, DE 24 DE MARÇO DE 2005

Regulamenta os incisos II, IV e V do § 1º do art. 225 da Constituição Federal, estabelece normas de segurança e mecanismos de fiscalização de atividades que envolvam organismos geneticamente modificados – OGM e seus derivados, cria o Conselho Nacional de Biossegurança – CNBS, reestrutura a Comissão Técnica Nacional de Biossegurança – CTNBio, dispõe sobre a Política Nacional de Biossegurança – PNB, revoga a Lei nº 8.974, de 5 de janeiro de 1995, e a Medida Provisória nº 2.191-9, de 23 de agosto de 2001, e os arts. 5º, 6º, 7º, 8º, 9º, 10 e 16 da Lei nº 10.814, de 15 de dezembro de 2003, e dá outras providências.

O PRESIDENTE DA REPÚBLICA Faço saber que o Congresso Nacional decreta e eu sanciono a seguinte Lei:

CAPÍTULO I
Disposições Preliminares e Gerais

Art. 1º Esta Lei estabelece normas de segurança e mecanismos de fiscalização sobre a construção, o cultivo, a produção, a manipulação, o transporte, a transferência, a importação, a exportação, o armazenamento, a pesquisa, a comercialização, o consumo, a liberação no meio ambiente e o descarte de organismos geneticamente modificados – OGM e seus derivados, tendo como diretrizes o estímulo ao avanço científico na área de biossegurança e biotecnologia, a proteção à vida e à saúde humana, animal e vegetal, e a observância do princípio da precaução para a proteção do meio ambiente.

§ 1º Para os fins desta Lei, considera-se atividade de pesquisa a realizada em laboratório, regime de contenção ou campo, como parte do processo de obtenção de OGM e seus derivados ou de avaliação da biossegurança de OGM e seus derivados, o que engloba, no âmbito experimental, a construção, o cultivo, a manipulação, o transporte, a transferência, a importação, a exportação, o armazenamento, a liberação no meio ambiente e o descarte de OGM e seus derivados.

§ 2º Para os fins desta Lei, considera-se atividade de uso comercial de OGM e seus derivados a que não se enquadra como atividade de pesquisa, e que trata do cultivo, da produção, da manipulação, do transporte, da transferência, da comercialização, da importação, da exportação, do armazenamento, do consumo, da liberação e do descarte de OGM e seus derivados para fins comerciais.

Art. 2º As atividades e projetos que envolvam OGM e seus derivados, relacionados ao ensino com manipulação de organismos vivos, à pesquisa científica, ao desenvolvimento tecnológico e à produção industrial ficam restritos ao âmbito de entidades de direito público ou privado, que serão responsáveis pela obediência aos preceitos desta Lei e de sua regulamentação, bem como pelas eventuais conseqüências ou efeitos advindos de seu descumprimento.

§ 1º Para os fins desta Lei, consideram-se atividades e projetos no âmbito de entidade os conduzidos em instalações próprias ou sob a responsabilidade administrativa, técnica ou científica da entidade.

§ 2º As atividades e projetos de que trata este artigo são vedados a pessoas físicas em atuação autônoma e independente, ainda que mantenham vínculo empregatício ou qualquer outro com pessoas jurídicas.

§ 3º Os interessados em realizar atividade prevista nesta Lei deverão requerer autorização à Comissão Técnica Nacional de Biossegurança – CTNBio, que se manifestará no prazo fixado em regulamento.

§ 4º As organizações públicas e privadas, nacionais, estrangeiras ou internacionais, financiadoras ou patrocinadoras de atividades ou de projetos referidos no *caput* deste artigo devem exigir a apresentação de Certificado de Qualidade em Biossegurança, emitido pela CTNBio, sob pena de se tornarem co-responsáveis pelos eventuais efeitos decorrentes do descumprimento desta Lei ou de sua regulamentação.

Art. 3º Para os efeitos desta Lei, considera-se:

I – organismo: toda entidade biológica capaz de reproduzir ou transferir material genético, inclusive vírus e outras classes que venham a ser conhecidas;

II – ácido desoxirribonucléico – ADN, ácido ribonucléico – ARN: material genético que contém informações determinantes dos caracteres hereditários transmissíveis à descendência;

III – moléculas de ADN/ARN recombinante: as moléculas manipuladas fora das células vivas mediante a modificação de segmentos de ADN/ARN natural ou sintético e que possam multiplicar-se em uma célula viva, ou ainda as moléculas de ADN/ARN resultantes dessa multiplicação; consideram-se também os segmentos de ADN/ARN sintéticos equivalentes aos de ADN/ARN natural;

IV – engenharia genética: atividade de produção e manipulação de moléculas de ADN/ARN recombinante;

V – organismo geneticamente modificado – OGM: organismo cujo material genético – ADN/ARN tenha sido modificado por qualquer técnica de engenharia genética;

VI – derivado de OGM: produto obtido de OGM e que não possua capacidade autônoma de replicação ou que não contenha forma viável de OGM;

VII – célula germinal humana: célula-mãe responsável pela formação de gametas presentes nas glândulas sexuais femininas e masculinas e suas descendentes diretas em qualquer grau de ploidia;

VIII – clonagem: processo de reprodução assexuada, produzida artificialmente, baseada em um único patrimônio genético, com ou sem utilização de técnicas de engenharia genética;

IX – clonagem para fins reprodutivos: clonagem com a finalidade de obtenção de um indivíduo;

X – clonagem terapêutica: clonagem com a finalidade de produção de células-tronco embrionárias para utilização terapêutica;

XI – células-tronco embrionárias: células de embrião que apresentam a capacidade de se transformar em células de qualquer tecido de um organismo.

§ 1º Não se inclui na categoria de OGM o resultante de técnicas que impliquem a introdução direta, num organismo, de material hereditário, desde que não envolvam a utilização de moléculas de ADN/ARN recombinante ou OGM, inclusive fecundação *in vitro*, conjugação, transdução, transformação, indução poliplóide e qualquer outro processo natural.

§ 2º Não se inclui na categoria de derivado de OGM a substância pura, quimicamente definida, obtida por meio de processos biológicos e que não contenha OGM, proteína heteróloga ou ADN recombinante.

Art. 4º Esta Lei não se aplica quando a modificação genética for obtida por meio das seguintes técnicas, desde que não impliquem a utilização de OGM como receptor ou doador:

I – mutagênese;

II – formação e utilização de células somáticas de hibridoma animal;

III – fusão celular, inclusive a de protoplasma, de células vegetais, que possa ser produzida mediante métodos tradicionais de cultivo;

IV – autoclonagem de organismos não-patogênicos que se processe de maneira natural.

Art. 5º É permitida, para fins de pesquisa e terapia, a utilização de células-tronco embrionárias obtidas de embriões humanos produzidos por fertilização *in vitro* e não utilizados no respectivo procedimento, atendidas as seguintes condições:

I – sejam embriões inviáveis; ou

II – sejam embriões congelados há 3 (três) anos ou mais, na data da publicação desta Lei, ou que, já congelados na data da publicação desta Lei, depois de completarem 3 (três) anos, contados a partir da data de congelamento.

§ 1º Em qualquer caso, é necessário o consentimento dos genitores.

§ 2º Instituições de pesquisa e serviços de saúde que realizem pesquisa ou terapia com células-tronco embrionárias humanas deverão submeter seus projetos à apreciação e aprovação dos respectivos comitês de ética em pesquisa.

§ 3º É vedada a comercialização do material biológico a que se refere este artigo e sua prática implica o crime tipificado no art. 15 da Lei nº 9.434, de 4 de fevereiro de 1997.

Art. 6º Fica proibido:

I – implementação de projeto relativo a OGM sem a manutenção de registro de seu acompanhamento individual;

II – engenharia genética em organismo vivo ou o manejo *in vitro* de ADN/ARN natural ou recombinante, realizado em desacordo com as normas previstas nesta Lei;

III – engenharia genética em célula germinal humana, zigoto humano e embrião humano;

IV – clonagem humana;

V – destruição ou descarte no meio ambiente de OGM e seus derivados em desacordo com as normas estabelecidas pela CTNBio, pelos órgãos e entidades de registro e fiscalização, referidos no art. 16 desta Lei, e as constantes desta Lei e de sua regulamentação;

VI – liberação no meio ambiente de OGM ou seus derivados, no âmbito de atividades de pesquisa, sem a decisão técnica favorável da CTNBio e, nos casos de liberação comercial, sem o parecer técnico favorável da CTNBio, ou sem o licenciamento do órgão ou entidade ambiental responsável, quando a CTNBio considerar a atividade como potencialmente causadora de degradação ambiental, ou sem a aprovação do Conselho Nacional de Biossegurança – CNBS, quando o processo tenha sido por ele avocado, na forma desta Lei e de sua regulamentação;

VII – a utilização, a comercialização, o registro, o patenteamento e o licenciamento de tecnologias genéticas de restrição do uso.

Parágrafo único. Para os efeitos desta Lei, entende-se por tecnologias genéticas de restrição do uso qualquer processo de intervenção humana para geração ou multiplicação de plantas geneticamente modificadas para produzir estruturas reprodutivas estéreis, bem como qualquer forma de manipulação genética que vise à ativação ou desativação de genes relacionados à fertilidade das plantas por indutores químicos externos.

Art. 7º São obrigatórias:

I – a investigação de acidentes ocorridos no curso de pesquisas e projetos na área de engenharia genética e o envio de relatório respectivo à autoridade competente no prazo máximo de 5 (cinco) dias a contar da data do evento;

II – a notificação imediata à CTNBio e às autoridades da saúde pública, da defesa agropecuária e do meio ambiente sobre acidente que possa provocar a disseminação de OGM e seus derivados;

III – a adoção de meios necessários para plenamente informar à CTNBio, às autoridades da saúde pública, do meio ambiente, da defesa agropecuária, à coletividade e aos demais empregados da instituição ou empresa sobre os riscos a que possam estar submetidos, bem como os procedimentos a serem tomados no caso de acidentes com OGM.

CAPÍTULO II
Do Conselho Nacional de Biossegurança – CNBS

Art. 8º Fica criado o Conselho Nacional de Biossegurança – CNBS, vinculado à Presidência da República, órgão de assessoramento superior do Presidente da República para a formulação e implementação da Política Nacional de Biossegurança – PNB.

§ 1º Compete ao CNBS:

I – fixar princípios e diretrizes para a ação administrativa dos órgãos e entidades federais com competências sobre a matéria;

II – analisar, a pedido da CTNBio, quanto aos aspectos da conveniência e oportunidade socioeconômicas e do interesse nacional, os pedidos de liberação para uso comercial de OGM e seus derivados;

III – avocar e decidir, em última e definitiva instância, com base em manifestação da CTNBio e, quando julgar necessário, dos órgãos e entidades referidos no art. 16 desta Lei, no âmbito de suas competências, sobre os processos relativos a atividades que envolvam o uso comercial de OGM e seus derivados;

IV – (VETADO).

§ 2º (VETADO).

§ 3º Sempre que o CNBS deliberar favoravelmente à realização da atividade analisada, encaminhará sua manifestação aos órgãos e entidades de registro e fiscalização referidos no art. 16 desta Lei.

§ 4º Sempre que o CNBS deliberar contrariamente à atividade analisada, encaminhará sua manifestação à CTNBio para informação ao requerente.

Art. 9º O CNBS é composto pelos seguintes membros:

I – Ministro de Estado Chefe da Casa Civil da Presidência da República, que o presidirá;

II – Ministro de Estado da Ciência e Tecnologia;

III – Ministro de Estado do Desenvolvimento Agrário;

IV – Ministro de Estado da Agricultura, Pecuária e Abastecimento;

V – Ministro de Estado da Justiça;

VI – Ministro de Estado da Saúde;

VII – Ministro de Estado do Meio Ambiente;

VIII – Ministro de Estado do Desenvolvimento, Indústria e Comércio Exterior;

IX – Ministro de Estado das Relações Exteriores;

X – Ministro de Estado da Defesa;

XI – Secretário Especial de Aqüicultura e Pesca da Presidência da República.

§ 1º O CNBS reunir-se-á sempre que convocado pelo Ministro de Estado Chefe da Casa Civil da Presidência da República, ou mediante provocação da maioria de seus membros.

§ 2º (VETADO)

§ 3º Poderão ser convidados a participar das reuniões, em caráter excepcional, representantes do setor público e de entidades da sociedade civil.

§ 4º O CNBS contará com uma Secretaria-Executiva, vinculada à Casa Civil da Presidência da República.

§ 5º A reunião do CNBS poderá ser instalada com a presença de 6 (seis) de seus membros e as decisões serão tomadas com votos favoráveis da maioria absoluta.

CAPÍTULO III

Da Comissão Técnica Nacional de Biossegurança – CTNBio

Art. 10. A CTNBio, integrante do Ministério da Ciência e Tecnologia, é instância colegiada multidisciplinar de caráter consultivo e deliberativo, para prestar apoio técnico e de assessoramento ao Governo Federal na formulação, atualização e implementação da PNB de OGM e seus derivados, bem como no estabelecimento de normas técnicas de segurança e de pareceres técnicos referentes à autorização para atividades que envolvam pesquisa e uso comercial de OGM e seus derivados, com base na avaliação de seu risco zoofitossanitário, à saúde humana e ao meio ambiente.

Parágrafo único. A CTNBio deverá acompanhar o desenvolvimento e o progresso técnico e científico nas áreas de biossegurança, biotecnologia, bioética e afins, com o objetivo de aumentar sua capacitação para a proteção da saúde humana, dos animais e das plantas e do meio ambiente.

Art. 11. A CTNBio, composta de membros titulares e suplentes, designados pelo Ministro de Estado da Ciência e Tecnologia, será constituída por 27 (vinte e sete) cidadãos brasileiros de reconhecida competência técnica, de notória atuação e saber científicos, com grau acadêmico de doutor e com destacada atividade profissional nas áreas de biossegurança, biotecnologia, biologia, saúde humana e animal ou meio ambiente, sendo:

I – 12 (doze) especialistas de notório saber científico e técnico, em efetivo exercício profissional, sendo:

a) 3 (três) da área de saúde humana;

b) 3 (três) da área animal;

c) 3 (três) da área vegetal;

d) 3 (três) da área de meio ambiente;

II – um representante de cada um dos seguintes órgãos, indicados pelos respectivos titulares:

a) Ministério da Ciência e Tecnologia;

b) Ministério da Agricultura, Pecuária e Abastecimento;

c) Ministério da Saúde;

d) Ministério do Meio Ambiente;

e) Ministério do Desenvolvimento Agrário;

f) Ministério do Desenvolvimento, Indústria e Comércio Exterior;

g) Ministério da Defesa;

h) Secretaria Especial de Aqüicultura e Pesca da Presidência da República;

i) Ministério das Relações Exteriores;

III – um especialista em defesa do consumidor, indicado pelo Ministro da Justiça;

IV – um especialista na área de saúde, indicado pelo Ministro da Saúde;

V – um especialista em meio ambiente, indicado pelo Ministro do Meio Ambiente;

VI – um especialista em biotecnologia, indicado pelo Ministro da Agricultura, Pecuária e Abastecimento;

VII – um especialista em agricultura familiar, indicado pelo Ministro do Desenvolvimento Agrário;

VIII – um especialista em saúde do trabalhador, indicado pelo Ministro do Trabalho e Emprego.

§ 1º Os especialistas de que trata o inciso I do *caput* deste artigo serão escolhidos a partir de lista tríplice, elaborada com a participação das sociedades científicas, conforme disposto em regulamento.

§ 2º Os especialistas de que tratam os incisos III a VIII do *caput* deste artigo serão escolhidos a partir de lista tríplice, elaborada pelas organizações da sociedade civil, conforme disposto em regulamento.

§ 3º Cada membro efetivo terá um suplente, que participará dos trabalhos na ausência do titular.

§ 4º Os membros da CTNBio terão mandato de 2 (dois) anos, renovável por até mais 2 (dois) períodos consecutivos.

§ 5º O presidente da CTNBio será designado, entre seus membros, pelo Ministro da Ciência e Tecnologia para um mandato de 2 (dois) anos, renovável por igual período.

§ 6º Os membros da CTNBio devem pautar a sua atuação pela observância estrita dos conceitos ético-profissionais, sendo vedado participar do julgamento de questões com as quais tenham algum envolvimento de ordem profissional ou pessoal, sob pena de perda de mandato, na forma do regulamento.

§ 7º A reunião da CTNBio poderá ser instalada com a presença de 14 (catorze) de seus membros, incluído pelo menos um representante de cada uma das áreas referidas no inciso I do caput deste artigo.

§ 8º (VETADO).

§ 9º Órgãos e entidades integrantes da administração pública federal poderão solicitar participação nas reuniões da CTNBio para tratar de assuntos de seu especial interesse, sem direito a voto.

§ 10. Poderão ser convidados a participar das reuniões, em caráter excepcional, representantes da comunidade científica e do setor público e entidades da sociedade civil, sem direito a voto.

Art. 12. O funcionamento da CTNBio será definido pelo regulamento desta Lei.

§ 1ºA CTNBio contará com uma Secretaria-Executiva e cabe ao Ministério da Ciência e Tecnologia prestar-lhe o apoio técnico e administrativo.

§ 2º (VETADO).

Art. 13. A CTNBio constituirá subcomissões setoriais permanentes na área de saúde humana, na área animal, na área vegetal e na área ambiental, e poderá constituir subcomissões extraordinárias, para análise prévia dos temas a serem submetidos ao plenário da Comissão.

§ 1º Tanto os membros titulares quanto os suplentes participarão das subcomissões setoriais e caberá a todos a distribuição dos processos para análise.

§ 2º O funcionamento e a coordenação dos trabalhos nas subcomissões setoriais e extraordinárias serão definidos no regimento interno da CTNBio.

Art. 14. Compete à CTNBio:

I – estabelecer normas para as pesquisas com OGM e derivados de OGM;

II – estabelecer normas relativamente às atividades e aos projetos relacionados a OGM e seus derivados;

III – estabelecer, no âmbito de suas competências, critérios de avaliação e monitoramento de risco de OGM e seus derivados;

IV – proceder à análise da avaliação de risco, caso a caso, relativamente a atividades e projetos que envolvam OGM e seus derivados;

V – estabelecer os mecanismos de funcionamento das Comissões Internas de Biossegurança – CIBio, no âmbito de cada instituição que se dedique ao ensino, à pesquisa científica, ao desenvolvimento tecnológico e à produção industrial que envolvam OGM ou seus derivados;

VI – estabelecer requisitos relativos à biossegurança para autorização de funcionamento de laboratório, instituição ou empresa que desenvolverá atividades relacionadas a OGM e seus derivados;
VII – relacionar-se com instituições voltadas para a biossegurança de OGM e seus derivados, em âmbito nacional e internacional;
VIII – autorizar, cadastrar e acompanhar as atividades de pesquisa com OGM ou derivado de OGM, nos termos da legislação em vigor;
IX – autorizar a importação de OGM e seus derivados para atividade de pesquisa;
X – prestar apoio técnico consultivo e de assessoramento ao CNBS na formulação da PNB de OGM e seus derivados;
XI – emitir Certificado de Qualidade em Biossegurança – CQB para o desenvolvimento de atividades com OGM e seus derivados em laboratório, instituição ou empresa e enviar cópia do processo aos órgãos de registro e fiscalização referidos no art. 16 desta Lei;
XII – emitir decisão técnica, caso a caso, sobre a biossegurança de OGM e seus derivados no âmbito das atividades de pesquisa e de uso comercial de OGM e seus derivados, inclusive a classificação quanto ao grau de risco e nível de biossegurança exigido, bem como medidas de segurança exigidas e restrições ao uso;
XIII – definir o nível de biossegurança a ser aplicado ao OGM e seus usos, e os respectivos procedimentos e medidas de segurança quanto ao seu uso, conforme as normas estabelecidas na regulamentação desta Lei, bem como quanto aos seus derivados;
XIV – classificar os OGM segundo a classe de risco, observados os critérios estabelecidos no regulamento desta Lei;
XV – acompanhar o desenvolvimento e o progresso técnico-científico na biossegurança de OGM e seus derivados;
XVI – emitir resoluções, de natureza normativa, sobre as matérias de sua competência;
XVII – apoiar tecnicamente os órgãos competentes no processo de prevenção e investigação de acidentes e de enfermidades, verificados no curso dos projetos e das atividades com técnicas de ADN/ARN recombinante;
XVIII – apoiar tecnicamente os órgãos e entidades de registro e fiscalização, referidos no art. 16 desta Lei, no exercício de suas atividades relacionadas a OGM e seus derivados;
XIX – divulgar no *Diário Oficial* da União, previamente à análise, os extratos dos pleitos e, posteriormente, dos pareceres dos processos que lhe forem submetidos, bem como dar ampla publicidade no Sistema de Informações em Biossegurança – SIB a sua agenda, processos em trâmite, relatórios anuais, atas das reuniões e demais informações sobre suas atividades, excluídas as informações sigilosas, de interesse comercial, apontadas pelo proponente e assim consideradas pela CTNBio;

XX – identificar atividades e produtos decorrentes do uso de OGM e seus derivados potencialmente causadores de degradação do meio ambiente ou que possam causar riscos à saúde humana;

XXI – reavaliar suas decisões técnicas por solicitação de seus membros ou por recurso dos órgãos e entidades de registro e fiscalização, fundamentado em fatos ou conhecimentos científicos novos, que sejam relevantes quanto à biossegurança do OGM ou derivado, na forma desta Lei e seu regulamento;

XXII – propor a realização de pesquisas e estudos científicos no campo da biossegurança de OGM e seus derivados;

XXIII – apresentar proposta de regimento interno ao Ministro da Ciência e Tecnologia.

§ 1º Quanto aos aspectos de biossegurança do OGM e seus derivados, a decisão técnica da CTNBio vincula os demais órgãos e entidades da administração.

§ 2º Nos casos de uso comercial, dentre outros aspectos técnicos de sua análise, os órgãos de registro e fiscalização, no exercício de suas atribuições em caso de solicitação pela CTNBio, observarão, quanto aos aspectos de biossegurança do OGM e seus derivados, a decisão técnica da CTNBio.

§ 3º Em caso de decisão técnica favorável sobre a biossegurança no âmbito da atividade de pesquisa, a CTNBio remeterá o processo respectivo aos órgãos e entidades referidos no art. 16 desta Lei, para o exercício de suas atribuições.

§ 4º A decisão técnica da CTNBio deverá conter resumo de sua fundamentação técnica, explicitar as medidas de segurança e restrições ao uso do OGM e seus derivados e considerar as particularidades das diferentes regiões do País, com o objetivo de orientar e subsidiar os órgãos e entidades de registro e fiscalização, referidos no art. 16 desta Lei, no exercício de suas atribuições.

§ 5º Não se submeterá a análise e emissão de parecer técnico da CTNBio o derivado cujo OGM já tenha sido por ela aprovado.

§ 6º As pessoas físicas ou jurídicas envolvidas em qualquer das fases do processo de produção agrícola, comercialização ou transporte de produto geneticamente modificado que tenham obtido a liberação para uso comercial estão dispensadas de apresentação do CQB e constituição de CIBio, salvo decisão em contrário da CTNBio.

Art. 15. A CTNBio poderá realizar audiências públicas, garantida participação da sociedade civil, na forma do regulamento.

Parágrafo único. Em casos de liberação comercial, audiência pública poderá ser requerida por partes interessadas, incluindo-se entre estas organizações da sociedade civil que comprovem interesse relacionado à matéria, na forma do regulamento.

CAPÍTULO IV

Dos órgãos e entidades de registro e fiscalização

Art. 16. Caberá aos órgãos e entidades de registro e fiscalização do Ministério da Saúde, do Ministério da Agricultura, Pecuária e Abastecimento e do Ministério do Meio Ambiente, e da Secretaria Especial de Aqüicultura e Pesca da Presidência da República entre outras atribuições, no campo de suas competências, observadas a decisão técnica da CTNBio, as deliberações do CNBS e os mecanismos estabelecidos nesta Lei e na sua regulamentação:

I – fiscalizar as atividades de pesquisa de OGM e seus derivados;

II – registrar e fiscalizar a liberação comercial de OGM e seus derivados;

III – emitir autorização para a importação de OGM e seus derivados para uso comercial;

IV – manter atualizado no SIB o cadastro das instituições e responsáveis técnicos que realizam atividades e projetos relacionados a OGM e seus derivados;

V – tornar públicos, inclusive no SIB, os registros e autorizações concedidas;

VI – aplicar as penalidades de que trata esta Lei;

VII – subsidiar a CTNBio na definição de quesitos de avaliação de biossegurança de OGM e seus derivados.

§ 1º Após manifestação favorável da CTNBio, ou do CNBS, em caso de avocação ou recurso, caberá, em decorrência de análise específica e decisão pertinente:

I – ao Ministério da Agricultura, Pecuária e Abastecimento emitir as autorizações e registros e fiscalizar produtos e atividades que utilizem OGM e seus derivados destinados a uso animal, na agricultura, pecuária, agroindústria e áreas afins, de acordo com a legislação em vigor e segundo o regulamento desta Lei;

II – ao órgão competente do Ministério da Saúde emitir as autorizações e registros e fiscalizar produtos e atividades com OGM e seus derivados destinados a uso humano, farmacológico, domissanitário e áreas afins, de acordo com a legislação em vigor e segundo o regulamento desta Lei;

III – ao órgão competente do Ministério do Meio Ambiente emitir as autorizações e registros e fiscalizar produtos e atividades que envolvam OGM e seus derivados a serem liberados nos ecossistemas naturais, de acordo com a legislação em vigor e segundo o regulamento desta Lei, bem como o licenciamento, nos casos em que a CTNBio deliberar, na forma desta Lei, que o OGM é potencialmente causador de significativa degradação do meio ambiente;

IV – à Secretaria Especial de Aqüicultura e Pesca da Presidência da República emitir as autorizações e registros de produtos e atividades com OGM e seus derivados destinados ao uso na pesca e aqüicultura, de acordo com a legislação em vigor e segundo esta Lei e seu regulamento.

§ 2º Somente se aplicam as disposições dos incisos I e II do art. 8º e do *caput* do art. 10 da Lei nº 6.938, de 31 de agosto de 1981, nos casos em que a CTNBio deliberar que o OGM é potencialmente causador de significativa degradação do meio ambiente.

§ 3º A CTNBio delibera, em última e definitiva instância, sobre os casos em que a atividade é potencial ou efetivamente causadora de degradação ambiental, bem como sobre a necessidade do licenciamento ambiental.

§ 4º A emissão dos registros, das autorizações e do licenciamento ambiental referidos nesta Lei deverá ocorrer no prazo máximo de 120 (cento e vinte) dias.

§ 5º A contagem do prazo previsto no § 40 deste artigo será suspensa, por até 180 (cento e oitenta) dias, durante a elaboração, pelo requerente, dos estudos ou esclarecimentos necessários.

§ 6º As autorizações e registros de que trata este artigo estarão vinculados à decisão técnica da CTNBio correspondente, sendo vedadas exigências técnicas que extrapolem as condições estabelecidas naquela decisão, nos aspectos relacionados à biossegurança.

§ 7º Em caso de divergência quanto à decisão técnica da CTNBio sobre a liberação comercial de OGM e derivados, os órgãos e entidades de registro e fiscalização, no âmbito de suas competências, poderão apresentar recurso ao CNBS, no prazo de até 30 (trinta) dias, a contar da data de publicação da decisão técnica da CTNBio.

CAPÍTULO V

Da Comissão Interna de Biossegurança – CIBio

Art. 17. Toda instituição que utilizar técnicas e métodos de engenharia genética ou realizar pesquisas com OGM e seus derivados deverá criar uma Comissão Interna de Biossegurança – CIBio, além de indicar um técnico principal responsável para cada projeto específico.

Art. 18. Compete à CIBio, no âmbito da instituição onde constituída:

I – manter informados os trabalhadores e demais membros da coletividade, quando suscetíveis de serem afetados pela atividade, sobre as questões relacionadas com a saúde e a segurança, bem como sobre os procedimentos em caso de acidentes;

II – estabelecer programas preventivos e de inspeção para garantir o funcionamento das instalações sob sua responsabilidade, dentro dos padrões e normas de biossegurança, definidos pela CTNBio na regulamentação desta Lei;

III – encaminhar à CTNBio os documentos cuja relação será estabelecida na regulamentação desta Lei, para efeito de análise, registro ou autorização do órgão competente, quando couber;

IV – manter registro do acompanhamento individual de cada atividade ou projeto em desenvolvimento que envolvam OGM ou seus derivados;

V – notificar à CTNBio, aos órgãos e entidades de registro e fiscalização, referidos no art. 16 desta Lei, e às entidades de trabalhadores o resultado de avaliações de risco a que estão submetidas as pessoas expostas, bem como qualquer acidente ou incidente que possa provocar a disseminação de agente biológico;
VI – investigar a ocorrência de acidentes e as enfermidades possivelmente relacionados a OGM e seus derivados e notificar suas conclusões e providências à CTNBio.

CAPÍTULO VI

Do Sistema de Informações em Biossegurança – SIB

Art. 19. Fica criado, no âmbito do Ministério da Ciência e Tecnologia, o Sistema de Informações em Biossegurança – SIB, destinado à gestão das informações decorrentes das atividades de análise, autorização, registro, monitoramento e acompanhamento das atividades que envolvam OGM e seus derivados.
§ 1º As disposições dos atos legais, regulamentares e administrativos que alterem, complementem ou produzam efeitos sobre a legislação de biossegurança de OGM e seus derivados deverão ser divulgadas no SIB concomitantemente com a entrada em vigor desses atos.
§ 2º Os órgãos e entidades de registro e fiscalização, referidos no art. 16 desta Lei, deverão alimentar o SIB com as informações relativas às atividades de que trata esta Lei, processadas no âmbito de sua competência.

CAPÍTULO VII

Da Responsabilidade Civil e Administrativa

Art. 20. Sem prejuízo da aplicação das penas previstas nesta Lei, os responsáveis pelos danos ao meio ambiente e a terceiros responderão, solidariamente, por sua indenização ou reparação integral, independentemente da existência de culpa.
Art. 21. Considera-se infração administrativa toda ação ou omissão que viole as normas previstas nesta Lei e demais disposições legais pertinentes.
Parágrafo único. As infrações administrativas serão punidas na forma estabelecida no regulamento desta Lei, independentemente das medidas cautelares de apreensão de produtos, suspensão de venda de produto e embargos de atividades, com as seguintes sanções:
I – advertência;
II – multa;
III – apreensão de OGM e seus derivados;
IV – suspensão da venda de OGM e seus derivados;
V – embargo da atividade;
VI – interdição parcial ou total do estabelecimento, atividade ou empreendimento;
VII – suspensão de registro, licença ou autorização;

VIII – cancelamento de registro, licença ou autorização;
IX – perda ou restrição de incentivo e benefício fiscal concedidos pelo governo;
X – perda ou suspensão da participação em linha de financiamento em estabelecimento oficial de crédito;
XI – intervenção no estabelecimento;
XII – proibição de contratar com a administração pública, por período de até 5 (cinco) anos.
Art. 22. Compete aos órgãos e entidades de registro e fiscalização, referidos no art. 16 desta Lei, definir critérios, valores e aplicar multas de R$ 2.000,00 (dois mil reais) a R$ 1.500.000,00 (um milhão e quinhentos mil reais), proporcionalmente à gravidade da infração.
§ 1º As multas poderão ser aplicadas cumulativamente com as demais sanções previstas neste artigo.
§ 2º No caso de reincidência, a multa será aplicada em dobro.
§ 3º No caso de infração continuada, caracterizada pela permanência da ação ou omissão inicialmente punida, será a respectiva penalidade aplicada diariamente até cessar sua causa, sem prejuízo da paralisação imediata da atividade ou da interdição do laboratório ou da instituição ou empresa responsável.
Art. 23. As multas previstas nesta Lei serão aplicadas pelos órgãos e entidades de registro e fiscalização dos Ministérios da Agricultura, Pecuária e Abastecimento, da Saúde, do Meio Ambiente e da Secretaria Especial de Aqüicultura e Pesca da Presidência da República, referidos no art. 16 desta Lei, de acordo com suas respectivas competências.
§ 1º Os recursos arrecadados com a aplicação de multas serão destinados aos órgãos e entidades de registro e fiscalização, referidos no art. 16 desta Lei, que aplicarem a multa.
§ 2º Os órgãos e entidades fiscalizadores da administração pública federal poderão celebrar convênios com os Estados, Distrito Federal e Municípios, para a execução de serviços relacionados à atividade de fiscalização prevista nesta Lei e poderão repassar-lhes parcela da receita obtida com a aplicação de multas.
§ 3º A autoridade fiscalizadora encaminhará cópia do auto de infração à CTNBio.
§ 4º Quando a infração constituir crime ou contravenção, ou lesão à Fazenda Pública ou ao consumidor, a autoridade fiscalizadora representará junto ao órgão competente para apuração das responsabilidades administrativa e penal.

CAPÍTULO VIII

Dos Crimes e das Penas

Art. 24. Utilizar embrião humano em desacordo com o que dispõe o art. 5º desta Lei:
Pena – detenção, de 1 (um) a 3 (três) anos, e multa.

Art. 25. Praticar engenharia genética em célula germinal humana, zigoto humano ou embrião humano:
Pena – reclusão, de 1 (um) a 4 (quatro) anos, e multa.
Art. 26. Realizar clonagem humana:
Pena – reclusão, de 2 (dois) a 5 (cinco) anos, e multa.
Art. 27. Liberar ou descartar OGM no meio ambiente, em desacordo com as normas estabelecidas pela CTNBio e pelos órgãos e entidades de registro e fiscalização:
Pena – reclusão, de 1 (um) a 4 (quatro) anos, e multa.
§ 1º (VETADO)
§ 2º Agrava-se a pena:
I – de 1/6 (um sexto) a 1/3 (um terço), se resultar dano à propriedade alheia;
II – de 1/3 (um terço) até a metade, se resultar dano ao meio ambiente;
III – da metade até 2/3 (dois terços), se resultar lesão corporal de natureza grave em outrem;
IV – de 2/3 (dois terços) até o dobro, se resultar a morte de outrem.
Art. 28. Utilizar, comercializar, registrar, patentear e licenciar tecnologias genéticas de restrição do uso:
Pena – reclusão, de 2 (dois) a 5 (cinco) anos, e multa.
Art. 29. Produzir, armazenar, transportar, comercializar, importar ou exportar OGM ou seus derivados, sem autorização ou em desacordo com as normas estabelecidas pela CTNBio e pelos órgãos e entidades de registro e fiscalização:
Pena – reclusão, de 1 (um) a 2 (dois) anos, e multa.

CAPÍTULO IX
Disposições Finais e Transitórias

Art. 30. Os OGM que tenham obtido decisão técnica da CTNBio favorável a sua liberação comercial até a entrada em vigor desta Lei poderão ser registrados e comercializados, salvo manifestação contrária do CNBS, no prazo de 60 (sessenta) dias, a contar da data da publicação desta Lei.
Art. 31. A CTNBio e os órgãos e entidades de registro e fiscalização, referidos no art. 16 desta Lei, deverão rever suas deliberações de caráter normativo, no prazo de 120 (cento e vinte) dias, a fim de promover sua adequação às disposições desta Lei.
Art. 32. Permanecem em vigor os Certificados de Qualidade em Biossegurança, comunicados e decisões técnicas já emitidos pela CTNBio, bem como, no que não contrariarem o disposto nesta Lei, os atos normativos emitidos ao amparo da Lei nº 8.974, de 5 de janeiro de 1995.
Art. 33. As instituições que desenvolverem atividades reguladas por esta Lei na data de sua publicação deverão adequar-se as suas disposições no prazo de 120 (cento e vinte) dias, contado da publicação do decreto que a regulamentar.

Art. 34. Ficam convalidados e tornam-se permanentes os registros provisórios concedidos sob a égide da Lei nº 10.814, de 15 de dezembro de 2003.

Art. 35. Ficam autorizadas a produção e a comercialização de sementes de cultivares de soja geneticamente modificadas tolerantes a glifosato registradas no Registro Nacional de Cultivares – RNC do Ministério da Agricultura, Pecuária e Abastecimento.

Art. 36. Fica autorizado o plantio de grãos de soja geneticamente modificada tolerante a glifosato, reservados pelos produtores rurais para uso próprio, na safra 2004/2005, sendo vedada a comercialização da produção como semente. (Vide Decreto nº 5.534, de 2005)

Parágrafo único. O Poder Executivo poderá prorrogar a autorização de que trata o *caput* deste artigo.

Art. 37. A descrição do Código 20 do Anexo VIII da Lei nº 6.938, de 31 de agosto de 1981, acrescido pela Lei nº 10.165, de 27 de dezembro de 2000, passa a vigorar com a seguinte redação:

ANEXO VIII

Código	Categoria	Descrição	Pp/gu
....	....	....	....
20	Uso de Recursos Naturais	Silvicultura; exploração econômica da madeira ou lenha e subprodutos florestais; importação ou exportação da fauna e flora nativas brasileiras; atividade de criação e exploração econômica de fauna exótica e de fauna silvestre; utilização do patrimônio genético natural; exploração de recursos aquáticos vivos; introdução de espécies exóticas, exceto para melhoramento genético vegetal e uso na agricultura; introdução de espécies geneticamente modificadas previamente identificadas pela CTNBio como potencialmente causadoras de significativa degradação do meio ambiente; uso da diversidade biológica pela biotecnologia em atividades previamente identificadas pela CTNBio como potencialmente causadoras de significativa degradação do meio ambiente.	Médio
....	....	....	....

Art. 38. (VETADO).

Art. 39. Não se aplica aos OGM e seus derivados o disposto na Lei nº 7.802, de 11 de julho de 1989, e suas alterações, exceto para os casos em que eles sejam desenvolvidos para servir de matéria-prima para a produção de agrotóxicos.

Art. 40. Os alimentos e ingredientes alimentares destinados ao consumo humano ou animal que contenham ou sejam produzidos a partir de OGM ou derivados deverão conter informação nesse sentido em seus rótulos, conforme regulamento.

Art. 41. Esta Lei entra em vigor na data de sua publicação.

Art. 42. Revogam-se a Lei nº 8.974, de 5 de janeiro de 1995, a Medida Provisória nº 2.191-9, de 23 de agosto de 2001, e os arts. 5º, 6º, 7º, 8º, 9º, 10 e 16 da Lei nº 10.814, de 15 de dezembro de 2003.

Brasília, 24 de março de 2005; 184º da Independência e 117o da República.
LUIZ INÁCIO LULA DA SILVA
Márcio Thomaz Bastos
Celso Luiz Nunes Amorim
Roberto Rodrigues
Humberto Sérgio Costa Lima

Impressão e Acabamento
Imprinta Express lda.
Tel – 021 3977-2666
e-mail.: comercial@imprintaexpress.com.br
Rio de Janeiro – Brasil